U0136035

# 多元‧詮釋與解釋：多采多姿的台灣民間宗教

張家麟　著

蘭臺出版社

謹將本書獻給長期資助宗教學術的劉興煒董事長

# 布施功德

從 2004 年認識張教授以來，至今已達 12 年的光景，長期與他互動，發現他的中心思想，是一位「以儒為宗，釋道為輔」的學者。今天他出版《多元·詮釋與解釋：多采多姿的台灣民間宗教》一書，形同他自己的縮影，我也樂得為他書寫推薦序。

電話裡頭他告訴我，希望將這本書當作「善書」，如果出版情況熱絡，所有結餘款項將捐給「台灣宗教與社會協會」。張教授這種想法與作為，形同法布施與財布施。因為本協會是非營利組織的產、官、學社團，以推動宗教教育、宗教研究及宗教交流等三項主要活動，為當代華人與全球宗教學者建構平台，共同提升華人宗教水準，也診斷當前人類政治、經濟、社會困境，提出宗教家解決的方案。

這與我認識的張教授相去不遠，他平常就是一位熱心投入宗教研究的頂尖學者，而願意把他的研究成果當作「法布施」，分享給讀者；又願意把結餘款項捐給協會，行同「財布施」。余忝為台灣宗教與社會協會的理事長，當仁不讓推薦本會榮譽理事長的作品。

　　整本作品以深刻的理論與個案對話，為華人民間宗教開展新的視野。用當代社會科學的研究方法論收集神譜、儀式兩個類型的七個個案，檢證當前東、西方宗教學理論，並嘗試提出當代台灣本土民間宗教的「新理論」。

　　就我個人而言，從祖父那代開始，投入獅頭山勸化堂的廟務工作，經歷父親到我已經第三代。從小耳濡目染恩主公信仰及佛教、齋教、道教等華人民間宗教的思想、儀式、眾神及祖先種種作為，深知它具有「多元性」、「複雜性」、「變動性」的特質，而這也是中華文化的特色與縮影。比對張教授的著作，他把這個道理詮釋的相當透徹、簡明。

　　就學術外行的我來看這本書，張教授的文章言簡意賅、深入淺出，讀他的作品就如同在讀短篇小說一樣的順暢。我從中也深獲啟發，再次省思對獅頭山五座廟宇的管理，未來將以華人民間宗教的學理，再次為獅頭山百年大業擘劃新的藍圖。

　　張教授為本會創會會長，本人不揣淺陋推薦他的作品，既是本會的榮譽，也是華人宗教界、學術界的盛事。今天，我非常高興張教授的著作付梓，也期待這本書可以在宗教界、學術界及一般讀者大眾間引起關注與廣大迴響。更希望以張教授的學術能力，持續帶領研究團隊，為宗教學界提供

新的思考方向，展現知識份子熱愛本土的情懷，未來不斷有
新的作品問市。

財團法人獅山勸化堂董事長　
台灣宗教與社會協會理事長　　　　　　　　拜上

2015.11.19

# 至誠推崇　熱烈推薦：承緒至聖先師采風治學精神

　　張家麟教授之所以成為國際間著名的宗教學人，不僅在於他切身深入於學術學理的鑽研，究玄探幽，篤敬敏思，更重要者，他還降尊紆貴，親自帶著他所指導真理大學的學、碩班學生作宗教廟堂的組織、祭祀典禮、藝文活動、法事法會等社會調查。十年如一日，走遍全省六十九座具代表性宮觀寺廟，且不論其採訪見聞心得，單就其踏青探實精神毅力之展現，即足堪為研究學者表率。

　　在做學問上，社會調查有積極性意義，所謂百聞不如一見，而社會調查的成就，卻植基於研究者事前的準備工作，至少包括以下幾點：

　　首先是課題目標的規劃，並做好圖書館檢索查察，所訂的課題是否已有學術研究者曾經探研，若課題雷同或相似，只有在認為其成果不足或取材對象不同、方向有別，才值得選擇進一步的調查探證。

　　課題目標既訂，又該訂立怎樣的議題？其現象本於社會中存在，但學術、思想上的意涵卻未被發現或不夠彰顯、欠

缺普遍明白認知，或往往遭到曲解、誤解、低估、高評；社會調查必須發掘出其中隱藏的性質、影響的原素，並將其既有的意涵與現代價值觀和可變遷、演化的價值意義貫連，而有用於社會或促使其於社會中有用。從這立場看，任何社會調查的議題訂立，即是不容易的事。

其次，研究團體的組成，必須具備適度的合作性與協調性。合作是人的心理上、性格上、態度上狀況，協調則是專長、體力、體能甚至性別上的互動互補，例如，團隊成員中有善於各種調查器材的掌握運用，有樂於被研究方之場域、時間、人物、互動內容（包括活動之時辰、被編排之地位、位置）聯絡，以及一切交通、食宿等安排，也要有記錄、訪談實務調查工作的分配；這些都要掌握、運用團隊中整體人員的興趣與能力的長處，使能較完善的合作，調查的效能才能產生。

再次的，每種調查因對象、活動的不同，其視野和方法也有極大差異。主持教授必須作先期的了解，將數據採摘的理論、方法，讓研究團隊充分認知，培植教導各成員且有執行能力。當然，每次工作都多少會發生枝節差誤，或出現意外錯失（如受天氣影響），所以，必須在一次活動，每天工作之後作檢查，以便後續資料搜索或補充，有些素材，時機

稍縱，即可能永遠消失，有些現場重要人物的訪談，一旦錯過，則很難再拜晤。所以，社會調查團隊每位成員，都必須訓練其對事項重要性的認識，機敏性與及時性的掌握，主持人的辛勞可想而知。

　　取得學術上有價值的社會調查工作是相當辛苦的，每件重要課題調查，從題目選擇梳理編訂、人員、器材調配、前置聯絡，到實際執行探訪、採摘資料初步整理，快則半年，慢則需要一年。一位曾兩度參與張教授社會調查工作的碩士研究生表示：社會調查工作的繁雜性和看不見的勞累，非實際參加者很難體會，其中勞心最多的當然是張家麟教授。作為張教授的學生。眼見他工作日程中孜孜矻矻，真佩服他的用心縝密，精力旺盛；研究學生中有不斷叫苦的，但張老師卻在十年中，年年作勞心勞力的社會調查工作，若非對做學問、對本土宗教存有一種莫名的執著熱忱，又該作何解釋？

　　中華文化中，道、儒兩家為主流，至聖先師孔夫子刪詩書（詩是地方先民的歌），訂禮樂，修春秋。夫子為什麼有這麼淵博的學識，除了他好學敏思外，（論語公冶長章子曰：十室之邑，必有忠信如丘者焉，不如丘之好學也）依個人的看法，夫子率弟子周遊列國，自然在各地考察民風，探索地方祭祀禮俗，所謂「禮失求諸野」，當然也求教於賢達學者，

包括問道於老子。在那時代，沒有「社會調查」這個名辭，我人若略作思考，夫子周遊列國，也就是做了許多社會調查實務，這是他從考察、見識的一種自我學習，是思考之外的踏實求學之道，正應了他所主張的「學而不思則罔，思而不學則怠」的治學精神。從先聖治學功夫上看，張家麟教授致力於「社會調查」工作的用心用力，正傳承、弘揚了聖人的為學之道。漪歟！壯哉！

張家麟教授與筆者有多重情緣，就讀國立政治大學新聞系，我是早他幾年的學長，其後他再進師範大學碩士班，攻讀三民主義、政治思想、教育學，獲得教育學碩士，後又進政治大學攻研政治科學、社會學理論，並鑽研方法學，獲法學博士學位。他以多方面學術素養投入教育界，當然有傑出表現。

近年，我擔任中華道教學院學務長，曾多次在道教、道學研討會上與張家麟教授共同參與主題論述，每能聆聽他獨到的見識。我參與的道學研究社團，他則為理事長。我進入真理大學宗教研究所，希望對宗教義理、組織等作系統研究，他又是我指導教授，從前述各因緣看，他是我真正的「亦師亦友」！

張家麟教授現將他社會調查心得最精研部分結集出

版，以他在新聞學、宗教神譜學、宗教儀式學、宗教思想學、
宗教組織學、方法學、哲學等多方面學術基礎，自能多方面
發現梳理出台灣道教及民間宗教活動中價值意義，不僅具備
深刻思想觀點，更發韌出無可取代的學術價值。凡是對台灣
道教及民間宗教有所喜愛及探索者，豈能放過一讀的機會，
因而至誠地向各界熱烈推薦。


中華道教學院學務長
太平洋日報社　社長　　張寶樂

# 台灣民間宗教多樣性

宗教信仰之研究，涵蓋了宗教、民俗、民族、文化、社會、經濟、政治、哲學等諸多領域，筆者深信當有卓越社會科學素養的學者投入，是能成功周延且宏觀來掌握宗教信仰的全貌，以饗士林及宗教道學先進。

張師家麟教授就是很典型擁有卓越社會科學涵養之學者，其投入台灣宗教之研究，灌注社會科學研究方法之養分於民間信仰，誠乃台灣民間宗教能發光發熱之重要基柱，張師之投入宗教研究，除具開路之創舉外，另更豐碩民間宗教之社會及文化之功能價值，實乃道教界之幸。

欣聞張師完成大作，並囑為作序之際，筆者即能預知此大作，必是用社會科學來探索台灣民間宗教之經典著作，果不出所料，張師採多元途徑、詮釋主義、實證主義與歷史解釋學派等社會科學理論之思維，分別就台灣民間信仰中之神明、儀式、組織功能及典範等面向，進行較具條理性、明確性及完整性之分析。

其中就神明而言，張師闡述了台灣媽祖、保生大帝、灶神、張巡及清水祖師等神系之信仰型態、特徵或儀式，非常

深入寫實，令讀者能快速且清晰地進入此信仰園地。就儀式而言，特別探討了大龍峒保安宮之牽狀、超拔，灶神之配祀禮，新北市小坪頂集應廟之豬公祭典，及淡水清水祖師廟之繞境儀式等，也非常詳實具體地掌握各神祇科儀之精髓特徵，對科儀之變化與文創之發展，相信能有引導之效果。

　　就組織而言，特以台中樂成宮之組織建構與變遷經驗為個案，作深入之分析，並勾勒出其成功的模式，對現行宮廟在進行重組或組織再造之運作，甚至是在籌備階段時期，也都有很多可供參考及借鏡之處。就功能與典範而言，張師均或多或少於各篇章中，陳述出各種信仰活動及科儀之功能，且於最後一章試圖從五種途徑，即實證、後實證、詮釋、批判及建構實在主義，來建構出華人宗教研究領域之典範。這是宗教信仰研究領域中前所未有的寫作論述方式，既是開創，亦是引導，亦是接受各不同學科知識邏輯之批判，作為張師指導學生的我欽佩不已，也與有榮焉，甚樂見嶄新研究途徑及思維，能在台灣民間信仰研究領域上，有一紮實的立足之地。因此，筆者深信張師此大作之出版，必定轟動，且將掀起一股嶄新的研究風潮。

末學　中華順天聖母協會顧問　熊品華

序於淡水

2015.10.10

# 極力推薦：兩岸宗教研究達人著作

根據美國獨立研究機構－皮尤研究中心（Pew Research Center）公佈的宗教與公眾生活計劃報告（Religion and Public Life Project），在全球宗教多樣性指數（Religion Diversity Index）最高的國家中，台灣名列第二，僅次於新加坡。而在台灣最大的宗教族群為民間信仰，比例高達45%，也就是說將近一半有宗教信仰的台灣人民，所信奉的是民族千百年來與世俗社會生活合為一的祖先崇拜、神靈信仰、歲時祭儀、生命禮俗……等信仰。

宗教多樣性顯示台灣人民的信仰有絕對的自由性，而多樣的信仰也使得台灣人民的生活與信仰息息相關。寺廟與地方上的宗教組織是家鄉重要的社會聚合力量，在台灣開發早期是凝聚社會非常重要的力量，然而經過社會的變遷與流動，使得這種情況有了明顯的變化，對都市地區的影響尤甚。但在都市區以外的鄉鎮地區，則仍保有相當大的宗教組織力量，但卻也難以完全維持傳統方式，而是與時俱進，隨著社會的改變而演化。

張教授以宗教社會學的觀點研究與台灣庶民生活以及

社會結構、社會變遷息息相關的民間信仰，不同於以紀錄和直方敘述探討的報導式研究，而是以詮釋、實證、否證主義重新審視台灣民間信仰「內在的」群體崇拜儀式與活動，以及「外在的」社會結構因素帶給宗教的連動關係。

本書收錄張教授近年來的七篇研究論文，以「神明」、「儀式」、「組織」與「方法」四個面向著手探討，案例範圍有專論「灶神」與「尪公」信仰；廣論淡水地區的小坪頂尪公及清水祖師、大龍峒保安宮牽狀、大甲媽祖遶境的儀式與台灣社會變遷的關係；臺中樂成宮旱溪媽祖的組織建構與方法，最後則反思台灣民間宗教研究的科學哲學。

本書呈現出張教授所秉持的本土理論建構理念與研究熱情，希冀帶領後輩學子如我者，能以具有華人「主體性」的研究論述，持續為宗教研究注入心力，再廣與全球的宗教研究對話，因此本書定能為往後的宗教研究成為一模範與規準。

合和五術學院院長　蕭合和

於淡水

2015.10.25

# 目　次

# 第一章　論台灣媽祖信仰的「擴張性」：2009 年大甲媽祖遶境進香實證分析[1]

## 壹、前言

　　中國與海外的交通關係，可遠溯漢代開始，大甲鎮瀾宮每年的媽祖遶境活動，是台灣民間宗教的「盛會」，也是人類非物質文化的重要資產[2]。為何在台將近千間的媽祖廟中，大

---

[1]　本文承蒙意全國意向顧問股份有限公司提供調查成果，在此感謝吳董事長所領導、輔仁大學謝邦昌院長指導的民調團隊。刊載於《數據分析》。

[2]　每年八天七夜的遶境活動，被台灣媒體報導為世界宗教盛會之一，媲美伊斯蘭及基督教到麥加聖城朝聖；天主教徒到梵蒂岡朝聖。該宮將此遶境活動聯合中國湄洲媽祖廟群，於 2009 年得到聯合國的認可，成為「人類非物質文化遺產」。然而這兩年（2010-2011）鎮瀾宮將遶境活動改為九天八夜，大甲媽的鑾駕在彰化多停留一天。

甲鎮瀾宮既非歷史最悠久，也非廟宇硬體規模最宏偉，而它卻能夠脫穎而出，每年恭迎媽祖鑾駕遶境進香，跨越原有大甲五十三庄，橫跨台中、彰化、雲林及嘉義四個縣市，走 329.9 公里，沿途受到廣大虔誠的信眾熱烈歡迎。

　　本文對大甲鎮瀾宮這種「小廟」，卻每年演出遶境進香的宗教「大驚奇」活動相當好奇。配合全國意向顧問股份有限公司於 2009 年接受大甲鎮瀾宮委託，在媽祖遶境期間所作的調查，本文進一步分析這份資料，理解大甲媽年年演出「大驚奇」的內容意涵與原因。

　　這也是學界首次運用量化調查方法，探索與解析大甲鎮瀾宮遶境的「真實」樣貌。希望理解大甲媽祖的信眾有多少？他們的分佈狀況為何？此宗教意義為何？信眾參與遶境的虔誠度有多少？有多少信眾走完八天七夜的遶境？他們抱著什麼樣的心情參與這個盛會？台灣人崇拜神祇的基本心態為「功利」性格，希望神祇給予庇祐，信眾對大甲媽的期待是什麼？他們有無超越原有台灣民間宗教信眾的功利性格？在人神互動時，台灣人為感激媽祖經常奉獻金錢給神明，在遶境期間，信眾捐多少香油錢給媽祖？媽祖帶給大甲鎮瀾宮重大的利益，也創造其周邊的產值，這些直接或間接的利益到底有多少？這在過去是無法精確回答的問題，將在本文逐一探索與分析。

　　簡言之，本文將以此調查資料來分析大甲媽遶境時的真實樣貌，既讓數字說話，也重新詮釋數字，解釋信眾心目中大甲媽的圖像，並對大甲媽八天七夜「擴張性」的遶境個案，其背後的宗教與非宗教因素，提出合理的解答。

## 貳、大甲媽祖信眾跨出五十三庄

台灣媽祖廟密度為華人地區之最，幾乎全台二十三個縣市，329 鄉鎮裡皆有媽祖廟的蹤跡。媽祖是台灣人民的守護神，贏得台灣人的愛戴[3]。

儘管台灣人熱愛媽祖，但是媽祖廟大多以「庄頭廟」的型式，散見於各村落，由各村落的鄉紳階級，運用傳統的爐主頭家制度，向村民收取丁口錢、緣金[4]，或建構神明會，由信眾自發性的組織，當神明聖誕時，承擔部分祭祀活動[5]；或建立「角頭輪祀」制度，由屯墾區的各角頭，輪流祭拜神明，為神明祝壽[6]。

這種以庄頭區域為範圍的「宗教組織」，至今仍然在全台各地生存，也是各種民間信仰神祇的宗教活動，得以存在的世俗財務基礎。由此可知，大部分的庄頭廟信仰組織與人口，很少會跨越自己的庄頭，神明聖誕時遶境的活動，也以巡視自己的庄頭為主，象徵保護庄頭以內的子民。

不過，大甲媽的遶境進香，從清朝至今，早就不以巡視五十三個庄為範圍；而是建立到北港朝天宮，或回湄洲祖廟

---

3　根據內政部每隔十年的台灣地區宗教調查，2005 年台灣人為神立廟，前十名依序為土地公、王爺、媽祖、觀世音、釋迦摩尼佛、玄天上帝、關帝、西王母、中壇元帥、吳真人。（內政部，2005：43）

4　祭祀圈理論即是用來描述傳統庄頭廟的信仰、財務基礎（許嘉明，1978：59-68；林美容，1986：53-114）

5　神明會的組織在農業社會時甚多（王世慶，1972：1-38）現在仍然在部分地區保留。（2011.3 社會調查資料）

6　輪祀制度至今仍然保留於淡水八庄大道公、蘆洲保和宮的保生大帝慶典。

的進香傳統。在 1987 年，廟方為了正名其非北港朝天宮的分香子廟，要求北港朝天宮出面說明被拒後，乃前往湄洲祖廟。此項破冰之舉，既重啟兩岸宗教交流之門，也爭取其為湄洲祖廟在台代言的領頭羊地位，聲望與人氣從而驟升。（張珣，2003：22-23；張家麟，2007：78；黃寶瑛，2010）

　　大甲媽從 1988 年起就停止前往北港，此時嘉義新港奉天宮乃向其招手，兩宮一拍即合結為「姊妹宮」，進香路線選在與北港一溪之隔的新港奉天宮，距離仍舊維持傳統 329.9 公里。從此之後不再有誰隸屬誰的問題，大甲選擇與其他宮廟「平等」往來，這些宮廟樂於和大甲鎮瀾宮交往，因為大甲媽帶來諸多隨鑾駕而來的香客，形同帶來媽祖的福蔭，眾多香客的香油錢，也添增宮廟本身的聲望。

　　跟隨媽祖鑾駕，年復一年走八天七夜的香客，是大甲媽最要的「宗教文化資產」，虔誠的信仰者到底有多少，過去始終只是約略概算。2009 年是國內第一次運用抽樣，以科學的方式做較精確的估計，發現近 93 萬 4 千名參與遶境，信眾年齡層涵蓋老、中、青、少四代，來自全省二十三個縣市。

　　排名前十名的縣市分別為：彰化縣 29.3 萬人、台中縣 24.5 萬人、雲林縣 7.1 萬人、嘉義縣（市）7 萬人、台中市 3.9 萬人、台北市 3.7 萬人、台北縣 3.6 萬人、南投縣 3.2 萬人、高雄市 2.7 萬人、其他各縣市合計約有 8.3 萬人。（圖 1）

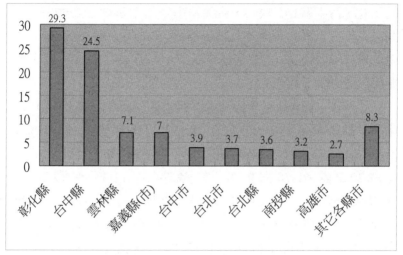

圖1：全台各縣市參與大甲媽祖遶境人數

從這項數字可以看出：

（一）大甲媽已是全省的媽祖：大甲媽的信眾來自台灣各地，而非侷限在五十三個庄頭。大甲媽早就超越「庄頭廟」的神祇，祂是全省各地的信眾崇拜的大神。不少家鄉有媽祖廟的信眾，也會在大甲媽遶境進香時，投入大甲媽的膜拜行列，這是因為信眾心目中對大甲媽具有高度的「宗教靈驗」感受，使祂的信眾散佈寬廣，表現出大甲媽的「擴張性格」。

（二）全台信眾參與人數最多的盛會：將近百萬的信眾投入台中大甲媽的八天七夜活動，幾乎是台灣人口的1/25。也就是說，每25人就有一人參與此項年度盛會，應驗台灣俚語中的「南部三月瘋媽祖」的傳說，也被本地媒體報導為世界宗教的三大盛會之一。

（三）中南部信眾占大宗：就地緣來看，媽祖鑾駕經過

的彰化、台中縣市、雲林、嘉義縣市是信眾參與最多的縣市，共計約有 71 萬 8 千人，約占參與遶境總人口的 76.98%；其餘的縣市則因地理位置遠離的縣市，也有 23%的信眾投入大甲媽的遶境。

　　（四）　各年齡信眾皆投入：就參與信眾的年齡層百分比來看，散佈相當平均，分別為 20 歲以下的年輕人占 13.1%；21-30 歲占 14.5%；31-40 歲占 12%；41-50 歲占 18%；51-60 歲占 20.3%；61-70 占 9.9%；71 歲以上占 12.3%。（圖 2）以 20 歲為一代，中年人（41-60 歲）最多，占 38.3%；其次為青年人（21-40 歲）佔 26.5%；老年人（61 歲以上）第三，占 22.2%；少年人（20 歲以下）也不少，占 13.1%。

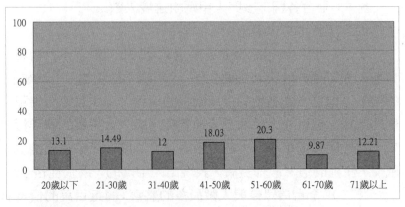

圖 2：信眾參與大甲媽遶境年齡層分佈圖

　　從此信眾年齡層散佈相當均勻的現象來看，媽祖遶境具有以下幾點意義：

　　1.老、中、青、少四代信眾參與：投入大甲媽遶境的信眾並非只是老人家的專利，打破過去民間宗教信眾「年齡老

化」的傳統印象。（張家麟，2010：285）媽祖遶境在老、中、青、少四代，幾乎每一世代皆有相當比例的信眾投入此盛會，固然老人家占 22.2%，中年人占 38.3%；但是，青年人及少年合計也占 39.6%，約為信仰人口數的四成。

2.中、老年人走完八天七夜：大甲媽遶境能走完八天七夜的大部分是中、老年人，反而年輕人是抱持著參與嘉年華的心情，參加其中的一或二天的行程。

3.宗教傳統的延續：各年齡的信眾投入大甲媽遶境，象徵此宗教傳統不會隨便出現「斷層」，大甲媽遶境也將代代相傳，成為在台地區信眾的共同記憶。

## 參、人神互動

### 一、信眾參與遶境具多元動機

台灣民間宗教信仰者的性格為「功利」與「品德」兩類，前者強調人神互動過程中，人用供品獻祭拜神，而神必需對信眾有所回報，呈現神對人「有求必應」的人神關係；後者則指人神互動過程中，得要求信眾本身的積德行善，實踐品德，當信眾品性良好，才能求神，神也才會給予庇祐。（李亦園，1999）

參與大甲媽的信眾其內心對媽祖有何期待？這些期待是「功利型」或是「品德型」？經由調查後發現，對媽祖有所「祈願」而來的信眾占 36.0%；只是把此活動當作嘉年華會，具有觀光文化性質者占 39.6%；希望在參與過程中，追求宗

教信仰者的內心超脫世俗，而進入「平靜者」占 11.3%；對媽祖無所求，只是覺得此為信眾必需參與的活動者占 8.5%，其他占 4.6%。（圖3）

從這些數據可以看出：

（一）約三分之一的信眾對媽祖祈求而來：媽祖信眾對媽祖有所祈求，希望媽祖庇祐者，約占 1/3 之多，象徵此傳統台灣人民對神期待的「功利」性格，仍然相當普遍的存在信眾心中。

（二）約四成信眾以參加嘉年華會心情而來：有 39.55% 信眾抱著參與嘉年華會的心情，來參加遶境，他們對媽祖的宗教情感不像前者那麼強烈，他們心理可能對此項盛會相當好奇，而有不來參與，內心會有遺憾的感受。這也象徵大甲媽的遶境已經超越宗教「神聖性」，而進入歡樂「世俗性」的文化響宴。

（三）約十分之一強的信眾希望在遶境中得到心靈平靜：在媽祖的信眾中，仍有 11.3%的人，希望經由此活動昇華自己的宗教情操，追求永恆的「安靜」，長途跋涉，而不在乎體力的付出，這種人比較近遶境即是種「修德」的體驗。他們享受參與過程中，內心的「寧靜」快樂感覺，而不求媽祖的回報。

（四）約十分之一弱的信眾只是來看熱鬧：有完全無求於媽祖而來者，占 8.5%。他們只在意參與，既非求媽祖而來，也無嘉年華會的心情，更沒有要提升自己的宗教道德。這些人可能是與同儕團體共同參與，以「看熱鬧」的性質居多。

（五）極少數信眾不明原因而來：還有 4.6%的參與者填

答「其他」的動機，「其他」隱含參與者為了「還願」、「朝聖」、「救贖」等宗教因素而來，也有可能是「與親友相偕」、「湊巧」等非宗教因素而來。（圖3）

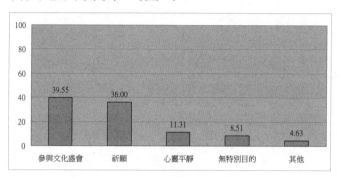

圖 3：信眾參與大甲媽祖遶進動機

## 二、信眾向媽祖的祈求與效果

如果信眾是為了祈求媽祖帶來庇護，信眾的懇求是什麼？是希望媽祖保護「出海」者平安，扮演海神的角色；或是求助媽祖於海上以外的庇祐？

根據調查顯示，信眾對大甲媽的懇求早已超越傳統媽祖海上顯靈的功能。可分為祈求大甲媽能夠保庇信眾的事業、財富、健康、學業、婚姻等五項祈求，這五項中又可分為庇護家人或自己兩類。信眾祈求大甲媽祖保護的類別順序如下：庇護家人健康者占 43%，排名最多；第二為祈求媽祖保庇自己健康者占 9.6%；第三為祈求自己學業者占 6.7%；第四為祈求自己事業者占 5.8%；第五為祈求家人事業者占 4.1%；第六為祈求家人學業者占 2%；第七為祈求家人財富

占 1.8%；第八為祈求自己情感（婚姻） 者占 1.4%；第九為
祈求自己財富者占 1.34％；最後為祈求家人情感婚姻者占
0.5%。另外，皆無所求者占 12.9%，其他則者占 11%。（圖 4）

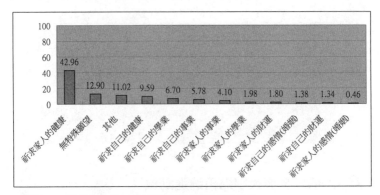

圖 4：信眾參與大甲媽遶境祈求願望

從這些數字可以看出下列端倪：

（一）為家人向媽祖祈福者占多數：參與遶境者為家人
祈求媽祖占 51.4%，為自己求媽祖只占 24.8%。這象徵台灣
信眾對媽祖的懇求是屬於「利他型」的信眾居多，遠超過「利
己型」的信眾。而「利他型」是指祈求媽祖有利「家人」，而
非一般陌生人或親戚、朋友。由於台灣人非常重視家庭生活，
這反應在媽祖遶境參與者的信仰觀中，參與者祈求媽祖保護
家人的比例，超過一半以上的人數。

（二）媽祖從海上神祇庇祐信眾出海平安，變成庇佑信
眾在陸地的健康：信眾對「海上女神」媽祖的懇求，轉為「陸
地女神」。信眾對媽祖期待不是保祐信眾出海平安健康，更希
望祂隨時可以保護信眾未出海時的健康。鑽媽祖鑾轎，可以
庇祐身體健康的信仰，已經變成台灣信眾的「迷思」，每逢媽

祖遶境過程，皆可看到信眾大排長龍，跪趴在地恭候鑾駕從信眾身上跨越，甚至有病入膏肓的信眾，也會在家人攙扶下，等候媽祖鑾駕經過，希望未來出現神蹟。

（三）多功能的媽祖：傳統媽祖的功能為保護信眾航海平安。現在媽祖功能變得更為寬廣，祂既保祐信眾平安，也能夠庇護他們學業順利，財源滾滾而來，事業鴻圖大展，及感情（婚姻）美滿。媽祖在信眾心目中變成擁有「北斗星」、「文昌神」[7]、「五路財神」[8]及「月下老人」等神「綜合性」功能。其中，信眾祈求媽祖以健康與事業兩項為主，媽祖庇祐信眾健康平安，為傳統的功能；庇祐信眾事業、財源滾滾、學業順利及感情（婚姻）美滿，則是媽祖的新功能。

如果信眾片面祈求媽祖，而祂未給予「保祐」，則媽祖就不具「靈驗性」。大甲媽會得到全台眾多信眾的膜拜，另一項原因在於祂的靈驗性「頗強」。根據調查，89.1%的受訪信眾內心相信媽祖會幫助他們達成願望。而且92.1%的信眾認為參與遶境進香，媽祖會進一步的庇祐。因此，每年大甲媽出巡，就有百萬民眾投入，沿途民眾頂禮及膜拜媽祖神轎，甚至「五體投地」趴跪在地下，象徵信眾對媽祖的高度崇敬。

---

[7] 文昌神為庇祐學業、功名的神祇，包含文昌帝君、文魁、文衡聖帝（關公）、朱衣神（朱熹）及孚佑帝君等神祇。

[8] 五路財神為庇祐信眾財運的神祇，包括趙公明、比干、端木賜、關公與土地公。

## 三、信衆對媽祖的奉獻

　　人神互動必需靠「宗教科儀」，人對神在此儀式中，進行對神的獻祭，給予神明牲禮或「金帛」，在奉獻之時，也對神明提出懇求，完成信衆內心的需求。如果信衆的願望達成，則強化這獻祭活動。反之，信衆則會反省自己的作為，可能再次投入獻祭，或停止獻祭。

　　在大甲媽與信衆之間的互動，可以發現信衆得到大甲媽各種庇護，因此每年的「奉獻」相當多，這也是當年廟方收回遶境儀式主導權的原因。

　　1974 年以前，大甲媽遶境的財務基礎為「丁口錢」與「緣金」，其中緣金的收入遠超過整個儀式的支出，而這些結餘款項中飽私囊。過去的「頭人」[9]出來擔任爐主、頭家，本來是為神服務，奉獻金錢。當丁口錢與緣金無法支付整個儀式的開銷，其餘金額就由頭人支出。然而，大甲媽的遶境已蔚為風氣，隨著全台經濟成長，大甲媽的靈驗事蹟頻傳，再加上大衆傳媒大肆報導此具「本土化」特色的活動等因素，讓大甲媽的「緣金」（香油錢）水漲船高，變成重大的「宗教奉獻利益」。當年廟方領袖認為，與其讓爐主、頭家中飽私囊，不如拿回儀式主導權，讓儀式成為廟方發展的利器。雙方角力的結果，爐主、頭家退出，廟方得最後勝利。現在回顧歷史，也可得知此項制度的移轉是大甲媽變成為全台媽祖代表的主因之一。因為年復一年的大甲媽遶境，既形塑大甲媽的聲望，

---

[9]　頭人大部分是指農業社會的鄉紳階級。一般大衆在宗教活動中繳交些微的丁口錢，或自由樂捐緣金，至於宗教活動的大部分款項則由頭人承擔。

也帶來重大的「香油錢」利益。

　　據估計，2009年八天七夜中信眾奉獻的「香油錢」約5.6億。而當宗教捐獻利益歸廟方所有時，大甲媽變成地方派系領袖的競逐場域，廟方領袖就容易投入遶境與大甲媽的經營，而鎮瀾宮也是在此背景下逐漸發展。

# 肆、大甲媽祖信仰擴張性的內在因素

## 一、遶境傳統

　　大甲媽的鑾駕每年被鎮瀾宮信眾抬出宮外，走向人群，經歷台灣中南部台中、彰化、雲林到嘉義四個縣市，來回長達329.9公里，歷經八天七夜的長途跋涉，才又回到鎮瀾宮。（黃俊嘉，2005：116、149）

　　這項遶境的宗教傳統是大甲鎮瀾宮最寶貴的「宗教人文資產」，全台近千間的媽祖廟，它是個特殊的個案。也因為鎮瀾宮從清朝以來，就有帶領信眾回福建湄洲島主廟「謁祖進香」，或到雲林北港朝天宮「遶境進香」[10]的習俗，從來沒有因為改朝換代而停止媽祖出巡。在1987年前，常態性前往北港朝天宮進香，帶給北港諸多的好處，然而因為北港沒有給予大甲鎮瀾宮合理的澄清，說明其不是鎮瀾宮的母廟，也導致當年鎮瀾宮董監事改變進香路線。

---

[10] 日據時代大甲媽仍有回湄州祖廟的記錄，國民黨政府來台，兩岸分治阻隔人民往來，才中斷此傳統。（黃美英，1994：85）

　　儘管路線改變，大甲媽的信眾仍然跟隨著媽祖鑾駕遶境，大甲鎮瀾宮的董監事決定到與北港朝天宮一水之隔的新港奉天宮進香，信眾沒有因為人為的操作，而中斷參與媽祖進香的神聖傳統。

　　由本調查可以得知，媽祖遶境進香的陣頭綿延幾公里，參與進香的信眾高達93萬4千人；走7到8天有2萬8千人，走完3到6天有7萬1千人，走完2天有17萬6千人，跟隨鑾駕走1天有65萬8千人。這些虔誠的信眾是大甲鎮瀾宮異於其他媽祖廟的寶貴「宗教人文資產」，只有大甲媽可以號召這麼多的信眾投入遶境進香行列，其他宮廟固然有學習大甲媽的活動，如白沙屯媽祖廟、彰化媽祖廟、北港朝天宮等，都有媽祖出巡的活動，但是都無法像大甲媽一樣，走三百多公里，橫跨四個縣市，號召近百萬信眾簇擁媽祖鑾駕，走完八天七夜。（圖5）

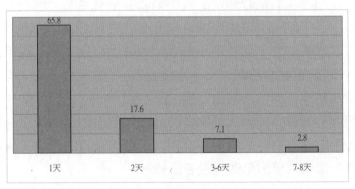

圖5：信眾參與大甲媽遶境天數

當然大甲媽的信眾並非人人走完八天七夜。根據調查約

2.8萬人，這些隨媽祖鑾駕辛苦走完全程的信眾，傳承清朝以來的傳統，也象徵台灣人對媽祖的高度尊敬。放眼全台媽祖廟，甚至全球華人地區的媽祖廟，唯獨大甲鎮瀾宮擁有此項遶境傳統，而且這項傳統不容易被其他媽祖廟所複製。

## 二、媽祖靈驗程度高

　　同樣為媽祖的子民，但是他們心目中對全台各地的媽祖廟的靈驗程度會有高、低之別。這種信眾心目中的主觀判定，會造成媽祖廟的香火鼎盛或蕭條。大甲媽會有那麼多的信眾跟隨，這些信眾自己家鄉可能也都有媽祖廟，但是他們卻不遠千里而來，以家鄉媽祖廟的組織或以個人名義，投入大甲媽遶境進香的行列。

　　如果要理解信眾這種作為，大甲媽的靈驗程度是很好的解釋變項之一。根據調查發現，參與遶境進香的信眾約9成2認為媽祖會保佑他們，（圖6）8成9則相信媽祖會滿足他們的祈求。（圖7）

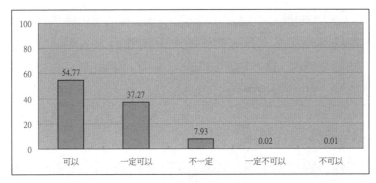

圖 6：信眾相信大甲媽庇祐程度

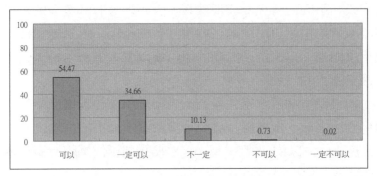

圖 7：信眾相信大甲媽幫忙達成願望

　　如果將媽祖的靈驗程度當做解釋變項，來年參與大甲媽祖的遶境活動當作被解釋變項，本研究也發現兩者程度高度顯著相關。讓兩者呈現「線性關係」，媽祖的靈驗程度越高，越會吸引信眾明年投入大甲媽的遶境進香活動，前者對後者的解釋能力高達約 1 成 9。（圖 8）

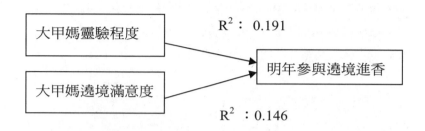

圖8:線性關係

為何全台媽祖子民會投入大甲媽的遶境進香,應該和大甲媽擁有來自湄州祖廟的香火有關,一般信者認為來自祖廟的香火原比非祖廟的香火具靈驗度。在1987年大甲鎮瀾宮董監事排除政治困境,冒著被台灣政府逮捕的危險,從湄州祖廟取回象徵性的信物,搶得祖廟在台代言的頭香。本來已經擁有的遶境進香傳統,在取回祖廟信物以後,將祖廟信物與遶境進香的習俗結合,在全省遶境,宣示大甲媽不再是北港媽的子廟,而是直接從祖廟來。大甲鎮瀾宮的作為,再次炒作新聞題材,讓大甲媽的聲望更上一層樓,變成全台媽祖廟的「重鎮」。在信眾心目中,大甲媽的香火既然來自祖廟,祂的靈驗度也就高於其他媽祖廟。

## 三、遶境儀式滿意度高

大甲媽每年的遶境活動會贏得眾多的媽祖子民的愛戴,到底參與者對廟方辦理儀式的滿意程度如何,過去只能想像。本研究的調查證實過去的想像,發現信眾的滿意度越高,信眾就有可能口耳相傳,建立大甲媽在信眾心目中的聲望。

2009 年的調查顯現 40.80％的信眾非常滿意八天七夜的遶境
活動，50.19％的信眾滿意此項活動；簡言之，有 91.2％的信
眾對媽祖遶境的整體印象良好。（圖9）

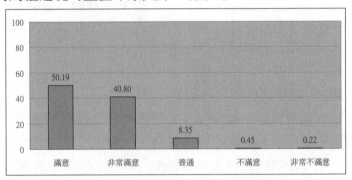

圖9：信眾參與 2009 年大甲媽祖遶境的滿意度

　　當媽祖子民投入大甲媽的遶境進香儀式，內心主觀感受
非常良好，他就有可能來年再投入此項儀式。根據調查約有
82.9％的信眾表示願意明年再來參加媽祖遶境。這些數字表
現出大甲鎮瀾宮廟方每年舉辦的遶境活動被信眾高度肯定，
而且信眾正向的認同也是讓未來大甲媽持續遶境的主要原因
之一。（圖10）

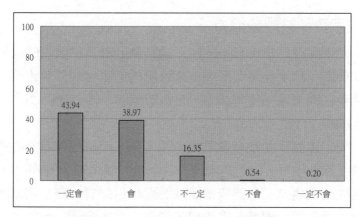

圖 10：信眾參與來年再參與大甲媽遶境

　　既然信眾對大甲鎮瀾宮所主辦的媽祖遶境儀式持滿意的
程度，筆者就非常好奇這項滿意程度是否能解釋信眾來年再
參與大甲媽的遶境。為了證實這項命題，我們將信眾參與的
滿意程度當做解釋變項，明年再來參與媽祖遶境當作被解釋
變項，讓這兩者進入平均值的迴歸分析，發現兩者呈現高度
的正相關，而且讓兩者用線性分析表現，發現前者為後者的
解釋能力約有 1 成 46。（圖 8）

　　換言之，信眾對媽祖遶境的滿意程度，是他未來參與媽
祖遶境活動的主要動力之一，而此動力約佔該名信眾的 1 成
46 的程度。當然，信眾來年是否參與的變因很多，這 1 成 46
的解釋能力只是諸多變因中的一項。而這也是大甲鎮瀾宮廟
方願意很專注的投入辦理八天七夜遶境活動的主要原因，當
他們讓信眾滿意大甲媽的遶境時，形同為來年的大甲媽遶境
活動行銷，也奠定大甲媽每年遶境都有老的信眾重覆前來參
與的良好基礎。

## 四、宗教領袖經營能力

　　大甲媽得以走出五十三庄，成為全台最具代表性的進香活動典範，除了無意間形塑出來遶境的宗教傳統外，也與大甲鎮瀾宮廟方領袖經營能力，有密切關聯。（張家麟，2008：131-160）

　　大甲鎮瀾宮並沒有專業的神職人員，而是由非專業的鄉紳擔任宗教領袖，他們是屬於「宗教經營型領袖」，他的本業可能從政或經商，他們只是虔誠的媽祖信仰者，經常把宮廟當做「事業體」經營，宗教儀式當作「宗教商品」行銷，大甲媽的八天七夜遶境行銷是成功的個案。放眼華人民間宗教，神祇在自己領域遶境，保護信眾平安的例子頗多。如淡水清水祖師廟、關聖帝君弘道協會、台北霞海城隍、台北保生大帝、台北瑤池金母、東港王爺、白沙屯媽祖及彰化媽等皆有辦理遶境活動，但其知名度與影響力皆不如大甲媽。

　　鎮瀾宮的遶境活動變成全台知名的宗教儀式，最主要是鎮瀾宮廟方領袖將宗教遶境傳統不斷傳承且發揚，他們從湄洲祖廟取回香火，去除北港朝天宮為其祖廟的「汙名」，提升媽祖的靈力後，不斷宣揚遶境活動，提昇廟宇聲望。為擴大遶境陣頭，除了培養基本遶境團隊，也讓旅外的大甲子弟及有興趣參與遶境活動的田野工作者、學生、教授投入遶境活動。為了讓遶境陣頭多元化與活潑化，廟方採取異業結盟的方式，讓各種神將團、太子團（包含電音三太子）、彌勒團等陣頭加入遶境行列，分享信眾捐贈的香油錢，而廟方不用花錢養陣頭，使得媽祖陣頭場面宏偉。

　　為了讓大甲媽順利出巡，廟方領袖採取與其他媽祖廟結為平等宮廟的策略，包括與大陸湄洲島媽祖祖廟結為「至親廟」，與全台各地媽祖廟都結為「姐妹廟」，使他們願意參與大甲媽遶境活動，分享大甲媽帶來的利益與聲望，也化解媽祖廟間的地位高低的問題。

　　為了宣傳大甲媽遶境活動，這種異業結盟近年來不斷擴張，包括與政界結盟，讓各黨派政治人物前來為媽祖抬轎，既抬高了媽祖聲望，也讓政治人物對信眾行銷他們自己理念。包括與大眾媒體結盟，主動提供遶境的各種新聞性話題給媒體，讓媒體 SNG 車為大甲媽做全程的報導。廟方領袖再與其他商品業者結盟，開發與媽祖有關的周邊商品，如媽祖福袋、手飾、潮 T、手錶、信用卡、公仔、手機、化妝品、媽祖米、媽祖餅、金媽祖神像等，吸引年輕族群接觸這些商品而認識媽祖。

　　廟方領袖運用大甲媽既有的聲望，與相關產業進行異業結盟，達成雙贏的效果，提升大甲媽的行銷能力，也帶給產業利益。根據我們的調查發現，八天七夜直接的經濟產值高達 18 億元，間接的經濟產值更高，有 54.6 億元。廟方將大甲媽的利益分享策略，使大甲媽的聲勢越來越來壯大。

　　大甲媽的遶境活動既是宗教傳統的傳承，又是宗教領袖刻意經營的產物。宗教領袖的經營能力使大甲媽具「擴張型」的信仰型態，此類型並非為「庄頭型」媽祖廟能相提並論。而且宗教領袖在不花錢或節約經費的前提下，使大甲媽的活動展現維持傳統宗教「神聖性」與現代嘉年華會「世俗性」的雙重性格，讓老信眾認同「神聖性」而樂於參與，也讓年

輕信眾願意參與嘉年華會，在歡樂氣氛中親近媽祖。信眾參
與此儀式的高度滿意度，為廟方領袖良好的經營能力寫下註
解。

## 伍、大甲媽祖信仰擴張性的外在因素

### 一、本土化

　　本調查發現宗教儀式滿意度、宗教靈驗程度這兩項因素
來解釋信眾每年願意投入八天七夜遶境的活動，分別具有 1
成 46 及 1 成 91 的解釋能力，尚有約 6 成 5 的其他因素，有
待學者提出詮釋。

　　除了上述所提的大甲媽長期以來的遶境進香傳統及大甲
廟方宗教領袖的經營能力這兩項變因外，應該還有宗教以外
的「外在因素」。筆者大膽揣測此與台灣整體社會、經濟與政
治環境的變遷有關。根據張珣的研究，大甲媽的遶境會成為
全台矚目的宗教盛會在於「社會變遷」，她從文化結構的角度
去解讀大甲鎮瀾宮的進香活動，包括台灣社會的轉變、交通
便利、廟方管理委員會組織的轉型及大甲移民到全台各地後
經商成功後，感恩媽祖而返鄉參與媽祖遶境活動，這些因素
造成大甲鎮瀾宮遶境進香的盛會。（張珣，2000：1；2003）

　　這項「文化媽祖」理論重新解釋了過去傳統庄頭廟的宗
教活動，取代過去「祭祀圈」庄頭廟活動的理論解釋，然而
文化媽祖固然有其理論的優越性，但是從台灣整體社會變遷
的「鉅視」角度來看，仍有不足之處。

　　大甲媽的遶境活動傳承以久，當台灣社會面臨外交與政治上的困境時，台灣的知識界及文化界掀起傳統化與現代化的論爭，希望從傳統與現代中走出另外一條路，形塑台灣人民對國族的「重新」認同。此時，代表「本土」象徵的大甲媽的遶境活動，變成媒體報導的寵兒。當大家追求本土化之際，用本土化的文化因素來讓台灣人民有共同追求的目標；大甲媽每年的遶境進香活動，在媒體報導下，變成台灣民眾耳熟能詳的本土象徵。（陳景威，2006：54）本土化運動使台灣人民重新認識自己，在眾多本土化象徵中，大甲媽的遶境活動是台灣民族主義認同的重要例證。（三尾裕子，2001；Mayfair Yang，2001）

　　媽祖來自中國大陸福建省湄州島，中國官方也運用媽祖對台灣進行拉攏，媽祖變成中國民族主義的一環。早在1987年媽祖昇天一千年時，在中國政府的核可下，湄州島媽祖祖廟對台媽祖廟發出邀請函，積極拉攏台灣民間宗教團體回到祖廟參訪，打破台灣政府的「三不」政策。中國政府期待的是以兩岸媽祖的共同信仰為橋樑，讓台灣人民進而認同大陸與台灣是不可分割的宗教文化體。然而這項作為只有部分的效果，台灣媽祖廟固然有回湄州島「謁祖尋根」的宗教需求，及對湄州祖廟的宗教經濟做出貢獻的事實。甚至返回祖廟的宗教活動，也強化兩岸媽祖廟際間的聯誼往來，增進彼此的瞭解。但是台灣媽祖廟領袖仍然無法完全認同，可以經由宗教文化交流，而認同「文化中國」，或是認同此交流為兩岸政治統一的準備工作。因為當台灣媽祖廟領袖回到大陸祖廟尋根時，發現了兩岸媽祖廟的重大歧異，更容易讓台灣媽祖廟

領袖反躬自省，應該珍惜台灣媽祖廟的本土化特質，保留台灣既有的媽祖遶境進香的各項宗教傳統[11]。

　　由於大甲媽的八天七夜遶境進香是台灣引以自豪的本土象徵，也變成 1970 年代至今大眾媒體爭相報導的議題。當台灣人民對本土化具有強烈的需求時，大甲媽的遶境活動填補了這個空間，使這項宗教活動變成名符其實的台灣高度的本土化的代表，也把「三月瘋媽祖」的傳統，在現代台灣再次展現。

## 二、民主化

　　台灣地區神祇遶境活動相當普遍，唯獨大甲媽祖遶境成為政治人物熱衷參與的活動。其中的關鍵因素在大甲廟方領袖「善於」運用政治手腕，邀請不同黨派的政治領袖為大甲媽抬轎。

　　在台灣政府解嚴之前，政治人物鮮少參與廟會活動，1987年解嚴之後，政治人物在選票的壓力之下，會尋找人群聚集的廟會、市場拉票。大甲媽聖誕剛好是台灣總統選舉的前夕，為選戰的熱點。這項「時間」巧合因素，是吸引政治人物前來為大甲媽祖抬轎的主要原因。

　　大甲鎮瀾宮廟方領袖在 2000 年之後由顏清標掌舵，他以

---

[11]　根據受訪的媽祖廟領袖表示，雖然常態性的前往湄州島謁祖進香，但不表示已經被中共中國統戰，相反的，他將台灣媽祖祭拜科儀帶回大陸，現在已經變成湄州祖廟媽祖聖誕時的慶典。這種將台灣宗教傳統經驗重新在中國大陸體現，是台灣媽祖對大陸媽祖正向影響，也使兩岸媽祖聖誕慶典恢復傳統祭拜的科儀。（張家麟，2009）

嫻熟的政治手腕，為媽祖八天七夜的遶境活動熱身，邀請不同黨派領袖前來為媽祖站台。當總統候選人級的政治領袖來為媽祖抬轎時，就可能吸引大量的大眾傳媒前來報導，此時新聞媒體畫面就會出現政治領袖抬神轎的影像，也會出現顏清標與媽祖的身影。政治領袖與大甲媽遶境重疊事件的話題，非常容易變成媒體的頭條新聞，創造了政治領袖行銷自己，提升廟方領袖成為全國知名的政治人物的地位，及哄抬媽祖遶境的良好形象，達到三贏的效果。

如果台灣沒有民主化的需求，大甲媽的八天七夜遶境也就少有政治領袖前來抬轎。台灣民主化變成強化與行銷大甲媽遶境進香活動的外在條件，而其中的關鍵在於大甲廟方的運作與媽祖誕辰為總統大選前夕的時間因素。當這些因素湊合在一起時，使大甲媽在媒體不斷的被報導，媒體便成推波助瀾大甲媽的推手，也使大甲媽的遶境活動變成全台民眾每年關注的宗教盛會。

## 三、經濟成長

台灣的諺語：「神要興，要靠人扛」，此話具有兩個意涵，沒有人扛的神轎，神不會「自動」走出神殿，遶境保護鄉民。神只是廟宇中無人參拜、不具靈驗效果的孤獨偶像。神像除了靠人扛出來遶境以外，也需要人出錢來辦理遶境所需要的各項花費。沒有雄厚的財務基礎，神的慶典相對寒酸。

過去庄頭廟的宗教儀式、修廟事宜，都是靠庄頭信眾的丁口錢與緣金來供應，大甲鎮瀾宮在1974年前就採取這項模

式，來辦理遶境進香科儀。由於台灣經濟起飛，再加上社會人口快數流動，傳統五十三庄的人口外移甚多，移入的新住民也不少，使得傳統爐主、頭家徵收的丁口錢短缺，但是卻湧入大量的「香油錢」。大甲廟方眼看爐主、頭家擁有大量的香油錢，卻無助於廟方的發展時，乃思考將管理委員會改組，拿回大甲媽遶境進香的主辦權，也從中豐富了廟方的財務基礎。

　　台灣的經濟發展使台灣各廟宇的香油錢普遍的增多，大甲媽的遶境活動也在此背景下得到信眾諸多的供養。八天七夜的遶境可以獲得 5.6 億的收入，讓大甲廟方領袖樂於投資此項活動。

　　香油錢的除了由信眾自由樂捐外，大甲旅外子弟祭拜媽祖而事業有成後，也會返鄉參與「搶香」。鎮瀾宮領袖設計搶香活動，讓外縣市的宗教團體前來搶香，捐款最多者為頭香，次多者為二香，再來為三香，低於三香為贊香一或贊香二。這項搶香活動讓旅外的大甲子弟得以返鄉參與遶境的盛會，也豐富了原有的香油錢的來源。

　　當台灣從 1960 年到 1980 年逐年的經濟成長，帶來台灣「經濟奇蹟」，台灣整體經濟優質環境下，既可使信眾擁有豐沛的經濟能力贊助神；也提供大甲子弟在外經商的良好條件。再加上大甲子弟從小敬拜媽祖，他們將經商有成的成果返鄉回饋媽祖。既可對媽祖表達回饋感恩，也有衣錦榮歸的感受，將平時組織的媽祖廟團體返鄉和母廟鎮瀾宮聯誼，在參與進香、搶香情境下，實現了傳統鄉紳階級贏得社會聲望的成就感。

　　台灣的本土化需求、民主化發展與經濟成長等外在因素，提供台灣廟宇發展的條件。只是大甲媽的宗教領袖抓住這些時代的脈動，善用其原有的宗教人文資產，走出一條自己的路徑。

## 陸、結論

　　原本先人渡海來台，在自己的庄頭、聯合數個庄頭，或數十個庄頭供養媽祖。剛開始可能只有神像由庄頭輪祀，也可能為祂立廟膜拜。很少有媽祖廟會跨出自己的庄頭，成為「全台」信眾景仰的對象。然而，大甲媽是這少數具代表性的「跨庄頭」廟座中的一座，它具有相當強烈的「擴張性」。

　　本文證實了大甲媽這種擴張性的媽祖信仰現象，信眾來自全台各地，涵蓋老、中、青、少四代，也預告祂的信仰群眾不致斷層。信眾參與大甲媽的動機，隱含傳統的「祈求神保庇」、「不求回報的追尋心裡安靜」及現代年輕人喜歡的「嘉年華會」。另外，希望祂能帶給信眾及其家人的「事業」、「學業」、「健康」、「財富」及「感情」的庇祐，大甲媽變成多功能的大神。由於信眾喜歡媽祖，也捐獻大量香油錢給祂，造成廟方領袖爭回遶境進香的主導權。

　　至於形成大甲媽信仰擴張性的因素相當多元，其中信眾從清朝至今未增稍歇的遶境進香，是其最具關鍵性的「宗教人文資產」因素。在長期的形塑媽祖遶境進香過程，傳唱諸多媽祖的靈驗事蹟，使信眾「高度相信」大甲媽祖會帶給他們庇祐。而且，參與遶境進香儀式，讓信眾深感滿意，許多

信眾樂於常態性的參與此盛會。大甲媽的高度靈驗性及參與儀式的高度滿意度，分別對來年參與此儀式具有 1 成 9 及 1 成 46 的解釋力。然而，大甲媽的靈驗程度，遶境進香儀式的滿意度，應該與宗教領袖經營能力有密切關連。

因為在台眾多媽祖廟中，大甲媽得以脫穎而出，與台灣整體遶境變遷有關。包含追求具台灣本土化的遶境儀式，民主化之後政治領袖熱衷參與大甲媽的遶境，及經濟發展帶來的信眾捐獻，大甲子弟返鄉「搶香」等。這些既存在的外在「時勢」條件，給大甲廟方領袖操作經營遶境進香儀式的機會。在廟方領袖優質的「經營能力」下，善用這兩項內外在因素，讓大甲媽變成全台媽祖廟的「鰲頭」。

事實上，本文只是以 2009 年的實證資料來論述大甲媽的擴張性格。未來應該將大甲媽廟方領袖如何經營管理遶境儀式，如何異業結盟將陣頭整合，如何組織管理志工團隊，如何與友宮建構「聯誼會」等問題，視為非常值得理解的「個案研究」。如有可能進行這些研究，將可開啟台灣地區「擴張型」廟宇類型學的理論建構。

## 參考書目

Mayfair Yang，2001，〈Godess Across Straits-Satellite Television, State Discourse, and a Pre/Post-national Religious Imaginary〉，《媽祖信仰與現代社會國際學術會議》，台中：北港朝天宮主辦。

三尾裕子，2001，〈從兩岸媽祖廟的文化交流來彈台灣的民族

主義〉，《媽祖信仰與現代社會國際學術會議》，台中：北港朝天宮主辦。

王世慶，1972.9，〈民間信仰在不同祖籍移民的鄉村之歷史〉，《台灣文獻》23卷3期，頁1-38。

李亦園，1999，《田野圖像 ： 我的人類學研究生涯》，山東：山東畫報出版社。

林美容，1986，〈由祭祀圈來看草屯鎮的地方組織〉，《中央研究院民族所集刊》第62期：53-114。

張　珣，2000，〈儀式與社會：大甲媽祖祭祀圈的擴展與變遷〉，發表於「中央研究院第三屆國際漢學會議」，中央研究院主辦。

張　珣，2003，《文化媽祖—台灣媽祖信仰研究論文集》，中央研究院民族學研究所。

張家麟，2008，《台灣宗教儀式與社會變遷》，台北：蘭台出版社。

張家麟，2009.03，〈大陸宗教團體歷年從事兩岸交流之研究計劃〉，《陸委會委託研究》。

張家麟，2010，《台灣宗教融合與在地化》，台北：蘭台出版社。

許嘉明，1978，〈祭祀圈之於居台漢人社會的獨特性〉，《中華文化復興月刊》11卷6期：59-68。

陳景威，2006，《傳神：大甲媽祖遶境新聞的產製分析》，嘉義：中正大學電訊傳播研究所。

黃俊嘉，2005，《文化慶典之文化涵構與商品鏈互動關係研究-以大甲媽祖遶境進香活動為例》，朝陽科技大學建築

及都市設計研究所。

黃美英，1994，《台灣媽祖的香火與儀式》，台北：自立晚報。

黃寶瑛，2010，《兩岸宗教交流模式之研究〈1987-2008〉─
　　以政教關係論述》，國立台灣師範大學政治學研究所博
　　士論文。

# 第二章　功德‧責任與超拔‧懷念：論大龍峒保安宮牽狀（車藏）儀式[1]

## 壹、前言

　　華人的喪葬儀式分為常態與異態兩類，常態是指一般人壽終正寢，使用以儒家為主軸，輔以道教、釋教或佛教的喪葬禮儀，往生者被家屬視為祖先，運用喪禮儀式將往生者的鬼魂引領到祖先牌位中。異態的喪葬是指一般人「橫死」，死者的鬼魂無法得到引渡，可能墮落到地獄中「枉死城」，乃必須用特殊的喪葬儀式給於超拔，才能將死者的鬼魂引渡到另

---

[1] 本文收錄於 2011 年 12 月中國社會科學院出版的《宗教人類學》第三輯。

外一個合理的世界[2]。

　　過去外國宗教學者處理華人的死亡研究，著重在魂魄、神鬼、此界與他界等對立的問題，（Arthur P. Wolf，1974：131-188；張珣譯，1997：232-292）也有對漢人死亡的超渡儀式進行分類的研究，將之分為常態鬼魂超渡、無主孤魂超渡及異態特殊超渡等類型，（de Groot，1884）另外從理論的角度去思考喪葬科儀的功能，在於重建人所處的社會秩序，（Bloch and Parry，1982：7）及詮釋喪葬科儀的出現是在於社會成員的思想、有意識的組織，重新建構令人滿意的文化。（Wallace，1956）還有宗教人類學者從儀式與戲劇兩者的關聯來理解喪葬科儀中的動態法事，和形同一搭一唱戲劇演出的喪葬科儀。（Fiona Bowie：159）他們都是從分類、詮釋與理論的角度，理解喪葬科儀的形式、內容、出現與功能，很少對閩南泉州人的牽狀儀式做個案解讀。

　　至於台灣學界對牽狀儀式的研究大部分集中於在雲林金口湖萬善祠的牽狀儀式，（李豐楙，2000；劉還月，1993：88；洪進鋒，1990；黃文博，1996：105-138；陳有樂，2000；餘光弘，1981：115-117；陳益源 2008：24）少數對蘆洲湧蓮寺的牽狀儀式介紹。其中除了李豐楙及李鋒銘兩位對此儀式的宗教意含提出解讀外，大部分的研究都屬於牽狀儀式的報

---

[2]　另外一種說法是將鬼分為三類，一為家鬼，它屬於由子孫祭拜的往生者；二為野鬼，它屬於無人祭拜的鬼，三為屬鬼，它屬於枉死、兇死或非自然死亡的鬼，這三個類型的鬼都有不同的喪葬儀式。（呂理政，1994：147-192）其中，處理屬鬼的喪葬儀式樣式很多，包括「打城」、「打血盆」或「牽狀」。（徐福全，1984：287-288；呂理政，1994：165）

導或描述型的研究。

　　鑑於這些現象，筆者乃挑選台北保安宮的牽狀儀式作為研究主題，它是以「橫死」的喪葬儀式中的一個次類，屬於在世者處理往生者的「特殊性質」超拔儀式[3]。（Groot，1884；王銘銘，1999：195）主因是過去學界對該宮研究甚少著墨此儀式，頂多只是做簡略的介紹。（李世偉，2005：159）

　　另外，筆者也想換個角度研究牽狀儀式，過去的研究著重在此儀式的象徵意涵之詮釋，及此儀式的結構功能解讀，很少分析此儀式存在於台灣社會的內在基礎因素。因此，筆者思考「宗教信仰觀與宗教儀式」理應存在關聯命題的思維下，企圖理解為何在台灣後現代的社會中，仍然存在此古老的超拔鬼魂的儀式。[4]

　　順著此問題意識的思維，筆者及研究團隊於 2009 年、

---

[3]　根據 Groot 的研究和人的超拔儀式可以分三個類型：一、在世者為往者舉行的超拔，它是喪禮的一部分也可以在喪葬後舉行。二、為無主的孤魂野鬼舉行年度周期性的超拔儀式。三、為特殊時間的「緊要關頭」所舉行的超拔儀式。（Groot，1884）例如作七旬、百日、對年、三年完墳等，其中七旬經常在喪葬儀式中，至於百日、對年、三年完墳則在喪葬儀式之後，為常態喪葬儀式。另外，如年中的中元普渡、每年春秋兩季的禮斗法會圓斗時舉辦普渡，都屬於無主的孤魂野鬼的類型。像「牽狀」、「打城」、「打血盆」，是為個人、集體突然間死亡舉辦的喪禮，屬於「緊要關頭」所舉行的超拔儀式。

[4]　事實上，台灣地區宮廟的牽狀儀式並不常見，皆有研究的價值，除了雲林金口湖萬善祠、蘆洲湧蓮寺及台北保安宮外，尚有新竹南壇皆有從事牽狀儀式。學界理應對這些宮廟的牽狀儀式做全盤式的比較分析，筆者也願意在未來對其他未被關注的宮廟牽狀儀式投入研究，比對過去研究與現存其他宮廟的牽狀儀式，嘗試歸納出牽狀儀式的基本意涵、變遷因素、功能，與此儀式存在於當代社會的內在原因。

2010 年農曆 7 月 14 日兩天前往該宮參於觀察牽狀儀式，並於 2010 年 7 月初深度訪談保安宮董事長廖武治，7 月 14 日集體訪談三名釋教法師，又於 2010 年 7 月下旬再次深度訪談儀式的主持者釋教法師許章錦。參與觀察及深度訪談廖董事長後，筆者乃根據這些資料設計具有效度的問卷，並在 2010 年 7 月 14 日儀式當天對儀式參與者進行問卷調查。試圖運用這些資料理解保安宮牽狀儀式的「樣式」（pattern）與意涵？牽狀儀式存在的宗教信仰基礎為何？前者描述並討論台北保安宮牽狀儀式的現象，後者論述此儀式之所以存在的內在基礎。希望經由本研究設定的議題，對華人祖先遺留下來的處理「橫死」的牽狀儀式能夠再次得到深入且合理的解讀。

# 貳、保安宮牽狀儀式的樣式與意涵

## 一、儀式樣式

　　牽狀儀式是閩南地區的華人祖先留下來的處理橫死的特殊性喪葬儀式，只要是泉州人的後裔所在地，包含台灣、離島，甚至東南亞，只要是閩南地區華人後裔所在地，都可以見到這類型的儀式。

　　台灣的牽狀儀式可以分為集體性或個別性的牽狀儀式兩類，前者是由宮廟為主軸辦理的活動，例如規模最大者的雲林金口湖萬善祠及台北保安宮；後者是處理意外橫死於他鄉的個體，由喪家為往生者辦理喪事時，聯帶辦理牽狀儀式。（李豐楙，1996.9：1-29）

其中，集體性的牽狀儀式又可以分為兩個次類，一類是單獨存在的牽狀儀式，像雲林萬善祠、台北保安宮皆屬於這類型；另一個次類是附屬於中元普渡節慶，在祭拜孤魂野鬼之際，順帶舉辦牽狀儀式，像蘆洲湧蓮寺的牽狀法會屬於這個次類[5]。

## 二、儀式流程（3）

根據過去牽狀儀式的研究，並比對台北保安宮的牽狀儀式，發先它們有類似的儀式結構。可以分為儀式的準備、開始、進行、結束等階段來說明。

### 1.儀式準備

在每年農曆七月十四號前，保安宮的執事人員就必須佈置牽狀法會的會場，分兩個地方進行佈置，在保安宮內正殿前右側廣場安置內壇，及廟宇對面的廣場空地安設外場。外場的大門口事先豎起約 6 米高的燈篙，預備牽狀法會及中元普渡使用，用來詔告鬼魂，讓祂們知道這裡有法會為祂們施食與超拔。

內壇儀式空間長約 12 米，寬約 5 米，在最前端供桌上供奉三寶佛，在供桌左右兩側分別擺設觀音、普賢、文殊及地藏王菩薩的巨幅掛像，而在會場的兩側掛上地獄十殿的掛

---

5　李豐楙將牽狀儀式分為集體與個人兩個類型，而筆者的資料顯現，除了兩類型外，集體的牽狀儀式除了金口湖萬善祠與台北保安宮外，其他的宮廟舉辦牽狀儀式，大部分附屬於中元普渡法會，牽狀儀式只是盛大普渡法會中的一個小規模的儀式。

圖。另外，在內壇旁邊的右牆，佈置引孤就座的神主牌位及供桌。除了內壇的神聖空間外，在保安宮外對面廣場佈置外場，而在外場空間的最後方設立祭壇，在祭壇後方準備數條長桌讓信徒放置供品，而在祭壇的左方事先擺放 126 支的白狀與紅狀的法器備用。

## 2.開始

　　牽狀儀式的開始階段包含「起鼓」與「發表」，從早上 10 點開始，由三名釋教法師領導四名北管樂師起鼓，演奏北管的音樂，保安宮的董事長與部分的董監事跟在法師後頭跟拜，長約 20 分鐘，象徵牽狀儀式已經啟動。接著由法師向上天唸誦疏文，在唸誦的過程中，由保安宮的執事人員跟在法師後面跟拜，時間也長達 20 分鐘。

## 3.進行

　　儀式的進行可以分為恭請鬼神、供養鬼神、誦經懺悔、起狀、放赦等階段，從早上十點四十分起到十二時休息，下午一點開始到六點為止。其中，恭請鬼神部份包括三名法師必須恭請佛教的三寶佛、四大菩薩及保安宮的池頭夫人，祂也是牽狀法會的主要神祇，又稱為狀腳媽。請佛祖、菩薩及池頭夫人來作主後，法師必須引領孤魂野鬼就坐。於保安宮內殿廣場右側西廂房的牆壁上。當鬼魂就坐完畢後，立即對鬼魂進行施食供養的儀式。由法師主持，對供品作法之後，再由保安宮董事長恭敬供養鬼魂。在恭請鬼神及供養鬼魂的過程法師擔任主導的角色，保安宮的執事人員跟在法師後面

跟拜與供養。此時，北管樂師配合法師的法事演奏熱鬧的音樂。

在下午兩點開始，由法師來吟誦大乘金剛般若寶懺上卷與中卷，此時，保安宮派遣一名董監事跟拜，到三點三十分時，從保安宮的內殿內壇引請池頭夫人到保安宮門口外對面廣場的祭台上，所有的董監事，跟隨法師及樂團後面，由保安宮董事長手捧池頭夫人在前，董監事在後，由內殿廣場走向外場的神聖空間，此時北管樂團吹奏熱鬧的音樂，引領池頭夫人坐上供桌。從儀式開始到引請池頭夫人為止，幾乎都是由法師、北管樂師及保安宮執事人員負責，很少看到信徒出現在儀式現場。

在下午四時開始，法師與外場起狀，起狀前信徒將自己的供品放在供桌上，及為自己往生的親人備了清水、生前的衣服與鞋子放在狀下，以便親人亡魂離開血池後，能夠梳洗轉化成人。由三名法師、北管樂師帶領，之後跟隨保安宮執事人員，最後跟隨是參與牽狀法會的信徒，由法師領頭帶領眾人邊繞行邊轉狀，逐一對 126 支狀牽引轉動，繞行會場一週後，再由信徒走到自己往生親人的狀前，不斷的轉狀。

過去轉狀時，必須繞著狀邊走邊轉，嘴中唸著牽引親人魂魄的咒語，現在儀式已經簡化，信徒只是拍打狀，讓狀旋轉。旋轉約 20 到 30 分鐘後，再用兩個銅板代替筊，擲筊詢問自己往生親人的鬼魂，是否已經脫離地獄中的血海或水池。直到出現一正、一反的「聖杯」，象徵親人的魂魄已經得到超拔，此時才停止轉狀。

### 4.結束

　　牽狀儀式的結束包含法師再一次回到內壇誦經，保安宮董監事跟拜，誦完經後，三名法師再架起的三界公桌上面「放赦」，唸完疏文後，就在三界公桌的周圍「跑赦馬」，此時北管演奏由慢漸快的音樂，法師繞著桌子周圍與內壇的空地拿著赦馬開始用遊走的方式，越走越快，最後三名法師走出八字形的圈圈，象徵赦馬戴著赦書由人間走向地獄，向閻羅王請求赦免，再由地獄走回人間，翻山越嶺走向天上，向天上神仙請求赦免。此時保安宮的董監事跟隨在內壇後方，拿香跟拜；部分信徒與家屬牽完狀後，就內壇外方圍觀。所有的赦書在地域的閻王及天上的神仙看完之後，馬上由法師轉交給執事人員和紙錢一起焚燒，象徵赦書已經傳達到地底或天上，也意味著往生的鬼魂已經得到「超拔」，從地獄的血池拔擢起來，冤魂或靈魂得到拯救，送到另外一個合理的世界。

　　放赦結束之後，休息用餐。晚上七時開始，北管樂師的熱鬧音樂再度響起，象徵牽狀儀式的最後階段已經開始，資深法師率領其餘兩名道士到廟的外場進行倒狀，法師推倒血狀與水狀之後，立即由廟中的執事人員將之集中準備集體火化。倒完狀之後，將供桌上的池頭夫人請回內殿西廂房的神殿供桌。回到內殿廣場的內壇後，法師誦經送孤魂野鬼，送走孤魂野鬼後，立即將將內壇西廂房牆上的神主牌位撕毀。上述所有的過程北管樂師的音樂從未停止，董事長與部份董監事跟隨在法師後面，亦步亦趨的跟隨法師或跟拜，直到整個儀式終止。保安宮的執事人員同一時間完成了火化水狀與

血狀及撕毀的牌位。

## 二、儀式意涵

　　牽狀儀式屬於喪葬儀式的一個類型，最主要是透過此儀式處理意外橫死的鬼魂由家屬或宮廟延請師父主持此項儀式，比較台灣地區最大的兩個宮廟雲林金口湖萬善祠及台北保安宮的牽狀儀式可以得知，無論是道教道長或釋教法師主持的儀式都具有相似的儀式結構與功能，分別闡述如下：

### 1.牽狀儀式中的宗教神職人員具有超拔鬼魂的能力

　　牽狀儀式為閩南泉州的宗教傳統，由於泉州自宋朝以來即為中國國際通商口岸，泉州人出海遇難的可能性高於其他地區的人民，意外橫死於海難，是傳統中國橫死他鄉的「八難」之一[6]。台灣地區來自閩南的後裔，相信橫死的冤魂必須經由特殊的超拔儀式進行拯救，才可能將他們從地底下超拔到另一個世界。而道教或釋教的神職人員就具有這項專業能力，因此，保安宮的牽狀法會就延請這類的法師與道長來主持。法師與道長是整個儀式的主持者，保安宮的執事人員是主要參與者，信徒是次要的參與者。在參與的人員心目中，深信法師具有超拔鬼魂的能耐，而這也是牽狀儀式在現代社

---

[6]　所謂八難，根據《大洞玉經疏要十二養》所記載是指：「王難、魔難、軍陣難、飢餓難、惡人難、毒藥難、行路難、惡獸難也」；另外一種說法又指人遭遇突然的災害而死亡，包括槍打刀砍、車碾馬踏、虎咬蛇傷、生育難產、上吊自縊、落水溺斃等災難而死者，又稱為「超八難」，因為其形毀肢殘，器官受損，若不進行特殊超度儀式，就很難超生。（李忠緣，2000.7，161）

會存在的主要原因。

## 2.道長或法師能夠延請其信仰神祇來為此儀式的鬼魂拔度

　　固然道長或法師具有超拔鬼魂的能耐，但是他們也必須請神明做主，來為牽狀儀式中的鬼魂超拔，神職人員似乎扮演「請神」的重要角色，保安宮延請的神祇是池頭夫人，和雲林金口湖的萬善爺相異。但是兩者都具有犧牲自己，拯救他人的神格意涵[7]。

　　華人祭拜孤魂野鬼的儀式，像中元普渡活動，信仰者就認為該儀式中有一個做主的神明，稱為「普渡公」；而超拔橫死的鬼魂，採用的牽狀儀式，信仰者則認為有一尊神明稱為「狀腳媽」。由於土地屬陰，因此就用女性神稱呼。在台灣的宮廟牽狀儀式中，請池頭夫人擔任狀腳媽的現象並不多見，大概只有台北保安宮與蘆洲湧蓮寺。至於其他廟宇舉辦牽狀儀式，就可能不是由池頭夫人做主。因此池頭夫人的信仰，只屬於台灣地區少數泉州後裔所建構的宮廟奉祀的神明。祂

---

[7]　根據保安宮宮誌的記錄，池頭夫人是清朝漳泉械鬥期間的一位犧牲自己拯救泉州同鄉的孕婦，她在漳州人偷襲泉州人時，為泉州鄉親發出警訊，而橫死於水池邊。因此保安宮牽狀儀式中的「狀腳媽」就以池頭夫人來代表，她平時被供奉在保安宮右側廂房註生娘娘殿中，當做陪侍神，在每年農曆七月十四日牽狀法會時，就被廟方請出來，主持超拔孤魂野鬼的神明。雲林金口湖的萬善爺是清朝道光二十五年農曆六月初七的水災，造成盡萬人溺斃，道光皇帝降旨敕封：「萬善同歸」。其中留下一個傳說，認為一位陳姓鄉民在水災中背負八個孩子而犧牲自己的生命，因此雲林地區的鄉親就雕塑了一尊九個頭十八隻手的萬善爺神像。每年農曆六月初七、初八與初九三天的萬善祠牽水狀祭典，他們就請這尊萬善爺做主，（劉還月，1993：86-88）近年來縮減為兩天。（李豐楙，1996.9：19-20）

並非所有牽狀儀式的狀腳媽。

　　由於保安宮的牽狀儀式最近兩年延聘釋教法師主持，因此，釋教主要神明像三寶佛、四大菩薩也被法師放在供桌與祭壇兩側祭拜。在唸誦經典的時候，主要是像這些佛教的神祇表達懺悔之意。我們也可以說牽狀儀式在釋教法師主持下，佛教的神祇也出來做主，為信徒往生的眷屬在地底的鬼魂超拔。

### 3.道長或法師要求儀式參與者在唸誦經典時跟拜，經由誦經與跟拜表達懺悔

　　華人的信仰中，認為人的災難、疾病都可能來自於自己或祖先的業障。因此，當人面臨苦難或橫死時，採用的喪葬儀式必定要唸誦「懺悔」的經文。雲林金口湖牽狀儀式唸的是道教「慈悲赦罪寶懺」；保安宮過去由道教的道長主持，也唸同樣的經懺。現在由釋教的法師主持，法師選擇「大乘金剛般若寶懺」，在此經懺中表現信仰者對自己諸多過錯行為的懺悔。法師代表信徒吟唱寶懺中的懺悔文，廟中的董監事在道長身後跟拜，聆聽懺悔文。就唸經與跟拜經懺的信仰觀思想來看，這些行為都為自己累積諸多的功德。懺悔文述說：

　　　「弟子某甲至心懺悔，自從無始至於今日，未識佛時，
　　　未聞法時，未遇僧時，不知善惡，不信因果，遇不善
　　　緣，近惡知識，動身口意，無惡不為，身業不善，行
　　　殺、盜、滛，口業不善，妄言、綺語、惡口、兩舌，
　　　意業不善，起貪、嗔、癡，殺父殺母，殺阿羅漢，破

和合僧，出佛身血，焚燒塔寺，誹謗大乘，侵毀常住，汙梵誣僧，犯諸禁戒，作不律儀，自做教他，見聞隨意，如是等罪，無量無邊，今日披陳，發露懺悔，惟願三寶，同賜哀憐，令我罪根，一念霜融，悉皆清淨。舉讚，金剛神將，護法龍天，佛光普照徧三千，福壽廣無邊，滅罪消愆，悉令證真源南無求懺悔菩薩摩訶薩。三稱」

　　仔細看寶懺中懺悔文可以發現，唯有在世者不斷為往生的鬼魂懺悔，才可能將這些血池與水池的冤魂超拔出來。由經懺的意涵來看，為往生者吟唱懺悔文，是最好的拯救它們的法門，在經文中看不到各種怨天尤人的闡述，而只有不斷自己的深刻意涵。

### 4.經由起狀儀式將地獄中水池或血池的鬼魂牽引上來

　　保安宮牽狀儀式包含牽水狀與血狀兩種，異於雲林金口湖萬善祠只有牽水狀。在此儀式中，信仰者相信經由一系列的請神、引孤、供養神與孤魂野鬼，再加上不斷懺悔自己，吟唱金剛寶懺，延請狀腳媽做主的程序後，就可以經由不斷的轉動圓柱筒竹編紙糊的法器－「狀」，就可以將自己往生眷屬的鬼魂從地底中牽引上來。

　　在法器上面的圖像具有許多象徵的意涵，對底層為掌管鬼魂的牛頭馬面、黑白無常等地底的使者，在牽狀時由他們把鬼魂從地底帶上來；經由法師與親屬不斷轉狀，再將親屬的鬼魂從第一層爬上階梯，進入第二層，第二層就是主管山

脈與土地的神明；當親屬不斷的轉狀，就可能將鬼魂爬上第三層，此時鬼魂就可以得到觀音菩薩身邊的善才與良女超拔，形同魂魄已經從最底層超拔最上層，從地底到人間再到另外一個極樂世界。這種過程是經由轉狀才能達到牽引的效果，鬼魂從地底經由「階梯」[8]爬上人間，再由人間爬上階梯到菩薩身邊。

## 5.供養與感謝神祇與鬼魂，使儀式圓滿

在儀式進行時，必須供養神祇、孤魂野鬼與信徒親屬的鬼魂；牽完狀之後，如果信徒親人的鬼魂有被牽引上來，附體在親屬身上，此時法師就用草蓆將信徒的身軀包捆，送到佛祖面前，與其他親屬對話。（2010 社會訪談資料，訪談編碼 002）像這種親人鬼魂附體的現象在保安宮的牽狀儀式並不多見，因此為了使儀式圓滿結束，法師必須運用其法力，強制牽引在血池與水池中的鬼魂上來，進行倒狀的工作。

倒狀之後，將狀集中立即焚毀，此時法師再次將狀腳媽從外壇迎回到內壇右側廂房註生娘娘殿中，撕毀右側廂房牆壁上的鬼魂靈位，也感謝前來作主的三寶佛及四大菩薩，唸一段經文將之送走。此時儀式圓滿完成。

---

[8] 華人宗教儀式中，無論是陽科或陰科，經常出現「階梯」、「橋」等具體的實物或象徵物，賦予過渡的概念，象徵由此界到彼界，由地獄到人間，再由人間到天堂的宗教想像。或是經由梯、橋後從世俗轉向神聖，從厄運轉為吉祥的宗教信仰觀。有關過橋的喪葬儀式可以參考段明撰寫的〈超拔亡魂的過橋祭祀儀式〉在牽狀儀式的狀也出現階梯，象徵著鬼魂不斷由地底爬上人間，再由人間爬上極樂世界。（段明，1999.3：145-176）

# 參、宗教領袖的功德觀、責任觀與牽狀儀式的出現

　　保安宮為閩南移民建立的宮廟，宮廟的主持者理解閩南地區泉州人處理橫死的殯葬傳統，因此，當宮廟領袖願意將牽狀儀式變成該宮廟的重要儀式時，此儀式就變成保安宮的一項重要宗教傳統。並非所有閩南後裔所建立的宮廟都願意辦理牽狀儀式，而且部份閩南的宮廟如新竹南壇大眾爺廟它的神祇功能，著重於鬼魂的超拔，也就比較可能從事此類的儀式。只有少數閩南後裔建立的宮廟，如蘆洲湧蓮寺，將牽狀儀式附屬於中元普渡中，也傳承了泉州的宗教傳統。

　　宗教領袖經常是宗教儀式的傳承、改革或創新的主要來源[9]，保安宮董事長對牽狀儀式的宗教傳統相當認同，他從宗教信仰觀的角度來解釋社會的正常發展，當孤魂野鬼沒有得到充分供養時，就可能影響到社會動盪不安。因此，他個人非常重視傳統華人各項供養的儀式，例如初一、十五在廟門口祭拜「老大公、好兄弟」，也祭拜天上派遣到凡間的五營兵

---

[9]　法鼓山聖嚴法師將水陸法會改革成環保心靈水陸法會；中華玉線玄門真宗宗主陳貴興將扶鸞儀式與電腦多媒體結合，也利用鸞手用簽字筆直接寫在黃色疏文紙上「金指妙法」快速寫出鸞文；佛教慈濟功德會證嚴法師將中元普渡法會改為「孝親會」；天主教教宗召開梵二改革會議，將彌撒儀式民主化與本土化，鼓勵神父降低祭台接近信徒，使用本地語言取代拉丁文。這些例證都說明宗教領袖往往是宗教儀式改革重要的動力，他們在理解儀式的意涵後，賦予個人對儀式的期待，加上自己的宗教思想於儀式中，進而觀察社會的問題與信徒的需求，使儀式產生了外在與內在的變化。（張家麟，2010，8-51）

馬之犒軍儀式；牽狀儀式和中元普渡法會也在這樣的概念下，（2010 社會調查訪談資料：訪談編碼 001）變成保安宮常態且重要的宗教活動。

　　保安宮的牽狀儀式在其宗教領袖的宗教信仰觀思維下，表現出下列幾個特質：

## 一、宗教領袖的鬼魂信仰與供養觀，讓廟方投入且擴張牽狀儀式

　　保安宮宗教領袖的宗教信仰觀思想相當重視鬼魂的供養與超拔，因此，它是少數泉州後裔的宮廟中單獨為橫死的鬼魂在中元普渡前夕，獨立出資完整呈現牽狀儀式的廟宇。由廟方付費給釋教的法師及佈置整個儀式現場，一場儀式至少耗費新台幣二十五萬元整[10]。對廟方而言，只對信徒象徵的收費每支狀一千元，根本就入不敷出。然而，廟裡的宗教領袖仍然堅持辦理這項儀式，而且從過去幾十支的狀的祭拜，擴張到現在為 126 支。規模有越來越大的傾向，也變成保安宮鬼月中非常重要的祭鬼儀式。

　　對信徒而言，他們也樂於參與這項活動，因為只需付些許費用，就可以到廟裡共同參與盛大的牽狀儀式。如果信徒自己單獨舉行牽狀儀式，必須得承擔五到六萬元的費用。來到保安宮參與這項活動，卻有物超所值的感受。連主持儀式

---

[10]　給法師的費用新台幣約五－六萬元，其餘的費用尚包含 126 支藏的材料工本費，約十二萬六仟元，會場的佈置與人力資源費約五萬元，燈篙材料費約兩萬元，合計約二十五萬元。

的法師都認為保安宮為信徒作此儀式是一項公德，他們為信徒節省費用，法師宣稱願意介紹信徒前來。由於保安宮的牽狀法會實施以來，已經累積不少的宗教儀式聲望，因此不少信徒仰慕保安宮牽狀儀式之名，自動前來。現在礙於儀式現場空間有限，保安宮只能在對面的廣場設立 126 支狀，讓有限的信徒參加這項活動。而這也是保安宮牽狀儀式由小型規模慢慢擴張為比較大型的規模。（2010 社會調查訪談資料：訪談編碼 001、002）

　　不僅如此，保安宮年復一年獨立辦理這項活動為信徒服務，也和其他宮廟將中元節的普渡法會有所區隔，顯現出保安宮對此儀式的重視，並相對完整的保存牽狀儀式，足以雲林金口湖的牽狀儀式相提並論。

## 二、宗教領袖的功德觀與責任觀，促成領袖主導牽狀儀式

　　從儀式的操作內容的參與者來看，早上十時開始的活動，當法師與北管樂師起鼓後，到下午三時三十分迎請池頭夫人到外場祭台為止，幾乎都是保安宮董事長與董監事跟隨法師跟拜。包含請神、引孤就坐、發表疏文、午供、誦經及迎請池頭夫人，這些儀式進行都是由法師主持，而保安宮的宗教領袖全部或局部參與。

　　本來是為信徒舉辦的牽狀儀式，理論上信徒應該從早上起鼓後，就應該蒞臨宮廟跟拜，然而在現代社會中宮廟領袖為了讓信徒方便，他們只需要在下午三時後來宮廟參與這項

活動即可。就整個儀式內容參與狀況來看，信徒主要參與了
共同迎請池頭夫人、起狀這兩項活動，前後約一個半小時。
而整個活動從早上十時開始，到晚上八時結束，扣除中午及
傍晚約兩小時用餐與休息時間，耗時約八小時，而保安宮的
宗教領袖幾乎全程參與，和信徒參與的時間相較，保安宮董
監事形同這項儀式的主角。

令人好奇的是這項儀式的主要參與者究竟是保安宮宗教
領袖或是信徒？在個別的牽狀儀式中，親屬必須從早到晚全
程參與，然而，保安宮集體的牽狀儀式中，參與的主要角色
似乎變成廟方宗教領袖，信徒只是陪襯輔助角色。為何廟方
執事願意大費周章投入這項活動？他們又沒有親人橫死，也
無須為沉淪於地獄中的血池或水池親人的鬼魂超拔。董事長
願意全心全力說服並動員董監事與執事人員長時間的跪拜和
供養鬼魂，最主要的原因在於保安宮宗教領袖相信以廟方的
力量超拔信眾的鬼魂，是保安宮的宗教責任。他們相信辦理
此活動將會帶給台灣社會安定。而且對董監事而言，參與、
主導牽狀儀式將可累積個人的功德[11]。（2010 社會調查訪談資
料：訪談編碼 001）這種領袖對超拔鬼魂的宗教觀、宮廟的

---

[11] 功德的概念相當複雜，它可以包含喪葬儀式的一部份；也可以是指個人的
行善修行可以累積「善功」，為將來成佛成仙做準備。在本文的功德是指後
者，它是華人的宗教修行觀之一，根據《太上感應篇》的說法，個人修行
可以實踐家庭、社會、政治與宗教道德，即是一種修行，這種修行形同累
積功德，反之，人即是犯錯。天上的神明將會鑒察人的功與過，累積 300
功德者，可以成為地仙，累積 1300 功德者，可以成為天仙。（張家麟，2010；
237-280）

社會責任觀與個人的功德積累觀，是保安宮執事願意用廟方整體力量投入牽狀儀式的主要動力。

由於廟方領袖對儀式具有主導的力量，他們可以挑選合適的師父前來廟裡牽狀儀式，在過去幾乎都是由道教的道長來主持，在此位資深張杉泉道長往生後，廟方領袖就延請了釋教許章錦法師前來主持。

保安宮屬於儒釋道三教融合的華人民間宗教廟宇，宗教領袖本來就同意這三類宗教的神職人員到廟裡主持宗教儀式的宗教傳統。對領袖而言，他們選拔素質不錯的師父主持，讓這項儀式展現嚴謹的形式與豐富的超拔宗教意涵，可以增加廟宇的聲望與特色，讓信徒產生對廟宇的認同。因此，當道教的道長無法前來時，改聘釋教的法師一樣可行。況且，台灣的喪葬儀式本來就是由道教靈寶派與釋教「黑頭師公」扮演主導的角色，保安宮宗教領袖在儀式主持者的選擇，擁有相當寬廣的自由空間。

從保安宮的牽狀儀式流程來看，我們可以理解此儀式具有下列的結構與意涵，在結構的部份，它們包含廟方主導、法師搭配、信徒從屬的樣式。根據訪談資料顯示保安宮保持了泉州祖先牽狀儀式的傳統作為，而且將之從中元普渡法會獨立出來，形成一個完整的超拔儀式，異於一般宮廟只是將牽狀儀式附屬在中元法會中。這是保安宮廟方領袖的思維，他們認為保安宮有責任為一般孤魂野鬼作中元普渡法會，更應該為遭遇橫死的冤魂進行超拔，讓有此需求的信徒得以前來保安宮參加牽狀法會。不只如此，他們全程參與並主導此儀式，讓保安宮中元節系列法會更為豐富。牽狀儀式變成該

宮的宗教法會特色之一，經由此儀式讓參與者深受感動儀式的殊盛，進而認同保安宮。

這項法會也變成保安宮目前眾多法會中行銷的重點之一，它也彰顯保安宮對信徒祭拜鬼魂的重視。如果我們要深究保安宮牽狀儀式為何被突顯出來的原因，應該從該宮的宗教領袖的宗教信仰觀來理解，尤其是該宮董事長深信在陽世間的宮廟主持者應該常態性祭拜鬼魂，讓鬼魂得到安養，也應該為鬼魂身陷地獄中同情。運用廟宇的力量舉辦法會，將它們超拔出來，社會就逐漸穩定。該宮董事長的宗教信仰觀，成為董監事領袖的共同想法時，牽狀法會就成為保安宮常態性的年度重要活動。而且，以廟宇的力量來為信徒家屬進行超拔法會，既可節省信徒的費用，又可經由此儀式得到信徒認同；甚至在參與主導這項法會過程中，廟方領袖也在修行累積功德，這種利人利己且有利社會的三贏場面，是牽狀法會得以存在保安宮的內在因素。

# 肆、信徒的超拔鬼魂及懷念祖先觀，支撐牽狀儀式

## 一、信徒參與牽狀法會的宗教信仰動機

傳統牽狀儀式中，信徒參與的動機在於自己往生的親人因流血或溺水而死，然而到保安宮參加此儀式的信徒，除了這些原因外，可能尚存著懷念親人與為親人做功德的想法。

根據這五年參與牽狀儀式的類型，可以證實上面的想

法，保安宮信徒部分家屬是因為傳統因素而前來，也有部分家屬參加此項活動，只是為了懷念往生的親人，該親人不一定因為血光之災或溺水而死，他們純粹是想經由此儀式為往生者做一場「功德」法會。從表 1 可以看出來，用懷念的心情為往生親人參加此儀式當作功德法會，2006 年有 36.9％，2007 年 23％，2008 年有 19.8％，2009 年 25.3％，2010 年也有 25.3％，五年下來平均有 26.1％。至於因為親人溺死或血光之災而死來參加這項儀式，2006 年有 63％，2007 年 76.9％，2008 年 80.1％，2009 年 74.6％，2010 年 74.6％，五年平均值為 73.9％。（表 1）

表 1. 2006-2010 年度信徒參與台北保安宮牽狀儀式類型表

| 年度 | 數值 | 功德[12] | | 家屬 | | 共計 |
|------|------|------|------|------|------|------|
| | | 白狀 | 紅狀 | 白狀 | 紅狀 | |
| 2006 | 數量 | 4 | 40 | 29 | 46 | 119 支 |
| | ％ | 36.9 | | 63.0 | | |
| 2007 | 數量 | 6 | 23 | 54 | 43 | 126 支 |

---

[12] 在此採用保安宮執事的說法，他們將保安宮牽狀法會參與者分為功德狀與家屬狀兩類。功德狀是指信徒為了懷念自己的往生親人而來參加此儀式，往生者不一定因為溺水或血光之災而死，他們只是覺得參加保安宮牽狀法會非常殊盛，在參與過程中懷念自己的往生親人，達到追思、超拔親人魂魄的感受，因此此法會形同為自己的親人做一場功德。家屬狀則是保安宮信徒的家屬遭遇橫死，可能因溺水而死，也可能遭受意外，見血光之災而死，信徒就可選擇家屬狀中的白狀或紅狀，藉由法會超拔深陷地底的親人魂魄。

| | | | | | | |
|---|---|---|---|---|---|---|
| | ％ | 23.0 | | 76.9 | | |
| 2008 | 數量 | 8 | 17 | 67 | 34 | 126 支 |
| | ％ | 19.8 | | 80.1 | | |
| 2009 | 數量 | 12 | 20 | 47 | 47 | 126 支 |
| | ％ | 25.3 | | 74.6 | | |
| 2010 | 數量 | 12 | 20 | 47 | 47 | 126 支 |
| | ％ | 25.3 | | 74.6 | | |
| 共計 | 數量 | 42 | 120 | 244 | 217 | 623 |
| | ％ | 26.1 | | 73.9 | | |

資料來源：本研究自行整理

　　從這些數字來看，約有四分之一的參與者是用懷念的心情來參加牽狀儀式，其餘四分之三的信徒是為了往生家屬的鬼魂身陷地底的血池或水池，希望經由此儀式為它們超拔到另外一個世界去。事實上，保安宮的牽狀儀式的主持法師也把這個儀式定位為超拔與懷念往生鬼魂。根據受訪的法師指出，傳統的個人牽狀儀式，必須將鬼魂透過狀牽引上來，如果親人溺水，法師帶領家屬在親人的狀前唸誦：「某某人腳踩船板，手挽柳枝欉，起來換衫換褲襯像人，見三寶。」或血光之災而死，法師帶領家屬在親人的狀前唸誦：「某某人腳踩雞籠，手挽香蕉欉，起來換衫換褲襯像人，見三寶。」在唸誦的過程，家屬必須用手拍打狀且轉動狀，身體繞著狀走，到一定的時間後，鬼魂可能會進入家屬的身體中。至於保安宮的牽狀儀式，這些唸誦與走狀的活動都省略。法師認為這

是集體的牽狀活動，應該將儀式定位於懷念親屬的功德法
會，親屬在狀前轉狀也不一定要將魂魄牽引起來，可以由法
師用倒狀的方式牽引魂魄。（2010 設會調查資料：訪談編碼 2）

　　我們為了進一步理解信徒參與保安宮牽狀儀式的動機，
用問卷調查發現參與者的往生親人因溺水而死前來的佔
66.67％，因血光之災而死，依項目的類別各約佔 55.56％
~71.11％，為了懷念往生的親人，也有佔 82.22％，為親人辦
此法會累積功德佔 71.11％。（表 2）

表 2.參加牽狀法會的動機

| 項目 百分比 | | 同意 | 不同意 |
|---|---|---|---|
| 溺水 | 家人中有人因溺水而死 | 66.67 | 33.33 |
| 血光之災 | 家人中有人因車禍而死 | 66.67 | 33.33 |
| | 家人中有人因難產而死 | 57.78 | 42.22 |
| | 家人中有人因自殺而死 | 68.89 | 31.11 |
| | 家人中有人因開刀而死 | 55.56 | 44.44 |
| | 家人中有人墮胎 | 60.00 | 40.00 |
| | 家人中有人因意外而死 | 71.11 | 28.89 |
| 懷念 | 為往生的親人祈福 | 82.22 | 17.78 |
| | 累積功德 | 71.11 | 28.89 |

資料來源：本研究自行整理

從這些數字可以理解，信徒參與保安宮的牽狀儀式之動

機，他們認為因溺水或血光之災而死可以來參加這項法會，也可以是懷念自己的親人而參加這項功德法會。由於筆者設計的問卷並沒有強迫受訪的信徒在這三類的項目中只能挑選一類，因此信徒在重複勾選的情況下，他的信仰觀中可能認為，親人因溺水往生，既可用此法會超拔，也可以順便懷念往生的親人；同理，親人因血光之災而死，也可用此法會為加人祈福或累積功德，所以懷念的動機數值會偏高。

　　換言之，過半數的信徒認為，傳統溺水或血光之災固然可用此項法會來超拔鬼魂，現在則不強求這項傳統因素才能參加牽狀法會。而這也是保安宮牽狀法會中，最近五年來，每年約有四分之一的信徒，將此法會當做功德法會。這些信徒的親人往生，不一定有傳統溺水或血光之災的橫死現象。從保安宮的牽狀法會參與者的動機來看，傳統牽狀法會的宗教儀式內涵已經出現逐漸轉變的現象，參與動機的分歧可以說明這種現象。從保安宮的個案可以得知，它與傳統相同的是如同其他宮廟團體用此法會超拔鬼魂。不同的是保安宮參與牽狀法會的信仰者，他們深信親人的鬼魂橫死於地底的血池或水池中，必須超拔出來。也有部分的信徒認為，他們親人的鬼魂不一定在地底下，參與這項法會只是對親人的懷念，與自己行善累積功德的作為。

## 二、鬼魂超拔的信仰與奧秘經驗

### 1.鬼魂信仰觀

　　為何信徒會參與保安宮的牽狀法會，應該從其宗教信仰

觀中的「鬼魂信仰」來理解，而鬼魂信仰是普遍存於台灣地區的民眾，因此，保安宮的牽狀法會擁有相當豐沛的宗教文化基礎。

根據中研院每隔五年的社會變遷趨勢調查顯現，台灣地區人民大多數絕對相信鬼魂存在，其中相信「死後靈魂仍然存在」約 69%，「靈魂會投胎轉世」約 53%，「無人祭拜的孤魂會四處飄蕩」約 51%，「靈魂會附身」約 47%，「人死後有子孫祭拜才好」約 76%，「確實有地獄存在」約 56%。（瞿海源，2002：54）

這種高比例人口相信鬼魂存在的信仰觀，是台灣人平時祭祖，重要節慶如清明掃墓、中元普渡、水官聖誕祭鬼、春秋兩季及重要節慶祭祖、農曆初一十五祭拜門口孤魂野鬼等活動的主要內在基礎。當人死成鬼，由子孫祭拜鬼魂，這些鬼魂變成「祖先」，部分的祖先因為在生時的修行累積功德，也可能成為「神祇」。這是華人對人成鬼或成神的宗教想像。在世的子孫必須對往生的祖先祭拜，讓他們得到善終，這是儒家信仰的孝道表現。而且台灣民眾深信子孫祭拜祖先，祖先將可能回過頭來保護子孫，這是民間宗教的主流思想。當陽世間的子孫與陰世間的祖先互動的儒家與民間宗教信仰觀，構成了華人各項喪葬禮儀和祭祖活動；不只如此，台灣民眾除了祭拜自己祖先之外，也在重要的中元節慶或初一十五祭拜門口時，祭拜無主的孤魂野鬼。

各項祭祖與祭鬼活動的前提，是在陽世者深信地獄與鬼魂的存在，由他們來主導這些祭拜活動。其中，當自己親人無意間溺水或遭血光之災而死時，就可能必須採用過去閩南

先民傳承下來的牽狀儀式。當我們對保安宮牽狀儀式參與者進行調查上述台灣地區民眾的鬼魂宗教觀時，發現他們相信地獄與鬼魂存在的宗教信仰觀的比例，遠高於一般民眾。保安宮牽狀儀式參與者相信「死後靈魂仍然存在」約95％，「靈魂會投胎轉世」約 98％，「無人祭拜的孤魂會四處飄蕩」約93％，「靈魂會附身」約89％，「人死後有子孫祭拜才好」約93％，「確實有地獄存在」約93％。（表3）這可能是保安宮信徒為民間宗教信仰者，他們比一般民眾更具強烈的鬼魂信仰觀，才會這麼高比例的數字。

　　當信徒深信人橫死可能墮入地獄，就必須運用特殊的儀式進行超拔，牽狀儀式就是處理橫死的鬼魂身陷地獄中的水池與血池。從調查的數字可以看出 93％信徒深信地獄的存在，而且靈魂可以超拔出來後投胎轉世，也高達98％。也有95％信徒深信死後靈魂存在。這三個信仰觀，是信徒來到牽狀法會的主要動力。因為他們的親人可能遭遇橫死，正在地獄中受苦；或是他們的親人雖已往生，靈魂仍然存在人間。在他們看來，這些魂魄都可經由牽狀法會得到超拔，投胎轉世，得到重生或到另外一個世界。

表 3.保安宮信徒對鬼魂存在的宗教信仰觀

| 項目　　　　　百分比 | 相信 | 不相信 |
|---|---|---|
| 人死後靈魂仍然存在 | 95.56 | 4.44 |
| 靈魂會託夢 | 97.78 | 2.22 |
| 無人祭拜的孤魂會四處飄蕩 | 93.33 | 6.67 |

| | | |
|---|---|---|
| 靈魂會投胎轉世 | 97.78 | 2.22 |
| 靈魂會附在人身上 | 88.89 | 11.11 |
| 人死後有子孫祭拜才好 | 93.33 | 6.67 |
| 確實有地獄存在 | 93.33 | 6.67 |
| 曾經看過鬼 | 68.89 | 31.11 |

資料來源：本研究自行整理

## 2.鬼魂超拔觀

華人祖先創造牽狀法會，隱含人遭遇橫死時會墮入到地獄中的血池或水池；因此，賦予法會具有從地獄血池或水池超拔鬼魂的功能。這兩項宗教想像是否真實存在於信仰者的腦海中，很少學者進行討論。筆者非常好奇保安宮信徒，他們參與牽狀法會時，是否相信地獄中的血池與水池之說？是否相信法會具有超拔鬼魂的功能？經由調查顯現，證實上述這兩項說法。也就是說參與保安宮牽狀法會者，相當高比例深信人遭遇橫死時，會墮入地獄的水池或血池中；也相當高比例相信祖先遺留下來的儀式，具有超拔鬼魂的功能。

牽狀法會的存在必須依賴許多宗教信仰觀，其中地獄的存在、人橫死會掉入血池或水池中等信仰，才有必要延請法師主持牽狀法會，將地獄水池中與血池中的鬼魂超拔出來。保安宮的信徒相信人溺死後掉入水池與見血光之災會掉入血池的信仰觀，相信者皆分別高達91％。（表4）有了這樣的信仰觀當作基礎，才有必要對鬼魂進行超拔的儀式。當儀式進行後，是否有效，往往無法科學驗證。換言之，運用此儀式

將鬼魂從地獄超拔拯救出來，自然科學無法證明這個事實；但是宗教學者從信仰者的信仰觀，卻可論述此儀式「確實」具有超拔功能。因為調查的數據顯現，保安宮的信仰者參與牽狀法會時，他們百分之百相信，透過轉狀可以將往生親屬的鬼魂存地底牽引上來。（表4）對他們而言，他們心目中深信法會有此功能，這就是另類的宗教信仰「事實」。

　　因此筆者認為，牽狀法會能夠從過去代代相傳到當今科學昌明的社會，最主要的內在因素之一為信徒深信橫死者會下地獄，在世者的家屬有必要將之魂魄牽引上來；為了牽引魂魄，乃舉行牽狀法會。法會存在的另一原因為法會具有超拔鬼魂的功能，信徒也對此深信不疑。我們可以說信徒深信橫死的地獄觀與法會的功能觀，才是此法會目前可以存在的主要原因。尤其，民間宗教廟宇領袖觀察到信徒這項需求時，他們自己也相信這些說法，進而為信徒舉辦牽狀法會，乃屬合理的舉措。

表4.保安宮信徒對牽狀法會功能的宗教信仰觀

| 項目 ＼ 百分比 | 相信 | 不相信 |
|---|---|---|
| 經由牽狀法會可以將鬼魂從地獄超拔起來 | 100 | 0 |
| 人如果溺死會掉入地獄水池中 | 91.11 | 8.89 |
| 人如果見血光之災而死，會掉入地獄的血池中 | 91.11 | 8.89 |
| 在「轉狀」過程中，鬼魂可以被牽引出來，而得到拯救 | 100 | 0 |

資料來源：本研究自行整理

### 3.鬼魂出現的奧秘主義

　　華人宗教信仰不但深信多神多鬼的存在，也有不少信仰者親身目睹、聽見、感應到神與鬼的形象和話語。這種人與神、人與鬼交流的宗教經驗[13]，對華人而言，除了目睹之外，有時也會讓神靈與鬼魂附體。

　　牽狀儀式參與者在參與的過程中，不斷的轉狀器，也隨著轉狀時遶著圓狀走圈圈，根據受訪的法師指出，在個體的牽狀儀式比較容易出現往生親屬的鬼魂附體。在他的經驗中，鬼魂之所以附體在於親人在世時從小就曾經目睹牽狀儀式，因為有此經驗，再轉狀與走狀的過程中，鬼魂就容易附體。另外一種說法為在轉狀或走狀時，對往生的家人過渡的思念，再加上身體不斷的旋轉而產生暈眩，就容易讓鬼魂附

---

[13]　西方學者宗教心理學詹姆士最早從心理學的角度分析信仰者目睹或聽到人的宗教經驗與感受，他稱之為「神秘主義」（mysticism）。他也對神或鬼附體於信徒身上的現象做分析，他將這種宗教經驗稱之為「奧秘主義」（occultism）。（William James，1970）中國宗教學者王六二將近代神秘主義的研究進行整理，分析神秘主義的起源、比較、宗教體驗、科學關係等多個學科領域間的關聯研究，而將奧秘主義視為巫術、降神術、數術、堪輿、煉丹、占卜、神靈與撒旦學。（王六二，2004：250-265）筆者認為華人宗教中神鬼附體的現象比較接近巫術，宗教神職人員運用某種儀式操作神靈與鬼魂，讓它們附體在人身上，而使得人具有特殊能力，或使得鬼魂得以和人對話，進而得到超拔。牽狀儀式中的鬼魂超拔，就比較接近奧秘主義。筆者調查曾經顯現，鬼魂可能在牽引上來之後，附體到親人身上，此時親人就變成往生者，用草蓆覆蓋之後，現場其他的親人就可以和鬼魂對話。（2010 社會調查資料：訪談編碼 002）

體。（2010 社會調查資料：訪談編碼 002）

表 5.保安宮信徒參與牽狀法會的宗教感受

| 項目 \ 百分比 | 同意 | 不同意 |
|---|---|---|
| 在儀式現場曾感受到親人的鬼魂被牽引上來 | 71.11 | 28.89 |
| 在儀式現場曾被親人的鬼魂附身 | 64.44 | 35.56 |
| 在儀式現場曾看到鬼魂出現 | 62.22 | 37.78 |
| 在儀式現場曾經與鬼魂對話 | 60 | 40.00 |

資料來源：本研究自行整理

　　筆者在理解保安宮牽狀法會過去鬼魂附體經驗時，受訪的宮廟領袖就指出過去確實出現過信徒在轉狀過程中嚎啕大哭的現象，似乎象徵了往生者鬼魂附體在該信徒身上。（2010社會調查資料：訪談編碼 001）但不是每一次保安宮牽狀法會皆出現往生鬼魂附體到信徒身上的現象，也很少見到用草蓆將信徒覆蓋起來，讓它和其他的家屬進行對話。儘管保安宮牽狀會場上很少出現鬼魂附體於親人身上的「具體事實」，但是筆者調查信徒對這種鬼魂附體、與鬼魂對話、感受鬼魂牽引上來及目睹鬼魂等四項宗教感受時，信徒仍然高比例同意或相信這些主觀感受。他們或許沒有親眼目睹、耳聞或感受，但是他們深信經由牽狀法會可以達到這些敘述的效果。因此，從表 5 中可以看出來信徒參與牽狀法會的宗教感受同意者的比例相當高，分別為相信「在儀式現場曾感受到親人

的鬼魂被牽引上來」71%、「在儀式現場曾被親人的鬼魂附身」
64%、「在儀式現場曾看到鬼魂出現」62%、「在儀式現場曾
經與鬼魂對話」60%。

# 伍、討論與結論

## 一、討論

### 1、保安宮牽狀儀式處理橫死嗎？

　　根據本文的研究可以理解台北保安宮牽狀儀式的個案有
其特殊性質，不完全雷同過去處理橫死的理論解讀，過去的
研究集中於雲林金口湖萬善祠牽狀儀式的討論，一般都認為
此儀式可以處理因溺水而死的冤魂。（余淑娟，2006.3：10；
李豐楙，2000：41；陳有樂，2000：65-66；劉還月，1993：
88）過去研究者提及橫死者的鬼魂將變成厲鬼，必須用處理
橫死的特殊儀式超拔鬼魂，才可能從墜入地獄枉死成的鬼魂
超拔出來。（劉還月，1999：170；洪進鋒，1990：393）然而，
從保安宮的個案研究來看，固然有信徒因為親人遭遇橫死而
前來參與牽狀儀式，但是也有約四分之一的信徒用懷念往生
者的心情，參加此法會，異於前類的參與者。

　　主持法會的釋教法師指出，他將保安宮的牽狀儀式定位
為懷念親人的儀式，不同於他主持的個人式的牽狀儀式。後
者，法師運用牽狀儀式將遭遇橫死的鬼魂，從地底的水池或
血池超拔出來，在世的家屬經常在轉狀的過程，讓親人附體，

讓其他的家屬與附體者對話完成後，代表儀式圓滿。然而保安宮的牽狀法會上，很少見到這種附體，只見到在世的親人轉完狀以後，用擲銅幣的方式詢問往生者是否已得到超拔，直到出現「聖杯」後，信徒才停止轉狀，最後法師用其法力進行倒狀，象徵儀式圓滿。

　　從牽狀儀式參與的類型，法師對此儀式的期待，及信徒是否經由轉狀後，與往生者對話或附體等現象來看，保安宮牽狀法會除了保留處理橫死的宗教傳統外，也添加了新的元素，讓信徒可以參加此儀式來懷念自己往生的親人。因此，我們可以說保安宮的牽狀法會已經從傳統處理橫死的喪葬儀式部分轉型，包容了信徒的新需求，在中元普渡之前，讓信徒參與此儀式懷念自己的親人。

## 2、宗教領袖的理念行銷牽狀法會？

　　宗教領袖經常是儀式變遷的主要動力來源之一，從過去的研究顯現出來，儀式是由領袖創造出來，形成儀式傳統後不容易改變，然而碰到了宗教間的交流及社會的劇烈變遷，儀式為了生存於當代社會，就可能出現轉變。（張家麟，2010）

　　保安宮牽狀法會的形式仍然維持傳統的樣貌，包含法師延聘、會場佈置、狀器編製、燈篙豎立、經典吟誦、神鬼敬拜等，廟方非常嚴謹且殊盛的辦理。然而，此法會的本質如上所述，已經產生部分的「質變」。該宮的領袖同意信徒不一定因為親人遭遇橫死，才能參與法會。當領袖的理念轉向，法會的超拔意涵也隨之轉變。由超拔深陷地獄中的水池與血池的魂魄，擴張為超拔一般的往生魂魄。這種轉向既可滿足

部分信徒的需求，又可維持傳統牽狀法會的形式與功能。

從宮廟辦理法會的行銷角度來看，有眾多信徒參與的法會，將使此法會擁有新的生命，保安宮宗教領袖的作為，讓部分信徒的親人，沒有橫死的情況下，依然可以前來參與法會，形同豐富了信徒參與的基礎，也讓傳統的牽狀法會逐年得以擴大。

另外，保安宮宗教領袖對鬼魂敬拜與超拔的宗教觀，促使他們以宮廟的組織、人力與物力，投入每年的牽狀儀式。他們把這項活動當作為信徒與社會服務的社會責任。他們認為，如果台灣地區廟宇願意敬拜鬼神，超拔亡魂，則社會將呈現穩定與太平。這種廟宇領袖用祭拜鬼神儀式當作承擔社會責任的宗教信仰觀，使牽狀儀式變成保安宮表性的重要法會，當他們用嚴謹的態度辦理時，再用「半福利」性質的方式服務信徒，就容易得到信徒的認同，形同以牽狀法會型塑保安宮的良好形象，也就行銷了保安宮。

再從整個儀式參與過程來看，該宮的領袖變成儀式的主導者，他們幾乎全程參與，而信徒只局部參與這項活動。為何領袖比信徒更為積極投入此儀式？只有從領袖對鬼魂信仰、為自己累積功德的角度可以理解。

當領袖把其信仰化為具體的宗教行動時，運用宮廟的力量辦理各種宗教儀式是最好的手段，既可服務信徒，又可以實踐自己的宗教理念。保安宮的牽狀儀式規模逐年擴張，應該和領袖的宗教信仰觀有密切的關聯，當領袖認為鬼魂理應得到超拔時，廟裡就應該舉行各項超拔鬼魂的儀式，牽狀法會是眾多超拔儀式的一個類型。而且，當領袖親身參與各項

法會當作修行，足以累積個人功德時，既可率領信徒實踐宗教信仰觀，又可為將來修成正果而準備，這是保安宮牽狀儀式成為半福利性質法會的主要原因。

### 3、牽狀儀式與宗教信仰觀產生互動？

　　過去的研究顯現，台灣地區民眾相當高比例相信鬼魂的存在、鬼魂會投胎轉世、鬼魂會附在人身上、無人祭拜的鬼魂會四處飄盪、鬼魂會托夢、鬼魂可能存在於地獄中、子孫最好要祭拜自己祖先的鬼魂。（瞿海源，2002：54）這種地獄與鬼魂觀，是華人祭拜鬼魂各種儀式的內在基礎。包含常態性的祖先祭拜、無主鬼魂祭拜及遭遇橫死的親人鬼魂祭拜。因此，華人的鬼魂與地獄觀可以說是牽狀儀式存在於現代社會的者要因素之一。換言之，從本研究的成果可以相當程度的證實前言提出的命題，即「宗教信仰觀影響宗教儀式的形式與內涵」，可以操作化為「地獄與鬼魂的宗教信仰觀影響牽狀儀式的形式與內涵」。

　　然而，從本研究中又可以說明參與保安宮的牽狀儀式的信徒，在參與儀式過程中，再次的強化其原有的宗教信仰觀。信徒從未看過鬼魂形象、聽見鬼魂的聲音、未被鬼魂附身、也沒親身感受鬼魂從地底下被牽引上來，當信徒沒有這些親身的實際經驗時，他們卻非常相信牽狀儀式可以帶來上述的效果。對信徒而言，沒有親眼目睹，也沒有親耳聆聽，卻寧可信其有，確信鬼魂已經被轉狀的過程中被牽引上來，到達另外一個世界。這種只是相信而沒有實際感應的特殊宗教經驗，經由牽狀儀式再次得到肯定。因此，我們可以說保安宮

牽狀儀式參與者，他們原本已經擁有鬼魂觀、鬼魂得以超拔觀、鬼魂附體觀，而在牽狀儀式參與過程中，儀式強化了他們原有的信仰。此信仰不一定需要信者親眼目睹或耳聞，卻可以純粹烙在信者的心目中。

## 二、結論

在本研究的問題意識中提出，保安宮牽狀儀式的「樣式」（pattern）與意涵？牽狀儀式存在的宗教信仰基礎為何？這兩項問題，經過上述的探討可以得知保安宮的牽狀儀式屬於華人閩南地區宮廟團體類型辦理的「集體型」、「獨立型」的牽狀儀式，它每年於中元普渡前一天辦理，牽狀儀式和盂蘭盆會共組為保安宮的中元普渡節慶儀式。

由本研究也顯現出來保安宮牽狀儀式的意涵與傳統閩南牽狀儀式的型式雷同，目的都在延請法師透過此儀式，將地底的血池中的鬼魂牽引上來。只不過保安宮牽狀儀式敦請的神祇為池頭夫人，雲林金口湖萬善祠作主的神明為萬善爺。保安宮過去由道教道長主持，最近兩年轉為釋教法師主持，異於雲林金口湖萬善祠的道教道長主持儀式。儀式進行的內容與結構大同小異，都由經典唸誦懇求赦罪、供養鬼神、放赦、起狀、牽狀、倒狀及謝壇，但是雲林金口湖的儀式中唸的經典是道教《慈悲赦罪寶懺》及《度人經》，保安宮唸的是《金鋼般若赦罪寶懺》。雲林金口湖有放水燈，保安宮則沒有此活動，而用豎立燈篙取代。

就牽狀儀式的意涵來看，保安宮的牽狀儀式顯現出，宗

教法師有超拔鬼魂的能力，他透過儀式延請與儀式有關的神祇來做主，不斷的吟誦經懺來懺悔自己、鬼魂，透過轉狀將鬼魂從地底的水池與血池牽引上來。從形式上來看，傳統牽狀儀式的意涵，都存在於保安宮的牽狀儀式中。其中，要將地底的冤魂超拔起來，唯有生在陽世者的道長、法師、宗教領袖與信徒不斷的懺悔自己，才可能達到效果。

　　至於保安宮牽狀儀式的內在基礎為何，本研究認為和該宮的宗教領袖的宗教信仰觀密切相關，並非所有閩南後裔的宮廟都舉辦處理橫死的牽狀儀式，而保安宮的宗教領袖願意用宮廟整體的力量，讓信徒以便宜的費用參與，意味著該廟的領袖有特殊的宗教理念。當領袖把辦理此活動當作社會責任和個人功德積累，該儀式就可以常態性的存在於保安宮中，變成保安宮年度的重要活動，透過該儀式來形塑信徒對保安宮的認同。

　　宗教領袖的宗教信仰觀促成保安宮辦理牽狀儀式，但是，如果沒有信徒踴躍的參與，此儀式無法舉行。還好台灣地區民眾普遍深信鬼魂存在、應該對鬼魂祭拜、透過合適的儀式懷念祖先的鬼魂及超拔鬼魂。當台灣地區民眾高比例且高程度的相信上述的鬼魂信仰時，各種超渡鬼魂的儀式都有生存發展的空間。本研究也證實了保安宮信徒這些鬼魂信仰觀，因此，保安宮領袖辦理牽狀儀式時，得到信徒的參與和支持，這些宗教信仰觀，是保安宮牽狀儀式過去和現在得以存在，且在未來持續發展的內在基礎。

# 參考書目

Arthur P.Wolf，1974,Gods, Ghosts and Ancestors ，in Religion and Ritual in Chinese Society ，Stanford：Stanford University Press.張珣譯，〈神、鬼與祖先〉,《思與言》，35：3。

Bloch, M, and j, Parry，1982， Introduction In Death and the Regeneration of Life. M. Bloch. and j. Parry ,eds. Pp.1-44.Cambridge：Cambridge University Press.

De Groot,J. J. M.， 1884，Buddhist Masses for Dead. Leyde：E. J. Brill.

Marcus, G, and Michael Fischer ，1986，Anthropology as Cultural Critique. Chicago：Chicago University Press.

Wallace, A，1995，Place, Administration, and Territorial Cults in Late Imperial China：A Case Study from South Fujian. Late Imperial China 16：1。

William James，1970,《宗教的經驗的諸相（下）》,岩波書店。

王六二，2004,〈近現代神秘主義研究狀況〉,《宗教研究四十年》，北京：宗教文化出版社。

王銘銘，1999,〈危亡與超生：1896 年中國東南沿海的超度儀式〉,《中央研究院民族學研究所集刊》87 期，169-206。

余光弘，1981,〈綠島漢人的喪葬儀式〉,《中央研究院民族學研究所集刊》62 期，115-177。

余淑娟，2006.3,〈馬來西亞的道教拔度儀式與目連戲〉,《民

俗曲藝》151 期，5-29。

呂理政，1994，〈鬼的信仰及其相關儀式〉，《民俗曲藝》90
　　　期，147-192。

李忠緣，2000.7，〈為非正常死亡者的靈魂補形超難的超八
　　　難〉，《民俗曲藝》126 期，161-186。

李豐楙，1996.9，〈雲林金湖的萬善爺信仰與牽藏習俗-150 週
　　　年記點的儀式神話〉，《民俗曲藝》103 期，1-29。

李豐楙，2000，〈台灣雲林舊金湖萬善祠及其牽藏習俗-一個
　　　自然/非自然、正常/非常觀點的結構分析〉，《遺跡崇
　　　拜與聖者崇拜》，台北：允晨文化時業股份有限公司。

段　明，1999.3，〈超度亡魂的過橋祭祀儀式〉，《民俗曲藝》
　　　118 期，145-176。

徐福全，1984，《台灣民間傳統喪葬儀節研究》，台北：國立
　　　師範大學國文研究所博士論文（未出版）。

洪進鋒，1990，《台灣民俗之旅》，台北：武陵出版社。

張家麟，2010，〈台灣宗教融合與在地化-以台灣民間信仰儀
　　　式變遷為例〉，《台灣宗教融合與在地化》，台北：蘭台
　　　出版社。

陳有樂，2000，《台灣合葬墓園的探討：以金湖聚落的「萬人
　　　塚」演變為例》，嘉義：南華大學環境與藝術研究所碩
　　　士論文。

陳益源，2008.2，〈台灣雲林口湖萬善祠"牽水藏"儀式及其
　　　相關傳說〉，《大連大學學報》29 卷 1 期，24-27。

黃文博，1996.5，〈金湖港牽水藏-雲林縣口湖鄉〉，《民俗曲
　　　藝》101 期，105-138。

劉還月，1993，〈繁華夢盡牽水藏-金湖港與萬善爺祭典傳奇〉，《台灣的歲節祭祀》，台北：自立晚報社文化出版部。

劉還月，1999，《台灣民俗田野行動入門》，台北：常民文化事業股份有限公司。

瞿海源，2002，《宗教與社會》，台北：國立台灣大學。

洪進鋒，1990，《台灣民俗之旅》，台北：武陵出版社。

劉智豪，2009，《傳統與現代-論台灣鸞堂扶鸞儀式及其變遷》，台北：真理大學宗教文化與組織管理學系碩士班。

# 附錄 1：

## 台北保安宮牽狀儀式流程表

| 時間<br>7/14 | 地點 | 科儀 | 經懺/活動 | 主持者 | 參與者 | 其他 |
|---|---|---|---|---|---|---|
| 09：00 | 內壇、外場、右牆 | 佈置會場 | 1.佈置內壇於保安宮內正殿前右側廣場，長約 12 米，寬約 5 米的神聖空間，供奉三寶佛、四大菩薩及兩側十殿閻王<br>2.佈置外場於保安宮外對面廣場，設祭壇、備長桌讓信徒放置供品，在左側放 126 支狀<br>3.內壇旁邊的右牆，佈置引孤就座的砷主牌位及供桌 | 董事長 | 保安宮服務人員 | |
| 10：00 | 內壇 | 起鼓 | 北管樂園吹奏音樂準備儀式開始 | 3名道長 | 董事長與部分董、監事跟拜 | 北管 |
| 10：20 | 內壇 | 發表 | 金書發奏表文科儀 | 3名 | 董事長與部分董、 | |

| 時間 | 地點 | 項目 | 內容 | 道長 | 跟拜 | 音樂 |
|---|---|---|---|---|---|---|
| | | | | 道長 | 監事跟拜 | |
| 10：40 | 內壇 | 請神 | 拔度請神科儀 | 3名道長 | 董事長與部分董、監事跟拜 | 北管 |
| 10：50 | 內壇 | 引孤就座 | 請鬼魂就座 | 3名道長 | 董事長與部分董、監事跟拜 | 北管 |
| 11：00 | 內壇 | 午供 | 法師行法施食供養鬼魂 | 3名道長 | 董事長與部分董、監事跟拜 | 北管 |
| 14：00 | 內壇 | 誦經 | 大乘金剛般若寶懺（上、中卷） | 1名道長 | 1名董、監事跟拜 | |
| 15：30 | 由內壇到外場 | 迎請狀腳媽 | 將池頭夫人請到外場祭台上 | 3名道長 | 1.董事長與部分董、監事跟隨 2.信徒 | |
| 16：00 | 外場 | 起 | 1. 道長引頌信徒到狀 | 3 | 信徒 | 北 |

| | | 狀 | 場轉狀　2. 信徒到自己的狀前不斷轉狀 | 名道長 | | 管 |
|---|---|---|---|---|---|---|
| 16：30 | 內壇 | 誦經 | 大乘金剛般若寶懺（下卷） | 1名道長 | 1 名董、監事跟拜 | |
| 17：00 | 內壇 | 放赦 | 3名道長跑赦馬 | 3名道長 | 董事長與部分董、監事跟隨 | 北管 |
| 19：00 | 內壇 | 鬧廳 | 北管吹奏音樂，象徵儀式潔淨 | | | 北管 |
| 19：00 | 內壇外場 | 謝神倒狀 | 1.道長倒狀　2. 請池頭夫人回殿 | 3名道長 | 董事長與部分董、監事跟隨 | 北管 |
| 19：40 | 內壇右牆 | 送孤謝壇 | 1.道長誦經送孤 2.內壇旁邊的右牆，將引碑主牌位撕毀 | 3名道長 | 董事長與部分董、監事跟隨 | 北管 |
| 19：50 | 廟外空地 | 善後 | 火化狀器 | 董事長 | 保安宮服務人員 | |

# 附錄 2：照片

豎燈篙告知孤魂，保安宮要
舉行牽狀法會與中元普渡

保安宮—狀器的樣式

牽狀法會內壇佈置

牽狀法會外場佈置

在內壇右側設立供奉野鬼牌

外場共放了126支狀器

廟宇宗教領袖跟在釋教法師
後面跟拜

在台北保安宮奉狀法會中使用
北管演奏

法師舉行午供儀式，對孤魂野
鬼進行食物供養

法師唸誦《大乘金剛般若寶懺》
為參加儀式的家屬祖靈超度

法師唸誦《大乘金剛般若寶
懺》，董監事代表在後跟拜

法師唸誦疏文乞求赦免孤魂
野鬼的罪惡

廟宇宗教領袖向狀腳媽上香，
請祂到外場主持牽狀儀式

廟宇宗教領袖將狀腳媽安置
在外壇的神桌上

廟宇宗教領袖將狀腳媽安置
在外壇的神桌上

由北管帶頭演奏，法師帶領宗
教領袖與信徒轉狀

信徒藉由不斷的轉狀，期望已故
的親人可以從地獄超拔起來

法師在內壇跑赦馬

將赦馬、赦罪疏文及金帛焚化

藉法師的力量倒狀，強迫將魂
魄從地獄牽引上來

牽狀法會結束後，立即將內壇
右側的孤魂牌位撕毀。

倒狀後，立即將狀焚化，代表
儀式圓滿

# 第三章　論當代台灣灶神的信仰型態[1]

## 壹、前言

台灣的灶神信仰淵源於華夏民族對火、灶的尊崇與祭拜，早在商、周時期，就留下對灶的祭拜記錄。（楊福泉，1996：119-120）台灣祖先從大陸各地來，灶神也就隨著先人帶到台灣落地生根。

然而筆者初步觀察，台灣的灶神信仰與大陸出現差異，有台灣自己「特殊的」灶神「信仰型態」。包含台灣灶神的神像造型年輕、優美，異於大陸的年老形象；台灣三聖、五聖恩主廟系統將灶神抬至神桌膜拜，或為灶神立廟，異於大陸地區在家裏廚房供奉灶神；儘管台灣也有家庭祭拜灶神，大

---

[1] 本文應台北保安宮之邀，發表於 2011 年「道教及民間宗教神祇會議」。

部分是把祂畫成「佛公彩」（神禡）中的神像，恭迎到正廳神桌上膜拜。

這些差異，是本文的撰寫動機。此外，本文更好奇的是，台灣灶神信仰型態的真實內容？及形成此信仰型態的變因？包含其為何灶神為張單，而非祝融、炎帝、黃帝或蘇吉利，這些人物都曾被指稱為灶神。在台灣民間信仰五聖恩主廟系統，卻獨厚張恩主單？為何器物神會轉化為人格神？另外，台灣廟宇仍然保留孟夏祭灶傳統？為何會如此？況且，在此傳統中，不同廟宇會有不同的祭灶科儀。為何台灣廟宇會出現儒教的「三獻禮」、道教或民間宗教的「禮斗」法會，及鸞堂的誦經祝聖等多元祭拜灶神科儀？至於民間家中祭灶的時間、方式，又與那些祭灶傳統相異同？

我們將這些問題歸納成台灣地區信徒對灶神「屬性」，灶神在台灣社會信徒心目中擁有的「功能」，及台灣信徒祭拜灶神「科儀」等三個主軸，構成本文論述的台灣灶神信仰型態。本文將在此問題意識下開展，勾勒台灣地區灶神信仰的真實樣貌，並深入理解此樣貌形成的因素。

## 貳、台灣灶神屬性

根據《禮記・祭法》的記載，王立七祀，分別為「司命、中霤、國門、國行、泰厲、戶及灶」，庶士或庶人立一祀，立

戶或立灶[2]。（呂宗力、欒保群，2001：202）由此可知，過去君主封建時代的普遍性，上至達官顯要，下至販夫走卒，皆對灶神崇拜。然而，這些商、周歷史上對灶神崇拜，最早為「火神」信仰，逐漸轉化為「器物神」信仰，這與台灣信徒對灶神的「人格神」信仰差異甚大。當代台灣地區的灶神信仰，可分為廟宇與住家兩個系絡來理解。

## 一、鸞堂中的灶神

　　三聖恩主或五聖恩主為主軸的鸞堂，把灶神當作主祀神的型態供奉，從家中神桌或神龕請到神殿的正殿，讓信徒天天膜拜。灶神被鸞堂信徒尊稱為「張恩主」（張單），祂經常與三聖恩主的關恩主（文衡聖帝關羽）、呂恩主（孚佑帝君呂洞賓）並列；或是另外加上道教「護法神」王恩主（豁落靈官王善）及岳恩主（精忠武穆王岳飛），稱為五聖恩主。此兩類的「恩主」信仰皆有灶神，稱之為「九天司命真君張恩主」，又稱為「東廚司命九齡元任灶府真君」、「東廚司命定福真君」、「東廚賜福大天尊」[3]。

---

[2]　商、周時期有七祀或五祀之說，馬融以七祀中的門、戶、行、中霤及灶為五祀。（呂宗力、欒保群，2001：204）

[3]　在台灣地區新竹五指山灶君堂扶出的《灶王真君救劫真經》鸞文中，稱灶神為「玉清高輔相九天救世大真君、玉清高輔相掌善罰惡大真君、玉清高輔相救劫救難大天尊、大聖大慈九天大天尊、玉清高輔相延壽解罪大天尊、玉清高輔相九天開迷覺世大天尊、玉清高輔相九天司命化民出苦大天尊、玉清高輔相九天司命度世大天尊」等名號，豐富了信徒對灶神的期待，灶神已經轉型為功能強大的神祇。（新竹五指山灶君堂，1988）

　　由於鸞堂在清季與日據時代盛行於台灣，因此，三聖或五聖恩主信仰也隨著鸞堂擴張，而成為信徒心目中重要的神祇，祂是神殿中的「大神」，而非侷限於住家一隅的「小神」[4]。

　　在台灣各地，仍有扶鸞儀式超過百年的宜蘭喚醒堂、勉民堂、鑑民堂、淡水行忠堂、三芝錫板智成堂、高雄意誠堂、苗栗獅山勸化堂等古老鸞堂，至今仍然保留灶神－張恩主（單）的神像[5]。也有由鸞堂轉化的「香火廟」，已經停止扶鸞儀式，由於地理位置良好，便利信徒膜拜，如台北行天宮的神殿上的張恩主變成信徒耳熟能詳的神明。

　　為何台灣鸞堂系統的信徒稱灶神為「張恩主」，而信徒自稱為「沐恩」於恩主公座前的「鸞下」，最主要的原因在信徒或鸞生穿上「道衣」[6]，投入扶鸞儀式，聆聽諸天神佛（含灶神）降臨鸞堂「教誨」。神對信徒而言，祂不只是神，其教誨具有「老師」教導信徒的性質。也就是信徒在聆聽神諭中，宛如學生如沐春風，再造自己的道德與心性，此時，神成為諄諄教誨信徒的「恩主公」。

　　除了三恩主或五恩主廟外，台灣地區信徒也有以灶神為

---

[4]　灶神在鄭玄、許慎等人的註解，為司過的「小神」。他們認為祂是「小神居人間司察小過作譴告者也」。（楊福泉，1996：120；呂宗力、欒保群，2001：204）

[5]　宜蘭鑑民堂及勉民堂的三恩主信仰，最早設立三恩主的「神主牌」，後來才雕刻成「神像」，宜蘭碧霞宮的宗教文物館，至今保留岳武穆部將的「神主牌」，連台北保安宮皆保留天公的「神主牌」。（2007，社會調查資料）

[6]　道衣形式為清朝時代流傳下來的長袍，顏色以白色、藏青色或淺藍色為主。（2007，社會調查資料）

主神宜蘭灶君廟省民堂與新竹五指山灶君堂[7]，它們過去有扶
鸞儀式，經由扶鸞降下神諭，讓本來為陪祀神的灶神張恩主，
成為三聖恩主廟中的主神。這種現象與宜蘭、新竹地區三聖
恩主廟，以關聖帝君為主神的信仰型態相異[8]。雖然這兩間廟
宇目前已經停止鸞務，但是在廟中仍然保留鸞筆與鸞桌。其
中，新竹灶君堂尚保留當時的「鸞文」－《司命真經消災解
罪救劫延壽真經》，而由此經文可以理解當年扶鸞時灶神對信
徒的神諭。至今灶君堂執事，仍然在早、晚課時，得唸誦此
經文，表達對灶神張恩主的尊崇。（2011.2 社會調查資料）

## 二、家庭中的灶神

　　除了在廟宇可見到灶神信仰外，另一種灶神信仰型態出
現與一般家庭中，信徒將灶神恭請到神桌或神龕中，而非放
在廚房祭拜。閩南人習慣將神桌上的左側供奉祖先牌位[9]，正
中間則供奉神明；或是供奉「佛公彩」的神明；也有將神明

---

7　以灶神為主神的廟宇有宜蘭灶君廟省民堂、新竹五指山灶君堂與屏東東港九
　　龍宮、茄東九天宮。（2011.2，社會調查資料）

8　經由扶鸞降下神諭，偶爾會出現三聖恩主中的其他陪祀神，要求信徒到其他
　　地區另立新廟宇，來代天宣化。像台北覺修宮是由淡水行忠堂的孚佑帝君
　　降鸞而設立，覺修宮就以奉孚佑帝君為主神，而非常態的關聖帝君為主神。
　　覺修宮又降下神諭，要求信徒到台北指南宮立廟，指南宮也以孚佑帝君為
　　主神。固然這兩個廟宇都屬於五聖恩主廟的系統，但是孚佑帝君的神諭，
　　被信徒信以為真，就另立孚佑帝君為鸞堂的主神。（2007，社會調查資料）

9　客家人將祖先牌位放在神桌中央；福建省金門地區百姓則把祖先牌位放在神
　　桌右側，中間供俸神明或佛公彩，其中祖先牌位擺設位置與台灣地區擺設
　　方式相反。

及佛公彩這兩類同時供奉的樣式。

　　灶神在台灣人家庭的信仰型態，最主要是出現在佛公彩中，很少被雕刻成神像膜拜。在台灣家庭比較普遍流行的佛公彩有兩個類型：第一種類型只有單獨彩繪觀世音菩薩一尊神像；第二類型則有五尊彩繪神像，觀世音菩薩在上層，左右各有金童、玉女，第二層為關聖帝君與天上聖母，也各有關平、周倉及千里眼、順風耳隨侍在兩尊大神旁邊，第三層最靠近土地，則有與土地有關的福德正神及灶神。第二個類型是台灣家庭最常見的灶神表現形式。

　　過去漢民族的三合院建築中，祭拜灶神的位置經常在東廂房內側，傳統的祭灶是在東廂房的「灶陘」，即灶的旁邊祭拜灶神[10]；現代台灣部分民眾則把灶神請到房子的正廳的佛公彩中。過去對灶神膜拜一年送灶一次，現在則可隨時膜拜灶神。這種信仰空間及膜拜頻率的變化，是台灣地區民眾家庭對灶神信仰的特色。灶神已經從家中廚房的邊陲位置轉移到正廳的核心位置，這種空間的轉化，象徵灶神地位的提升；不僅如此，民眾對灶神的膜拜習慣，除了維持傳統農曆 12月 24 日送灶的習俗外，現在則隨時在祭拜神明與祖先時，也可一起膜拜灶神。

　　此外，在佛公彩中的灶神形象「狀如美女」，是一位長相斯文清秀，手拿奏版，身著黃色官服，頭戴官帽的神明，這

---

[10] 不只漢民族祭拜灶，中原地區週邊的少數民族，幾乎都有拜灶的習俗。像藏族、納西族、摩梭族、土族、珞巴族及彝族等，家中皆有「火塘」，而火塘為生活的重心，位在家中的中心點，親友齊聚一堂，共享飲食時，必先將食物供養「灶」。（丹巴拉姆，1996；林繼富，1997；李洪智，2006）

是台灣人所認識灶神的普遍形象。灶神的人格化形象，不只在台灣的佛公彩中出現，在中國大陸極為少見，只有江蘇地區的「三聖家宅」神禡中，也將灶神化畫成斯文的美男子。（江燦騰，1995：58）

　　也有少數台灣住家及廟宇，在廚房用紅紙書寫「司命灶君」，貼在廚房火爐旁邊，到了年底再重新書寫更換，象徵送去舊的灶神，迎回新的灶君。然而，這種現象隨著都市化的程度升高，祭灶於廚房的活動明顯降低。灶神已經鮮少出現在台灣家庭廚房的角落，大部分信徒喜歡將灶君恭迎到神桌上加以祭拜。

## 三、灶神屬性的意涵

　　從上面兩個灶神信仰系絡來看台灣地區信徒心目中的灶神屬性，可以理解信徒對灶神有下列幾項意涵：

### （一）灶神由「火神」、「器物神」的結合轉化為「人格神」

　　過去漢族對灶神的信仰，依照《淮南子》的說法，灶神為炎帝神農，以火德王天下，死祀於灶神；另外在《事物原會》中指出，黃帝作灶，死為灶神。此外，《淮南子》注曰：「祝融、吳回為高辛氏火正，死為火神，托祀於灶。」另外又據《周禮說》：「顓頊氏有子曰黎，為祝融，祀以為灶神。」（呂宗力、欒保群，2001：202）這些都說明灶神本為「火神」與「器物神」，然而，華人對灶神崇拜轉化，由拜「器物」轉而拜「偉人」，使兩者合一，造成神的「神格」變遷，這也是華人對神祇信仰的傳統特質之一。（張家麟，2010：312-316）

　　不過，灶神為這些「偉人」的說法，在台灣並不流行；相較之下，台灣信仰者接受灶神為「司命真君張恩主單」。此項認知可能淵源於段成式《酉陽雜俎・前集》的記載，它最早指出灶神為「張單」[11]。由於張單在歷史上並無此人的記錄，祂也非「偉人」，只是像許多神一樣，在經典、小說與筆記中被想像、創造出來。因此，當台灣三聖或五聖恩主信仰系統，將灶神視為「司命真君張恩主單」時，信徒深受鸞堂系統的影響，也就把灶神當作人格神-張單膜拜，乃是順理成章之事。此外，在家庭神龕佛公彩中的灶神，也被畫為張單恩主的具體樣貌，也可能是在此系絡下，被畫師彩繪出來。由此可知，台灣地區的灶神信仰，已經由對灶的器物崇拜，轉向為器物神與火神連結的崇拜，再由此變化為具體的人格神張單恩主來膜拜。

　　不過在台灣地區仍然有少數家庭及廟宇，對灶神的信仰，不是膜拜具體神像或畫像；而是將灶神書寫「司命真君」於紅紙上，用之象徵灶神，而貼在廚房灶邊或爐具邊的牆上，

---

11　楊堃的《民族研究文集》中的〈灶神考〉指出，灶神被指涉為張單，猶如玉皇大帝被認為「張天帝」，皆與東漢以來張天師的道教流行有關。（楊堃，1991）另外，丁山的《中國古代宗教與神話考》及袁珂的《神話論文集》都認為灶神被指涉為張「單」，事實上是張「禪」，禪即是「蟬」而顓頊的兒子為「窮蟬」死為灶神。而且，蟬、䗁、蛄、蜩等音相近，䗁就是廚房灶間常見的「紅殼蟲」。因此，灶神與紅殼蟲-蟬（禪）乃產生緊密關聯。（楊福泉，1996：45-46；丁山，1988：323-324；袁珂，1982）這兩種論述各有所本，前者論灶神為何以張為姓；後者則論灶神為何叫「單」。台灣地區的信仰者只知張單或張恩主，甚少探究灶神被人格化後，姓氏與名字的來源。

並對祂膜拜。這是另外一個灶神「非人格化」、「非具體形象」的文字表現方式。由於台灣地區工業化與都市化程度加深，廚房已由瓦斯爐取代灶，儘管有人將「司命真君」貼在瓦斯爐邊的牆上，但已經少見。

當灶神轉化為人格神後，祂再也不是抽象的神，而是變成「人形」樣貌的具體神明。灶神以神像或畫像表現，比起用文字或神主牌方式代表灶神來的具體[12]，信徒在膜拜時，前者較容易讓信徒理解，也較容易進入信徒的信仰心靈。

## （二）灶神造型「優美化」

大陸地區過去流行的灶神畫像相當多元，用版畫的方式表現灶神畫像的樣式。其中，有單獨以灶神為主，左右兩名護法神的畫像；或搭配灶神及其夫人兩人並列的造型；也有以灶神為主，輔以門神、判官等神。大部分這些灶神的畫像，皆有鬍鬚的樣式。（楊福泉，1996：130-134；薄松年，1993：35-152）

---

[12] 部分地區對灶神形象用神主牌來表現，像台灣鸞堂系統中宜蘭老鸞堂-鑑民堂、勉民堂，至今保留灶神的神主牌。這應該和當年鸞堂主持堂務的儒生，堅持以儒家祭拜神的傳統有關。依照儒家的宗教祭拜傳統，身兼鸞生的讀書人，只拜神主牌位，不輕易祭拜偶像。現在這兩堂的神桌後方，仍然保留三聖恩主的「神主牌」，在牌位前則奉祀「神像」，形成「神主牌」與「神像」同祀的「特殊」景象。筆者詢問兩廟的鸞生，為何如此？鸞生也不知其所以然，只按先人留下的「神主牌」與「神像」擺設，持續效勞。（2007年社會調查資料）筆者大膽揣測，這是當時具有儒生身份的鸞生，為遵守儒家不立偶像的傳統，乃立「神主牌」供奉。後來儒生凋零，乃新立「神像」。

　　然而，這些畫像並未在台灣流行，尤其將灶神畫成留鬍鬚的樣式，幾乎少見。相反的，台灣流行的灶神神像或畫像，相當的「優美化」。無論是灶神與觀音、關聖、媽祖、土地合列的神佛公彩，或是單獨的灶神神像，皆表現出「年輕」、「俊美」的形象。祂被雕刻或彩繪成臉龐斯文、俊秀，身著黃色官袍的美男子，符合經典中灶神狀如美女的論述；在《酉陽雜俎·前集》的記錄中[13]，載明「灶神名隗，『狀如美女』。」。（呂宗力、欒保群，2001：206-207）　這也可能是台灣灶神「優美化」造型的淵源。

　　儘管台灣灶神普徧就具有「優美化」的具體造型，但台北市行天宮、覺修宮皆有長了鬍鬚「老」灶神的神像，（阮昌銳，2006：64）與台灣常見俊美型的「年輕」灶神造型大不相同。雖然這兩個廟宇為傳統鸞堂，從淡水行忠堂分香而來，但是其灶神表現方式，完全異於淡水行忠堂年輕優美化灶神的形象。

## （三）灶神信仰空間「神聖化」與「親近化」

　　傳統祭灶於灶陘，現代台灣少數家庭保留此習俗，大部分家庭則將灶神迎到神桌或神龕上；另外，鸞堂的信徒則將

---

[13]　在《淮南子·氾論篇》中提及，灶神名單，字子郭，衣黃衣，從灶中披髮而去。另一個說法為《庄子·達生篇》中說明「灶有髻」，西晉司馬彪註解：「灶神，其狀如美女，著赤衣，名髻也」，可見得在唐之前的西晉就有經典說明灶神狀如美女。只不過此時的灶神穿紅色衣服，異於唐朝段成式《酉陽雜俎·前集》著黃色衣服的說法，台灣的灶神衣服樣式，則接近唐朝的說法。

灶神張恩主迎到神殿上，與關聖帝君、孚佑帝君、岳武穆王及豁落王靈官並列，成為信徒心目中的「恩主公」。這種信仰空間的變化，使灶神成為登大雅之堂的重要神祇。

而且當灶神從廚房的「世俗空間」，轉到神殿、神龕、神桌上的「神聖空間」，此時，灶神在信徒心目中的地位，可能產生變化，祂不再是侷限在家庭廚房的神明，祂的重要性也隨之提升。

當灶神信仰空間轉化尚隱含另外一個意涵，信徒過去不能隨時祭拜灶神，而現在灶神與祖先同在神桌或神龕上，就可以在祭拜祖先時，一起膜拜灶神。信徒家中沒有神桌或沒有灶神的神像擺設，也可以隨時到恩主公系統的廟宇，膜拜張恩主。

從上面灶神的屬性意涵論述可以得知，台灣地區信徒對灶神的認知比較接近恩主公信仰的司命真君-張恩主單，儘管在歷史上查無張單其人，但是祂在信徒心目中卻擁有優美的形象。由於工業化與都市化程度越來越深，台灣少數家庭在灶陘保留灶神畫像，大部分的信徒在家中供奉「佛公彩」的灶神畫像，祂被迎接到神桌或神龕上；家中沒有設立神龕的信徒，也可以隨時到五聖或三聖恩主廟的殿堂祭拜灶神。這種對灶神供奉位置的轉化現象，讓台灣信徒對灶神的信仰也出現了神聖化與親近化的信仰型態。


## 參、台灣灶神功能

漢民族最早對灶神的崇拜範圍廣泛，從天子、諸侯、士

大夫、庶民都必須敬拜祂。這種信仰可能淵源於古代原始人類對火的崇拜，當人類發現和掌握了火，就可以用火來驅散野獸，開闢荒地，燒烤土陶器，及用火燒烤燉煮食物。由於用火來燉煮燒烤食物，人類就由茹毛飲血的飲食習慣，轉化為熟食的生活。火對人類的文明躍升，產生重大的貢獻，也導致人類對火的尊敬與崇拜，也是人對自然崇拜的一環。然而漢民族將火與灶，少數民族則以火與火塘產生緊密連結，使得華夏民族對火的自然崇拜，和對灶的器物崇拜混合為一。在此階段的敬灶活動，應該屬於人類對火、灶的感恩與尊敬。

　　人類隨著時代變遷，漢民族將火與灶連結後，再賦予人格神崇拜，只要對火有功，或對灶有功的史前人物，像炎帝、黃帝、祝融皆被視為灶神。從周代以來，朝廷要求門、戶、中霤、井與灶為法定的五種祭祀對象，因為祂們維護人的生命、財產、安全，提供人生活、居住的場域。因此君主政治建構的階級社會，也影響對五祀祭拜的範圍，階級最高者，祭拜五祀；階級最低者，如百姓只祭拜灶神。

　　遠古時期，華人對灶的祭拜，信仰者沒有對灶神過多的期待，只是將祂當作神明祭拜。到了周朝，論語已經出現祭灶時諂媚灶神的論述，到了漢朝則出現繼灶可帶來長壽或致富的說法。此時，華人對祭灶的功能期待已經由素樸的尊敬灶變成對灶期待甚多，灶神變成陰騭、司命之神。然而，當今台灣人民對灶神的期待更高，咸認為祂具有教誨、驅邪與救劫等功能。

## 一、陰騭

　　台灣地區約有六成民眾相信宇宙間存在眾多高低地位不等的神明，（瞿海源，2002：54）他們幾乎都有「頭上三尺有神明」的宗教信仰觀。這種宗教觀是指神會在人看不到的地方鑒察人的善惡行為，根據行善與為惡而記錄人的功、過，此稱之為「陰騭」。根據《太上感應篇》的說法，會陰騭人的神明有北斗星君、三台星君、三尸神與灶神，其中，三尸神在人體之中，其餘神明則在人的頭頂上。灶神在每戶人家中，隨時記錄人的善行與惡舉，而且會在農曆每個月的月底—「月晦之日」，到天上稟告玉皇大帝，來獎懲人的功與過，進而增添或剝奪我們的壽命，決定我們的老或幼。當人犯小過，就被奪「算」，犯大過就被奪「紀」，一算為 3 日，一紀為 300 日，犯太多過錯，罪及自己和子孫，人如欲長壽，就不得犯過。相反的，每日行善，累積 300 個善行，可成為地仙，累積 1300 個善行，可成為天仙。（遊子安，2005：56）

　　信仰者認為灶神具陰騭功能的信仰觀，可能台灣地區的善書流行有關。因為從 18 世紀以來，《太上感應篇》就是一般華人庶民大眾的「三聖經」之一[14]。（張家麟，2010：237-280）由於台灣地區的「善堂」與「鸞堂」，都鼓勵信徒翻印這些善書（含經典），平時將《感應篇》及《列聖寶經》吟誦，並實

---

[14]　「三聖經」是指《太上感應篇》、《文昌帝君陰騭文》與《關聖帝君覺世真經》，這些經典可以在台灣地區廟宇的書架中隨手可得，使善書中的儒家道德觀、佛家成佛觀、因果觀與道家修行成仙觀廣為流傳；三聖經中的陰騭觀，也成為一般大眾的普遍信仰。（張家麟，2010：237-280）

踐經典中的道德律，無形中會促使信徒認識及強化灶神為重要的陰騭神明。因此，《太上感應篇》及《列聖寶經》[15]中對灶神的論述，非常可能變成台灣人民對灶神功能的認知。當灶神已經不是器物神，祂是記錄信徒功過的陰騭神，祂不但在信徒頭上隨時陰騭，也會在月晦之日上天奏報。如果信徒為惡，灶神就可能剝奪其紀算，信徒為善，灶神就可能增加其壽命。

## 二、司命

　　與陰騭有關的就是「司命」。陰騭是指灶神觀察且記錄人世間的功過、善惡，而觀察之後到天上呈報玉帝，就可決定人的壽命長短、老幼。一般台灣信徒相信灶神上天言好、壞事，就可決定我們的壽命。

　　然而，最早的灶神與「司命」功能無關，根據《禮記・祭法》的說法，王立七祀，就包含司命和灶。可見得西周時期，灶與司命是兩個分別獨立的神。另外再根據《周禮・春官・大宗伯》，以「槱燎」祀司中、司命；司命為天上文昌宮中的第四顆星神。此外，《晉書・天文志》指出，三台星中的上台星為「司命星」。（黃永堂，1999：84）

　　簡言之，在古代另有專門的司命神，是指天上的星神，而非地上的灶神。司命專門負責人的遭命、隨命與受命。當

---

[15]　正統道藏洞真部威儀類中的〈東廚司命燈儀〉及《藏外道書》的〈東廚司命通天定福奏善真君勸孝文〉、〈灶王真經〉上卷、〈灶王尊經〉下卷等經書，在台灣地區廟宇或家庭並不盛行。

人有過錯，可能上天會給予遭命，而忽然間暴死。當人有功過，上天派司命神隨時記錄，因其功過給予壽命，稱為隨命。而當人行善，則給予高壽，稱為受命。由於司命神為文昌星神與三台星神，負責人的老、幼與壽、夭，而灶神負責記錄人的「小過」，兩者功能相似。因此，灶神與司命神結合為一可能性極高，乃成為司命灶君。（黃永堂，1999：85）

台灣地區的信徒稱灶神為「九天司命真君」，象徵祂具有「司命」的功能，信徒接受傳統這種灶神與司命結合的論述，在《列聖寶經合冊》的〈九天司命真君張恩主寶誥〉中，明白指出灶神這項功能：

> 「位居喉舌，經歷庖廚，錄人間功過之條，依期上奏，體上天生成之化。⋯⋯，東廚司命定福真君，仰承上帝，護衛下民，燮理陰陽，調和鼎鼐，贊襄化育，保佑生成。俾壽而康，註福與祿。」（九份聖明宮，2006：53）

由於《列聖寶經合冊》為台灣地區鸞堂系統眾多神明的重要經典，是三聖或五聖恩主信仰鸞生經常唸誦的經典。此經中的《司命真君靈寶真經》，鸞生也非常熟悉，他們知道灶神為「東廚司命真君」、「東廚定福真君」、「東廚賜福大天尊」或「東廚司命九齡元皇竈府真君」。由這些稱號可以得知，灶神具有司命、定福及賜福的功能，祂位於三合院中的東邊廂房，隨時記錄信徒在家的功與過，而決定信徒應該擁有多少的福、祿、壽。

## 三、驅邪

　　台灣的灶神信仰在信徒心目中，隨著經典的普及，對灶神的期待則從司命功能進一步轉化。認為祂直接接受玉皇大帝的命令，來到人間保護萬民，除了記錄百姓的功與過之外，祂也要幫助信仰者掃除疫癘，消滅災非。根據流行甚廣的《司命真君靈寶真經》中的〈九天司命真君張恩主寶誥〉指出：

> 「護衛下民。驅不正之鬼神，掃堂中之疫癘。一家喜
> 慶，合宅榮昌。朝夕承匡庇之仁，庚申消是非之目。
> 雍雍瑞相，赫赫靈祇。」（九份聖明宮，2006：53。）

　　灶神在鸞堂信仰者的功能已經由陰騭與司命之神，轉為驅邪保護信徒的大神。但是僅有一尊灶神無法驅邪，經典中為了提昇了灶神的地位，認為祂由「五祀之一」轉化為「五祀之首」，成為諸神的領袖。在《靈寶真經》中灶神已經是一尊擁有諸神協助，共同來掃除邪魔的重要神明：

> 「東廚司命定福真君，仰承上帝，護衛下民，……，
> 掃除疫癘，消滅災非，五祀推尊，一家主宰，門承戶
> 尉，佐助行持，財土井臼，諸神統屬。」（九份聖明宮，
> 2006：54）

　　然而灶神幫信徒驅邪並非沒有條件，如果信徒平時不累積功德，多行善事，灶神將給予懲罰，灶神只幫助行善積德的善男信女。由於《靈寶經》引用《太上感應篇》的道理，信徒必須行二十六項善事，避免為一百七十項惡事，灶神才

會庇祐。而仔細觀察這些善事與惡事，都和儒家倫理道德，道家成仙修行及惡有惡報承負觀，和佛家因果輪迴觀等宗教信仰體系緊密關聯。此體系包含實踐「家庭倫理道德」、「社會倫理道德」、「政治倫理道德」、「宗教倫理道德」等項目，及把這些道德的實踐當作個人的修行，未來成仙的準備，或是於人世間面臨困頓的自我心靈調整之處世哲學。（張家麟，2010：244-256）

由於《靈寶經》是三聖或五聖恩主廟鸞生必讀的經典，因此可以推論灶神在鸞生心目中已經超越傳統的陰騭及司命之神。祂變成是玉皇大帝派到人間執行命令的一尊大神。灶神可以統領眾神，祂也由過去五祀中的小神，轉化為五祀之首。也因為灶神可以領導諸神，所以祂也變成「驅邪」的大神。但是信徒要請灶神驅邪，並非毫無條件，而是要實踐《太上感應篇》的諸多儒家倫理道德。把這些道德實踐當作善行，有了善行就可積德，灶神才可能對信徒驅邪庇祐。

## 四、教誨

灶神對信徒的功能展現，在鸞堂系統中具有特殊的「宗教教誨」（intichiuma）意涵。因為灶神和鸞堂的其他神明，會經由扶鸞儀式降下神諭，諄諄教誨信徒應該履行儒家道德。以台北智仁堂的鸞文為例，灶神平時很少來到鸞堂降鸞，

但是當祂降鸞時，經常耳提面命信徒隨時修行[16]：

> 「九春欲盡夏蘭清，
> 天外有天燦斗星。
> 司祿司權朝帝闕，
> 命神命世奏天庭。
> 真心懲戒貪花女，
> 君意無迷側室亭。
> 司喚群黎並鸞下，
> 訓文句淺酩酊文。」（智仁堂，1966：44）

灶神為三聖或五聖恩主廟的九天司命真君，在扶鸞時降鸞，用冠首文「九天司命真君司訓」的七言律詩來教誨鸞生，對鸞堂的鸞生而言，灶神的訓誨是他們行為準繩。鸞生也將灶神的神諭，和一般其他降鸞神明的神諭皆視為修身的法則。從鸞文的內容來看，幾乎都可以看出灶神為司命真君，

---

[16] 灶神降鸞的鸞文，如「九劫災臨九曲川，天清淡淡月明圓。司權大地群黎叩，命掌東廚婦女全。真氣修歸無外洩，群新五意此神緣。降沾福惠朱符勒，書啟智仁一輩賢。」（智仁堂，1967：108）「九劫臨頭善幾家，天邊雁影遠天涯。章書萬卷如春發，筆墨無心望落霞。喚世韻長啼夜半，智心一寸上浮槎。任人在德中庸致，光朗雲州逐水花。」（智仁堂，1966：98-99）「汗水川流智水超，辛辛礫礫古修苗。人人堪舉真心善，果正完時玉闕朝。」（智仁堂，1967：109）「子曉回頭是吉人，前程遠大不愁貧。專心積善隨時報，勉力勤勞定作神。嫖賭紛紛罪孽多，陰司地獄死難逃。既然悔悟能修善，渡出迷津上大羅。」（王見川、李世偉，2009：123）「九天揚化遍人間，鑒察分明豈等閒。處處開堂兼闡教，欲除末劫挽龍顏。」（王見川、李世偉，2009：545-546）鸞堂中灶神和諸天神佛一樣，都用降鸞的方式教誨信徒。

祂負責代表玉帝到人間鑒察人的功過，決定人的福祿壽，而向天庭奏報。灶神降筆既給鸞生教誨，在教誨過程中也強化了灶神原有的「陰騭」與「司命」的基本功能。

除了教誨鸞生外，鸞堂中的鸞文指出，灶神也有可能由人擔任，鼓勵鸞生在世修行，來世可以成為灶神。這種人可成神的信仰觀，是鸞堂的重要信仰價值體系之一，不少鸞生相信，只要在世努力實踐神諭，來生就可以成神。華人各地區廟宇的主神或陪祀神，都可以由累積諸多功德的往生之鸞生擔任，包含器物神-灶神在內。[17]以清季新竹地區的〈渡世回生〉鸞文為例，灶君降筆自述：

> 「見色能拒說魯男，還遺夜寢獨神酣。揮毫寫出當年事，自信猶人是不貪」

在這首詩的解釋文，灶神自己宣稱祂是彭劉仕裕家中的灶神，是古代潮州人士，在世時嚴守儒家道德律，不侵佔他人財產及不覬覦寡婦美色，終身向善，往生後被判官奏請玉帝成為彭劉家中的灶神。（王見川、李世偉，2009：309-313。）

這種神諭透露出人死後不成鬼，而可成神的信仰價值觀，異於其他一神論的論述。肯定人在世「修德」，努力實踐「五倫」道德，將儒家經典與鸞文，轉化為個人的行為準則，則可被神選拔列入「仙班」；而非「秘蹟恩寵」

---

17　過去清季、日據時期，台灣地區的鸞堂，經由扶鸞神明降筆，指出人可成神的鸞文相當多。包含人成神駐守在各地廟宇服務的觀音菩薩、福德正神、天上聖母、城隍、關聖帝君及司命真君等，皆會到鸞堂降鸞。（張家麟，2010：337-340）

（Sakramentgnade）的授予，只是自我救贖成為上帝的選民而已。（韋伯，1993：201-204）這種由人成鬼，再由鬼成神的信仰體系，是鸞堂神明教誨信徒的一部分。鸞生深信只要在世累積功德，來世就可成神，包含可能被派選任為「灶神」。（張家麟，2010：337-342）

## 五、救劫

由於灶神為鸞堂信仰重要的恩主，在鸞生心目中，地位驟然升高甚多。經由降鸞，增添祂諸多功能。在新竹五指山灶君堂的灶君鸞文《司命真君消災解罪救劫延壽真經》中指出，灶神具有消災解罪，救劫延壽的諸多功能，早已超越原有侷促於廚房一隅，只能上天奏報玉皇大帝，人世間善與惡，功與過的司過之神。

在《救劫延壽真經》中，灶神變成無所不能的神，只要信徒懇求灶神，平時積德行善，每天吟誦此經，就可以幫助信徒「解厄」，拯救遭遇劫數的信徒。灶神可以解厄的類型眾多，包含解「沉淪厄」、「三災厄」、「東方厄」、「西方厄」、「南方厄」、「北方厄」、「中央厄」、「夫妻冤愆厄」、「冤愆果報厄」、「生產厄」、「男女厄」、「受疫厄」、「疾病厄」、「妖邪厄」、「虎狼厄」、「有許無還口牙良願厄」、「劫賊厄」、「蠱蛇厄」、「枷棒厄」、「天羅厄」、「地網厄」、「橫死厄」、「刀兵厄」、「誓願厄」及「水火厄」等。（五指山灶君堂，1988）

在眾多人世間可能面臨的災厄，灶神幾乎都可幫助人化解，祂變成具有類似「觀世音菩薩」的功能，只要信徒口誦

「大聖大慈九天大天尊」，灶神就可以降臨，幫信徒消災解厄，拯救信徒的困境。灶神已經不是司命真君，而是「大悲大願、大聖大慈、皇清高輔相、延壽解罪大天尊」。

　　然而灶神對信徒的應許並非毫無條件接納信徒的懇求，祂要求信徒平時就應該累積善行，實踐儒家的道德律，也應該尊天敬地，不隨意呵風罵雨、怨天尤人，更不能在廚房內哭訴，不得引廚火焚香，來代表對諸天神佛與灶神的尊敬。這些論述與《太上感應篇》的宗旨雷同，都是相對的人神關係，灶神要求信徒具有德行，當信徒實踐儒家道德，敬拜灶神，才會得到灶神的庇祐；反之，只有懇求灶神，而不履行道德的信徒，並不在庇護的範圍。這種人神互動關係，是儒家的宗教傳統，傳統儒生要求敬神如神在之餘，也要用德行來敬神。因此，傳統儒家的思想，貫穿到鸞生的信仰中，使灶神經由降鸞寫出的《救劫延壽真經》，也傳達強烈的儒家宗教觀。

　　不過，就灶神具救劫的影響力來看，由於新竹五指山灶君堂扶鸞出現的《救劫延壽真經》並不普及，它只在新竹地區發行，不像鸞堂鸞生常吟誦的《列聖寶經》，幾乎傳遍全台灣各地區的三聖或五聖恩主廟。因此，灶神具有救劫的功能，是否成為全台鸞生的共同信仰值得懷疑，更不用說此宗教信仰觀變成全台百姓對灶神的功能期待。

　　從上面的灶神功能討論可以得知，台灣地區的灶神信仰，信徒對灶神的期待，具有傳統與現代兩個面向。傳統灶神的功能包括陰騭與司命，在台灣地區的信徒至今保留這些傳統。至於現代信徒對灶神的期待，包括驅邪、教誨與救劫，

擴張了灶神原有的功能，使灶神變成一尊司過以外的重要神祇。

當然，灶神功能的變化有台灣地區的特殊性，最主要和鸞堂信仰及其信仰擴張有關。台灣地區從清朝以來傳入了扶鸞，到日據與國民黨統治時期，鸞的信仰從未停止，在鸞堂中灶神位居三聖或五聖恩主之一，被尊為九天司命真君張恩主，透過降鸞，祂不斷的傳承傳統灶神的功能，也擴張發展祂的新功能。

由於鸞堂具有儒、釋、道三教宗教融合（religious syncretism）的特質，它以儒為宗，釋、道為輔。因此，當灶神降下的神諭，不會跳脫傳統鸞文對信徒的儒家道德教誨，道家積德行善成仙及佛家因果業報的宗教觀範疇。在鸞堂信仰中，無論是灶神奉玉皇大帝之命，對信徒做驅邪、教誨與救劫的工作，灶神都得要求信徒平時累積功德的付出，才有可能滿足信徒對灶神的諸多期待。在這三個功能中，灶神的教誨功能是實踐其他兩個功能的關鍵角色，未接受灶神教誨的鸞生或信徒，灶神就不可能幫助他們驅邪與救劫。簡言之，台灣地區的鸞務，使灶神的功能產生重大變化，在鸞生心理，灶神由「司過」之小神，已變成「驅邪」與「救劫」的大神。

# 肆、台灣信徒祭拜灶神科儀

宗教信仰經常的表現方式為宗教儀式祭拜活動，台灣地區信徒對灶神的信仰，也因為信徒對灶神的期待，和信徒所處的宗教場域，而對灶神表現出具有台灣特殊性的祭灶科

儀。使台灣地區的祭灶表現出部分維持民間信仰的傳統，部分融合現代社會需求，也有部分和鸞堂儒家宗教科儀產生緊密關連，形成台灣祭灶的特色。

## 一、祭灶時間

　　台灣地區祭拜灶神的時間相當多元，約有農曆八月初三、十二月二十四及每個月初一、十五等三種祭灶時辰。然而，根據《禮記‧月令》記載：「孟夏之月，……其祀灶。」由於灶神具火神性質，以中國方位神的概念，北方屬水，南方主火，灶神具有火德性格，因此在孟夏之月祭灶是最好的安排。

　　從此可知，至少有四個祭灶時間，除了傳統《禮記》為陰曆四月外，台灣地區鸞堂為農曆八月初三，一般百姓人家則為農曆十二月二十四日，及每月農曆初一、十五日。

　　如三聖恩主廟的獅山勸化堂及宜蘭開基灶君廟省民堂就在農曆八月初三子時（八月二日晚上十一時到八月三日淩晨一時），淡水行忠堂則在農曆八月初三巳時祭拜灶神。[18]（2011.2 社會調查資料）新竹五指山灶君堂則把祭灶時間拉長為農曆八月一日到八月三日，用三天時間為灶神祝聖，應是台灣地區祭拜灶神時間最久的廟宇。（黃雪珠，2010：177-182；2011.2 社會調查資料）

---

[18]　台北市保霞宮以保大帝為主神，五聖恩主為陪祀神，稱灶神為張恩主。其廟宇祭拜灶神的時間也是和獅山勸化堂一樣，在農曆八月初三子時為灶神祝聖。（2011.4.17 社會調查資料）

　　鸞堂系統於農曆八月初三祭拜灶神，應該經典內頁與農民曆中註明的諸神明聖誕有關。三聖或五聖恩主廟的《列聖寶經》記錄灶神的聖誕明確記錄為農曆八月初三，而且這種傳統也影響到各廟宇發行的《農民曆》，皆把灶神生日當作農曆八月初三。（蘆洲保和宮，2011：48）

　　儘管鸞堂系統於農曆八月初三日祭灶，但不妨礙台灣地區多元的祭灶時間。一般家庭及非鸞堂廟宇的主事者大部分會在農曆十二月二十四日祭拜灶神，在當天「送灶神上天」，並在此時「清掃神龕」。

　　這種祭拜灶神時辰定在臘月月晦之日，應該與漢朝以來祭拜灶神的宗教傳統雷同。根據《搜神記》的記錄，漢宣帝時（西元前 73-49），南陽地區陰子方，本性至孝，平時樂善好施，喜歡祭灶。他於農曆十二月月底，見到灶神現身，陰子方對祂祭拜。之後，陰子方累積大量的財富。這個故事影響後世甚深，它將商、周於孟夏之月祭灶的傳統，到漢朝以後，轉變為於臘月祭灶。此傳統流行於民間，傳承到宋、元、明、清，甚至當今的台灣一般家庭或廟宇的祭灶，都以十二月二十四日為送神的日子。[19]

　　台灣地區對灶神祭拜時間相當分歧，台中地區「南聖宮」

---

[19]　根據東晉周處《風土志》的記載：「臘月二十四日夜祀灶，灶神翌日上天，白一歲事，故先一日祀之。」到了清朝的《三台縣志》：「二十三日祀灶，俗云送灶神上天。」《寧夏府志》：「二十三日……送灶」《台灣民俗大觀》：「送灶日期不一，有人在臘月廿三，有人在廿四。但俗稱『君三（廿三）民四（廿四）王八烏龜五（廿五）』」（徐麗霞，2000：112；沈利華，2003：69）後世各地祭灶的時間才把它定為農曆二十三或二十四兩天。

為了推廣敬灶活動於每月初一、十五祭拜灶神，希望透過敬灶科儀，懇求灶神赦免弟子諸多過錯，而能賜幅於信徒身上。[20]該宮常態性的祭灶，與該宮住持陳文洲道長對灶神的認知有關，他在祭灶時，要求學生共同吟誦《靈寶經》，在此經典中展現儒家道德，而且，應該常態型的反省自己的過錯，才能贏得灶神的庇祐。（2011.2 社會調查資料）不過「南聖宮」的常態型祭灶，並非台灣地區廟宇或民眾的祭灶習慣，它只是多元祭灶時間中的個案。

　　由上述祭灶時間的多元現象可以得知，台灣地區既保留古老周代於「孟夏之月」祭拜灶神的傳統在鸞堂系統中，也接納漢朝陰子方「臘月」祭拜灶神的習俗於一般家庭及廟宇。這兩種祭拜灶神的時辰是台灣地區最常見的祭灶型態。然而台灣多元且自由的宗教環境，也讓廟宇主事者有寬廣的創造科儀的空間，所以也出現像台中地區「南聖宮」於農曆初一、十五常態型的祭灶活動。這種傳統與創新的祭灶時辰，反映出台灣地區的民間宗教對灶神信仰的多元與融合價值體系。

## 二、祭灶供品

　　祭拜灶神會因為灶神有上天庭言人間善惡的奏報功能，所以一般民間家庭在農曆 12 月 24 日送灶神時，會給灶神特

---

20　根據《太平御覽》一八六引《淮南畢萬術》：「灶神晦日歸天，白人罪。」
　　另外《酉陽雜俎‧前集》卷十四：「灶神常以月晦日上天白人罪狀，……，
　　為天地督使，下為地精。」（呂宗力、欒保群。2001：206-207）筆者認為，
　　月晦之日為灶神上天白人罪狀，因此過去農業社會祭灶活動相對頻繁，經
　　常在月晦之日前夕祭拜灶神。

殊的湯圓甜食，希望灶神吃甜食後，為每戶人間在玉帝面前說好話，這項祭拜甜食的傳統，至今普遍存在於台灣地區的家庭。

　　不過，一般家庭對灶神的祭拜，往往還會提供「牲禮」，焚燒「刈金」與「甲馬」。牲禮的傳統淵源流長，早在宋代蘇東坡、范成大的文獻中就流傳下來。根據范成大的《祭灶詞》：

> 「古傳臘月二十四，灶君上天欲言事。雲車風馬小留連，家有杯盤豐典祀。豬頭爛熟雙魚鮮，豆沙甘松粉餌團。男兒酌獻女兒避，酹酒燒錢灶君喜。婢子鬥爭君莫聞，貓犬觸穢君莫嗔。送君醉飽登天門，杓長杓短勿復雲，乞取利市歸來分。」

　　在范成大的祭灶詞中，已經明顯指出祭拜灶神必需用「豬頭」、「雙魚」、「豆沙」及「湯圓」等食物，也需要獻酒、燒紙錢給灶神。[21]希望灶神吃飽喝醉後登上天庭，為祭拜者在玉帝面前多說好話，並且重新下凡到人間時，帶給信徒利益平安吉祥，稱之為「上天成好事，回府降吉祥」。簡言之，台灣地區在民間祭拜灶神，仍然保留傳統的送灶習俗，所用的供品和宋朝時期拜灶時相當雷同，而異於漢朝時陰子方用「黃

---

21　在大陸地區祭拜灶神尚有「醉司命」的說法，根據《東京夢華錄》記載：「**都人至除夜，請僧道看經，備酒果送神，以酒糟塗灶門之上，謂之醉司命。**」（阮昌銳，2006：63；呂宗力、欒保群，2001：207）在台灣地區則少見有家庭用酒糟塗抹於灶門的作法，這應該和工業化以後，一般家庭用瓦斯爐取代灶有關。

羊」（狗）祭拜灶神的傳統[22]，也與周朝用肺、心、肝等供品祭灶不同。[23]

　　在台灣地區灶神信仰的系統，除了潛藏於民間中的家庭外，另外一支系統為鸞堂張恩主信仰。因此，在鸞堂祭拜灶神的方式，又與民間拜灶方式大不相同，祭灶時的供品，和宗教心理也異於一般民間信徒。

　　以獅山勸化堂為例，它用儒家的三獻禮祭拜灶神，在灶神聖誕時，所有的男性鸞生群聚一堂，由禮生按部就班宣告祭拜灶神的科儀，準備共計約十碗的豐沛「素食供品」，來禮敬灶神[24]。在獻祭時，鸞生向灶神稟報，平時已經實踐恩主所要求的儒家道德律，用唸經與讀疏文向灶神虔誠的懺悔與呈報自己的德行，希望灶神肯定鸞生的所作所為。

　　鸞堂系統的鸞生，受儒家祭祀科儀的影響，不只用供品

---

[22]　民間祭拜灶神的傳統淵源流長，早在漢朝《搜神記》「漢宣帝（西元前73-49年），南陽陰子方者，性至孝。積恩，好施。喜祀灶。臘日，晨炊，而灶神形見。子方再拜受慶，家有黃羊，因以祀之。自是以後，暴至巨富。田七百餘頃，輿馬僕隸，比於邦君。」（阮昌銳，2006：63）在《漢記》有同樣的記載。（呂宗力、欒保群，2001：203）

[23]　根據《禮記‧月令》記載：「孟夏之月，……其祀灶，祭先肺。」此時祭灶牲禮為「豬肺」；鄭玄註《禮記》，說明肺、心、肝各一份祭灶。（楊福泉，1996：119）而在周以前用「櫃燎」方式祭拜司命星神，這是指用火焚燒木柴，讓柴煙裊裊上升，上達天上的司命神。現在於本地幾乎看不到用豬肺或柴燒的方式祭拜灶神。

[24]　一般儒家信仰者敬拜神祇，並不反對使用牲禮，獅頭山勸化堂會和此傳統相悖，最主要和該堂主事者黃錦源董事長的宗教思想有關，他主張在獅山勸化堂廟群中，進了該廟群前的「紫陽門就採用素食。（2011.3社會訪談資料）

祭拜神，在拜神之際，信仰者必需平時實踐儒家道德來累積功德。（李申，2008：97-100）德行與供品的連結，是祭拜灶神的基礎，沒有德行的祭拜，在儒家信仰者的鸞生看來是無效的祭拜。

　　從上述的供品可以得知，台灣地區一般家庭祭灶的供品，傳承華人宋朝以來的傳統；至於鸞堂系統祭拜灶神的供品，則和儒家祭拜科儀的宗教信仰觀有密切關連，必需用供品和德行向灶神禮敬，德行的實踐，才是禮敬灶神的根本基礎。

## 三、祭灶方式

　　祭灶時到底由男性主祭，或是由女性祭拜，在台灣地區並沒有一定的規矩。根據宋以來的傳統，基本上由男性主祭灶神，然而在台灣一般家庭或到三聖、五聖恩主廟宇，無論善男信女皆可以祭灶、敬灶。除了苗栗獅頭山勸化堂為傳統鸞堂，堅持由男性主祭外，幾乎少見此宗教傳統。

　　廟宇中祭拜灶神的方式相當多元，同樣為鸞堂系統的三聖、五聖恩主廟，或以灶神為主神的新竹灶君堂、宜蘭開基灶君廟省民堂，因為廟宇主事者的宗教信仰認知與廟宇的傳統，表現出不同的祭灶方式。苗栗獅頭山勸化堂採取傳統儒家三獻禮的方式，由禮生宣告祭祀禮典開始，鳴鐘擊鼓，恭迎灶神蒞臨，主祭者乃恭讀疏文，依序獻香、獻燭、獻花、獻爵、獻茗、獻饌（獻麵）、獻圭、獻果、獻帛等，之後再唸

祝壽文，望燎焚燒金帛、疏文後，完成整個三獻禮。[25]（黃
錦源，2000：161-168）

在司命真君聖誕的表文中，由正獻生唸誦用冠首文的方
式表現出「桂月初三獅山勸化堂內恭祝九天東廚司命灶君壽
誕」，鸞生在主事者帶領下，誠惶誠恐對灶神祝壽。希望灶神
大發慈悲，賜福於鸞生。（黃錦源，2000：173）

在鸞堂系統中的新竹灶君堂則用「禮斗」科儀慶祝灶神
聖誕。原本禮斗科儀是請天上的星辰包含五斗星君、二十八
星宿及斗姆星君等神明來加持信徒的「本命元辰」，使信徒得
以健康長壽。然而台灣的神祇聖誕經常與禮斗法會結合，像
淡水清水祖師聖誕、蘆洲保和宮中壇元帥聖誕，皆用禮斗法
會的方式祝壽。

仔細理解灶君堂三天的禮斗法會，可以看出主持法會的
道長將禮斗科儀中唸誦《五斗真經》外，也唸誦《灶君真經》
及點祝壽燈來為灶神祝壽；此外，也要唸《三官寶懺》、《福
德真經》來為信徒祈福。最後用普施科儀施食孤魂野鬼，表
現灶君的恩德。普施結束後，謝壇送駕，結束整個禮斗科儀。
可見得灶君堂的禮斗科儀，並非傳統的禮斗法會，它將禮斗
與敬灶的聖誕法會結合。（黃雪珠，2010：223-225）

除了三獻禮、禮斗法會來祝灶君聖誕外，部分鸞堂廟宇
用「誦經」方式慶祝灶神生日。像樹林丹天善堂、宜蘭開基

---

[25] 宜蘭開基灶君廟省民堂和獅山勸化堂一樣，於農曆八月二日晚上 11 點，用
三獻禮祝壽。另外淡水行忠宮則於農曆八月初三日早上，對灶神用三獻禮
的方式慶祝祂聖誕。

灶君廟省民堂及台北保霞宮，皆於農曆八月初三當天由鸞生個別或團體吟誦《司命真君靈寶經》。（2011.4 社會調查資料）鸞生用清唱的方式朗誦此經典，象徵鸞生反省自己平時的作為是否符合經典中的道德要求，用懺悔自己的宗教心靈，提升鸞生的德性，來祝福灶神聖誕。

　　台灣地區敬灶祝福灶神聖誕的宗教科儀，原則上在此範疇內。這三種祝福灶神聖誕的科儀中，三獻禮與儒家儀典有關，過去君主專制王朝，君王會派官祭拜神祇，例如派官祭拜孔子、關聖、城隍及媽祖等，都是為了朝廷的利益，象徵統治者與人民有共同的信仰，或是統治者將神祇的精神透過祭拜發揚光大，藉此攏絡民心。然而三聖或五聖恩主廟也將之引入，用之於祭拜張恩主的誕辰，這是否為台灣少數鸞堂的特例？亦或是廟宇祭灶的共同性？尚有待全面的調查才可得知。筆者以為和關帝廟以傳統儒教三獻禮祭拜關公有關，既然同為恩主，就以類似的儀典祭拜，在苗栗獅頭山勸化堂的三聖恩主聖誕就可看到雷同科儀。

　　至於禮斗法會與灶神聖誕產生連結，應該是和廟宇的經營者的理念有關。台灣地區廟宇主事者運用禮斗法會來糾合信徒，共同祭拜神祇，不但可以獲得信徒的認同，也可在此禮斗法會中增加廟宇的收入。不少廟宇運用神明聖誕來舉辦禮斗法會，既使禮斗法會的原有功能擴張，也滿足信徒宗教信仰的需求。（張家麟，2010：52-104）

　　最後，廟宇中的信徒或鸞生會以誦經的方式表達對灶神的祝壽，應該和鸞堂信仰有關。根據傳統鸞堂三芝錫板智誠堂鸞手楊明機的《儒門科範》，五聖恩主聖誕都需要書寫祝壽

的表文，對神祝壽。（楊明機，1991：61-62）在上表文之後，由鸞生自行吟誦經典來表達對神明的禮敬。灶神為五聖恩主之一，信徒對灶神的祝壽方式也用誦經、唸疏文來表達對灶神的禮敬。不少廟宇受傳統鸞堂灶神聖誕的影響，至今為止保留此項宗教傳統。

# 伍、討論與結論

## 一、討論

### （一）灶神神格轉化崁在華人民間信仰神祇信仰體系

　　華人的民間信仰諸多神祇皆有神格轉化的現象，本來為自然神的天公，經由扶鸞降諭，變成「玄靈高上帝」，由三教教主共推「關聖帝君」擔任。關聖為三國時代壯烈成仁的人格神，經由小說、平話，佛教三台宗智者大師、道教道長及明、清兩代的政治領袖不斷的加封，使關帝神格大幅度提高，終於在民國 13 年大陸雲南鸞堂及民國 59 年台灣鸞堂分別扶鸞宣稱祂為天公。由人格神跨越到自然神，成為民間信仰的「大神」。（張家麟，2010：314-316）

　　在關聖之外，其他自然神由「人」擔任的例子頗多，如天、地、水官分別由堯、舜、禹榮任，土地神為張福德，文昌帝君本為星神，到了南宋變成張亞子為文昌神。不止自然神可由人擔任，具修德之人死後成鬼，依照鸞堂的宗教信仰，地底的判官會將他們呈報給玉皇大帝，使他們成為神，到各

地廟宇赴任。

　　灶神的神格轉化，將器物神擬人化，賦予人名與神像，即是在此華人封神的宗教價值觀中衍生。本為「器物神」的灶神，華人祖先為了感恩祂使人類文明躍昇，後來也把與火或灶有關的祝融、炎帝、黃帝等歷史人物，封為灶神。然而，歷史的發展有時是變動且多軌，後來又出現「蘇吉利」與「張單」兩位灶神。

　　台灣地區的灶神，信徒明顯的接納「狀如美女」的張單，祂的形象廣泛出現在三聖、五聖恩主廟的神殿及一般家庭供奉的「佛公彩」中。與灶神同為器物神，而出現神格轉化，由人來擔任的信仰邏輯，廣泛出現在為門神的秦叔寶、尉遲恭；為財神的趙公明、比干、子貢、關公等人；為廁神的紫姑等，祂們皆是器物神擬人化的具體例證。

　　當我們在觀察灶神的神格轉化，更應該熟悉華人民間宗教神祇的宗教信仰體系，當自然神、器物神擬人化後，被信徒賦予人名，雕刻成神，供奉在神殿或神龕中膜拜。這些神的姓名來源，筆者揣測小說、雜記或鸞文，反而比正式的歷史更具影響力。台灣人視九天司命真君灶神為張恩主單，即是在此脈絡中出現。

## （二）灶神信仰者具有功利與德性兩種宗教價值觀

　　台灣地區的民間宗教的特質，本來就具有「功利」和「道德」性格，（李亦園，1999）這種既功利又有道德的價值信仰體系，反映在台灣不同的信仰者身上。就希望神給予信仰者利益來看，普遍出現在一般家庭信仰者對灶神的期待。他們

祭拜灶神時，接受傳統祭拜的風俗，獻給灶神甜食、牲禮、紙錢及酒，希望灶神能夠「上天言好事，回府降吉祥」。因此，信仰者與灶神之間的互動充滿了「功利性格」。

　　然而台灣的灶神信仰並非只有功利類型，不少的鸞生祭拜灶神，必須與「品德性格」產生連結。沒有品格的鸞生祭拜灶神，將不受灶神的庇祐，灶神只照顧平時積德行善，勵行儒家道德、累積善行可以成仙及遵守佛家因果循環等價值體系的信仰者。對這些信仰者而言，他們心目中認為灶神並非無條件的庇祐，在祭拜科儀中，只給灶神好處，無法保證灶神能為信徒驅邪與救劫。

　　此兩項灶神信仰者的宗教信仰特質，同時存在於台灣地區。我們約略可以劃分，功利性格存在於一般家庭；而道德性格則可能存在於鸞堂。因為，鸞堂的信仰者用吟誦經典及參與鸞務，從經典、鸞文中接近灶神，而這些神諭充滿了傳統儒家道德律。鸞堂的鸞生或信徒就是因為經常吟誦《司命真君靈寶經》，而不敢隨便為惡，甚至經常行善積德來懇求灶神的青睞與庇護。

## （三）多元的祭灶科儀

　　台灣民間宗教儀式本來就有「宗教融合主義」及「本土化」的現象，（張家麟，2010：2-3）此項原則也可用來觀察當代台灣的祭灶科儀。本研究發現，台灣地區一般家庭祭拜灶神接受了宋朝以來的部分傳統，例如於農曆十二月二十四日用甜食、牲禮、酒及焚燒紙錢來送灶。但是也有更多的祭灶科儀與傳統大相逕庭，例如鸞堂使用儒家的「三獻禮」於

農曆八月初三為灶神祝聖。極少數以灶神為主神的廟宇則用「禮斗」來祝灶神聖誕。也有將每月月晦之日祭灶的傳統，增加為初一、十五祭拜灶神。另外也存在用誦經的方式，在灶神聖誕時懺悔自己的德性不足，懇求灶神的原諒。

　　在這麼多元的祭灶科儀，展現出台灣灶神信仰的複雜性。其中鸞堂系統傳承遠古孟夏之月祭灶的風俗，而且民間宗教的信仰者普遍認知農曆八月初三孟夏之時為灶神生日。此外，家庭中的祭灶習慣則傳承於漢朝以來的臘月祭灶風俗，但是已經不用古老的「櫨燎」或「黃羊」的供品，而普遍採用宋朝以來的甜食、酒與牲禮。

　　由於三聖或五聖恩主的鸞堂保留以儒為宗的信仰傳統，將官方用儒教祭典祭拜關聖的三獻科儀，用來祭拜其他的孚佑帝君、王靈官、岳武穆與司命真君等恩主。因此，在大陸地區極少見的三獻禮方式祭拜灶神，卻普遍出現於台灣的恩主公信仰系統。傳統與創新的祭灶科儀讓台灣的灶神信仰出現多元且自由的表現方式，由於廟宇的主事者可以從傳統中擷取其認為合理的元素，使祭灶科儀出現變化。像獅山勸化堂與淡水行忠宮同屬鸞堂系統，兩個廟宇都用三獻禮祭灶，但是前者採用全素的供品，後者則用傳統的三牲祭灶。宗教領袖主導祭灶儀式的色彩相當濃厚，台中南聖宮領袖則在初一、十五巳時（早上 9 點到 11 點）祭灶，供品五果、湯圓及碗中裝水放入九層塔，無論是祭拜時間，或是供品的選擇，該宮領袖有其獨到的詮釋。（2011.2 社會調查資料）

## （四）恩主公崇拜擴張灶神信仰

　　儘管過去君主專制王朝曾經出現家家戶戶祭拜灶神的榮景，然而在台灣地區由於工業化、都市化及民間宗教信仰人口的萎縮，此情景不再。台灣的民間信仰者約佔總人口 48％，姑且這些人都有多神信仰，但並不保證皆在家裡設立神龕，或設立神龕後，也不一定為灶神設立神像。再加上現代化的家庭已經用瓦斯爐、電爐取代灶，使灶的信仰空間產生被排擠效果；因此並非所有的民間宗教信徒維持傳統祭灶的習慣。

　　灶神的信仰在家中萎縮，但是在三聖或五聖恩主廟的鸞堂系統卻出現了信仰擴張的現象。灶神不是純粹具道教色彩的九天司命真君，（楊福泉，1996：76-81）反而是鸞生及其信徒的「恩主公」。扶鸞儀式中的灶神不斷降下神諭，使信徒得以經由鸞文認識灶神。不僅如此，台灣地區並不太流行《道藏》中的《太上洞真安灶經》及《太上靈寶補謝灶王經》，或民間流傳的〈敬灶全書〉；反而比較流行《太上感應篇》及《司命真君靈寶經》。鸞堂中的鸞生與信徒，從這兩本經典理解灶神，無形中擴張了灶神信仰。

　　就灶神的原有功能來看，本來為司過的陰鷺神明，但是扶鸞出現的鸞文，既強化原有的舊功能，也不斷擴張灶神的新功能。當灶神變成擁有教誨信徒嚴守儒家道德的「教誨」功能時，信徒接受教誨後，灶神也在鸞文中表現出來，祂是一尊能夠幫助信徒「驅邪」及「救劫」的神明。經典與鸞文擴張了灶神的新功能，使灶神超越原有的「司過」之神，變

成無所不能的「司命」神。

　　上述這些討論，可以理解台灣灶神信仰型態的現象與理論意涵。灶神的神格轉化是華人民間宗教的個案，其他民間宗教的神祇也可依此方法，探究其神格變遷。至於信徒對灶神功能的期待，似乎符合台灣地區民間宗教具有的功利性與道德性兩種性格。而祭灶科儀的多元表現方式，也與台灣民間宗教科儀的宗教融合主義吻合。比較特別的是灶神信仰擴張，是台灣地區特殊性格，因為五聖或三聖恩主崇拜的流行，使灶神的「家戶神」性格變成「神殿」上多功能的大神。鸞堂信仰要求信徒實踐儒家道德的特色，也豐富了灶神信仰，使台灣人民在懇求灶神降福之際，必先反省自己是否在平時積累功德。

## 二、結論

　　灶神信仰涵蓋華夏地區的漢民族及其周邊的少數民族，台灣祖先來自大陸，傳承漢族的灶神信仰。然而台灣地區的政治環境與大陸迥異，使台灣的灶神信仰既有漢族原有的傳統，也出現自己的特殊祭灶科儀與信仰體系。由於政治環境容許保存民間宗教傳統，並開展民間宗教的信仰型態，使得灶神信仰表現出現多元且複雜的樣貌。

　　研究台灣地區的灶神信仰，及其神格的變化，除了從華人民間宗教器物神擬人化的信仰體系的脈絡來理解外，也不能忽略鸞堂信仰中「人人可成神」的神學思想。而鸞堂雖然來自大陸，但是卻在台灣「本土化」。它不止影響灶神的神格、

信仰空間，也影響祭灶科儀，更使信徒與灶神信仰具功力性格之餘，也具「德行」的意涵。

另外，扶鸞創造出鸞文與經典《靈寶經》，使傳統灶神的陰騭、司命功能出現轉化，祂也變成教誨、驅邪與救劫之神。為了達成玉帝的使命，祂由五祀之一變成五祀之首；本來是一尊孤獨的神，變成領導眾神的大神，為玉帝的「宰輔」，鸞堂對台灣地區的灶神信仰型態具關鍵作用。

在灶神神譜學研究方法論中，筆者以為必須以典籍、小說、筆記的文獻當作基礎，但只有依賴此途徑，仍嫌不足。因為，只有以深度訪問與觀察供奉灶神的廟宇後，所做的紀錄以之比對文獻，才能看到灶神信仰的「真實」（reality）型態。本文用此途徑發現，在台灣地區家庭中的灶神信仰萎縮，儘管仍有家中供奉「佛公彩」中的信徒，他們使在廚房祭灶的傳統，轉移至正廳；導致灶神的信仰空間神聖化，人神互助常態化及親近化。相反的，以鸞堂為主軸的三聖、五聖「恩主廟」，灶神信仰則有擴張的趨勢，灶神變成神殿中的「恩主公」，而非家戶中的「小神」。由於社會工業化、都市化，現代家庭沒有灶，或沒有擺設神桌的空間，家庭對灶神信仰自然萎縮。然而鸞堂尊灶神為張恩主，卻可彌補信徒懇求灶神保佑的宗教信仰需求。

由此可知，當代神譜學的研究，應該理解神不可能單獨存在，祂必須被信徒禮敬，才可能存在。既然如此，神乃會崁在人所建構的社會、文化、經濟與宗教結構，唯有從這些脈絡（context）來解釋（explain）或詮釋（hermeneutics）神，才能還原神在信仰者的真實面目。

　　本文論述只呈現「部分」台灣灶神的特殊信仰型態；如果要「全盤」理解台灣灶神信仰的真實狀態，則需進一步做精確的宗教社會調查，普查以灶神為陪祀神的廟宇，抽樣調查台灣儒、釋、道三教信徒，用良好、具「效度」的問卷，理解他們對灶神的宗教認知、態度、祭灶習慣及信仰體系，才能作完整的分析。而這只能留待下回尋找合適的機會，繼續探究。

# 參考書目

丁　山，《中國古代宗教與神話考》，上海文藝出版社，1988。

九份聖明宮，《列聖寶經合冊》，台北：九份聖明宮，2006。

干　寶，《搜神記》，台灣書房，2010。

丹巴拉姆，〈藏族灶神瑣聞〉，《中國西藏》，1996 年第 2 期，頁 48-49。

五指山灶君堂，《司命真君消災解罪救劫延壽真經》，新竹：五指山灶君堂，1988。

王見川、李世偉等主編，《台灣宗教資料彙編・民間信仰・民間文化》，第一輯第九冊，台北：博揚文化事業有限公司，2009。

江燦騰，〈台灣灶神信仰瑣談〉，《歷史月刊》，85 期，1995，頁 55-58。

呂宗力、欒保群，《中國民間諸神》，河北：河北教育出版社，2001。

李　申，《宗教論-第二卷事神論》，北京：中國社會科學出版

社，2008。

李亦園，《田野圖像：我的人類學研究生涯》，山東：山東畫
　　報出版社，1999。

李洪智，〈淺議互助縣土觀村土族灶神信仰〉，《青海民族研
　　究》，第 17 卷第 3 期，2006.7，頁 65-67。

沈利華，〈雲車風馬小留連，家有杯盤豐祭典-灶神信仰及祭
　　灶風俗略說〉，《古典文學知識》，2003 年第 5 期，頁
　　67-71。

阮昌銳，〈司命真君〉，台北市政府民政局編，《台北市寺廟神
　　佛源流》，台北：台北市政府，2006.12，頁 62-65。

林繼富，〈漢族、少數民族灶神信仰比較研究〉，《民俗研究》，
　　1997 年第一期，頁 66-70。

段成式〔唐〕，《酉陽雜俎》，北京：中華書局，1981。

韋　伯，《宗教社會學》，台北：遠流出版社，2003。

徐麗霞，〈灶神-下〉，《中國語文》，87 卷第 5 期，2000，頁
　　105-114。

袁　珂，〈漫話灶神和祭灶〉，《神話論文集》，上海：上海古
　　籍出版社，1982。

張家麟，《台灣宗教融合與在地化》，台北：蘭台出版社，2010。

智仁堂，《乙巳年鸞噀精華》，台北：南華出版社，1966。

智仁堂，《丙午年鸞噀精華》，台北：南華出版社，1967。

智成堂，《儒門科範》，台北縣：智成堂，1991。

遊子安，《善與人同：明清以來的慈善與教化》，中華書局，
　　2005。

黃永堂，〈司命‧灶神與楚人族源〉，《金築大學學報》（綜合

版），1999 年第 1 期，頁 83-87。

黃雪珠，《台灣灶神信仰研究-以五指山灶君堂為例》，台北：台灣師範大學台灣文化及語言文學研究所碩士學位在職進修專班碩士論文，2010。

黃錦源，《獅頭山百年誌》，苗栗：財團法人苗栗縣南庄鄉獅山勸化堂，2000。

楊福泉，《灶與灶神》，北京：學苑出版社，1996。

楊　堃，〈灶神考〉，《民族研究論文集》，北京：民族出版社，1991。

薄松年，《中國灶君神禡》，台北：渤海堂文化出版社，1993。

瞿海源，《宗教與社會》，台北：國立台灣大學，2002。

蘆洲保和宮，《中華民國一〇〇年農民曆》，新北市：蘆洲保和宮管理委員會，2011。

社會調查資料

2007、2011 年社會調查資料。

## 附錄照片：

佛公彩的最上層為觀世音菩薩，
第二層為媽祖與關公，
第三層為土地公與灶君。

在佛公彩中只有單獨彩繪觀
世音菩薩一尊神像。

佛公彩除了有觀音菩薩、媽祖、關
公、土地公與灶神畫像外，並
在神龕上擺設土地公神像。

大陸河南開封朱仙鎮雙座招
財利市灶君（翻拍自《中國灶
君神禡》）。

大陸河南開封朱仙鎮雙座招
財利市灶君（翻拍自《中國灶
君神禡》）。

灶君及其兩位夫人在上層，下
層為兩位門神及兩馬童（翻拍
自《中國灶君神禡》）。

宜蘭鑑民堂九天司命真君以
神主牌的方式來供奉。（左側
第一個牌位）

台中大里南聖宮「香廚妙供天
尊－灶神」牌位。

五聖恩主廟的淡水行忠堂張恩主
神像長相斯文清秀，手持奏版，
負責向玉帝奏報人間功與過。

五聖恩主廟的三芝智成堂張
恩主神像。

三聖恩主廟的宜蘭勉民堂灶
君神像。

從淡水行忠堂分香的台北市覺修
宮九天司命真君張恩主神像變成
長滿鬍鬚的灶神，比較接近傳統
中國版畫上的灶神樣式。

宜蘭開基灶君廟省民堂以九
天司命真君為主神。

新竹五指山灶君堂以九天司
命真君為主神。

新竹五指山灶君堂正殿左邊
對聯賦予灶神驅邪的功能。

新竹五指山灶君堂正殿右邊對
聯賦予灶神司命、陰騭的功能。

台中大里南聖宮的灶用紅布覆蓋。　台中大里南聖宮祭拜灶神的供品。

# 第四章 多元與再詮釋：當代台灣張巡信仰型態[1]

## 壹、前言[2]

　　張巡（709-759）於唐朝肅宗至德二年（757）10 月 9 日壯烈成仁，符合儒家人死成鬼，也可成神供後人祭拜的傳統。根據《禮記‧祭法》記載：「夫聖王之制祭祀也，法施於民則祀之，以死勤事則祀之，以勞定國則祀之，能禦大災則祀之，

---

[1] 於發表〈2012 保安文化祭民間宗教神祇學術會議〉，感謝康豹、林美容、蕭進銘等教授的指教，使本論文更加周全。

[2] 本文得以完稿，得感謝「尪公」在天之靈的庇佑，使本研究進行順利。另外得感恩木柵集應廟主委張幸松、景美集應廟總幹事高金良、小坪頂集應廟前主委張呼、現任主委張金發和張木壽宗長、下圭柔山集應廟主委張栖村、安西五條港總幹事姚源泉、新北市張廖簡宗親會理事長張定次宗長等頭人，提供珍貴的資料，供我書寫。因此，我願將此成果獻給「尪公」，及諸位賢德。

能捍大患則祀之。」張巡符合以死勤事，以勞定國及能捍大患的偉大功勳，唐皇室為祂在睢陽立廟，官方歲時派官祭拜，從此之後，張巡信仰[3]在官方、民間代代相傳，至今已達 1255 年。

漢人對張巡的崇拜隨著唐皇室為祂立廟之後，遍及中國大陸、台灣、香港[4]與東南亞[5]。當代中國大陸中國當局除了在睢陽城重建「張巡祠」外，在河北、河南、山西、江蘇、福建與廣東潮汕等地區，都可發現「張巡信仰」的痕跡。

台灣先民從中國大陸福建泉州安溪渡海來台，把家鄉的守護神－張巡信仰帶入台灣（林傳凱，2007；范純武，2003；陳正明，1995）明鄭時期，祂也隨著軍隊來台，為了鼓吹部隊效忠朝廷，在部隊所在地（現在的嘉義市）為張巡、許遠

---

3　以張巡信仰來指涉信徒對歷史人物的崇拜，並無不恰當之處。在民間宗教信徒對神明的信仰可分為直呼神明的名字，或對神明名字避諱兩個類型。例如張飛廟、諸葛孔明廟、岳飛廟、鄭成功廟或關羽廟等，都是以歷史偉人的名字對廟宇命名，象徵信徒對神明的「親近」。至於神明避名諱的說法，如媽祖廟、保生大帝廟、孔子廟、佛祖廟等，象徵信徒對歷史人物的「高度尊敬」，此現象可能是受儒家「為尊者諱、為賢者諱、為親者諱」的影響。

4　香港地區的張巡與許遠崇拜，淵源自中國潮州，位於黃大仙竹園馬仔坑道的「黃大仙普慶念佛社」中設有雙忠王廟，以農曆 5 月 25 日為張巡誕辰。（周樹佳，2009：187）

5　張巡在江淮、台灣、東南亞等地被稱為「張王爺」，像敬神一樣敬奉。（資料來源：http://www.17u.com/destination/s_detail_8652.html，下載日期：2012/4/10）東南亞地區是否存在張巡信仰，仍值得進一步調查，在此僅提供網路資料當作參考。

立廟，將「雙忠信仰」引進台灣[6]。也對王爺信仰的神蹟感應，為「張、李、莫千歲」立廟[7]，事後也變成張巡信仰的重要脈絡之一，（五條港安西府管理委員會，1999：8-9）至於金門地區則受福建厲王信仰所影響，將張巡視為「厲王爺」，而為其立廟，且將之傳至台灣台南，自成一「厲王信仰」系統。（林麗寬，2001：163-164）

　　本研究初步檢視文獻，比較大陸與台灣的張巡信仰，發現諸多差異，包含對張巡尊稱、敬拜科儀及神祇功能，都出現台灣地區的特殊樣貌。因此，本文為了對台灣地區張巡信仰型態的多元樣貌進一步的釐清，除了將張巡信仰源流做歷史縱深的理解外，將重點擺在台灣地區（涵蓋金門）百姓如何敬拜張巡的「型態」（patterns）。研究的重點放置在下列幾個問題：1.台灣地區張巡信仰廟宇源流及體系；2.信徒對張巡的多元尊稱及配祀神；3.各廟宇信徒對張巡的敬拜方式。這些問題形成本文的主軸，藉此理清當代台灣對張巡信仰「多元」詮釋的意涵與儀式功能。至於張巡信仰的神像造型及組織型態，也具有複雜且多元的分歧現象與意涵，對這些問題，暫且擱置，留待下回另闢專文討論。

---

[6]　根據范純武的研究，嘉義雙忠廟於康熙 28 年（1689）籌建，未知其所由來。（范純武，2003：140-142）又根據嘉義雙忠廟廟祝的說法，該廟的立廟應該與明鄭時期軍營祭拜雙忠王有關，因為該廟所在地為鄭成功部將的營區，而且該廟尚保留明永曆 16 年（1662）的香座。（2012.4.9，電話訪談）

[7]　乾隆末年雲林縣台西鄉安西府張李莫王爺信仰早以被台灣地區宗教人類學者視為瘟神信仰系統。（劉枝萬，1983：265）然而實際觀察安西府的信仰活動，鮮少與瘟神有關，反而在廟方領袖問乩之後，成為歷史偉人殉死後的王爺信仰類型之一。（康豹，1998：2）

## 貳、大陸地區的張巡信仰流變

　　張巡生於唐中宗景隆三年（709），與睢陽太守許遠共同死守睢陽城（河南省商丘縣），抵擋安祿山部將尹子奇率領十三萬兵力入侵，長達十個月之久，防止他進入江南，席捲唐朝江山。最後被尹子奇攻破睢陽城，張巡、許遠、南霽雲與雷萬春等部將，於肅宗二年（759 年）壯烈成仁。（胥端甫，1968：12-14；陳建林，2000：134-141；王壽南，2008：77-81）

　　睢陽城破前張巡守軍抵擋了尹子奇大軍，使得唐朝軍隊有江南的資源，才有機會反攻，平定安祿山之亂。因此，唐大臣李翰曾力排眾議，為張巡上表於皇上。在〈進張中丞傳表〉中[8]，對張巡的高瞻遠矚評價甚高，認為他「守一城而捍天下，以千百之卒戰百萬之師」，在外無救兵援糧的情況下，雖被叛軍攻破睢陽，但其忠義志節值得肯定。唐肅宗皇帝乃下召追贈張巡為「揚州大都督」，許遠為「荊州大都督」，拜張巡之子張亞夫為金吾大將軍，立雙忠廟於睢陽城，歲時致祭。（歐陽修、宋祁等撰，1975：5541）唐朝韓愈進一步為〈張中丞傳表後序〉[9]寫出張巡、許遠守睢陽城得以捍天下，唐皇室乃得以維繫之豐功偉業；對批評張巡、許遠者，稱他們的見解如兒童之見，並抨擊當年河南節度使賀南進明擁兵自重，進一步肯定張巡、許遠的忠烈行為與精神。到了南宋文

---

8　李翰，1995，〈進張巡中丞傳表〉，《睢陽忠魂-第二集》，雲林：五條港安西府管理委員會，頁 38。

9　韓愈，2007，〈張中丞傳表後序〉，錢伯城主編，《古文觀止新編》，台北：五南文化出版社，589 頁。

天祥寫的〈正氣歌〉指出，「為張睢陽齒」是人間正氣極致表現，重新註解當年張巡血戰尹子奇的慘烈狀態，認為這是儒家「大人儒」的實踐典範。

從此，張巡成為歷代皇室追封的「神祇」，唐德宗封張巡為鄧國公，贈張巡妻為申國夫人，宋徽宗追贈巡為忠烈侯，清乾隆敕封巡為安瀾之神。皇室的追封成為張巡信仰發展的主要動力之一，不只在睢陽城為張巡立廟，也在張巡的祖籍地蒲州河東（山西芮城）、出生地鄧州南陽（河南鄧州市）、當官地河南真源（河南鹿邑）等地立廟。（王少華，2005：37）當代中國政府於 1990 年在河南省商丘縣，重新於張巡殉難處建張巡祠，1993 年於張巡殉難日（農曆 10 月 9 日）辦理第一屆「忠烈節」，再次肯定張巡盡忠報國、壯烈成仁的儒家典範。（五條港安西府管理委員會，1995：1-4）

官方祭拜張巡、許遠、南霽雲、雷萬春等歷史人物，取其忠義精神。民間則對張巡另有期待，希望張巡成為保鄉護民、斬妖除魔之神。張巡在宋朝被地方官封為「東平威列昭濟慶靈顯祐王」，張巡變成抗金禦敵的神將「東平王」。（包廉撰，盧鎮補修，1983：1242）到了明代，在湖南宜興地區，則被百姓稱為「英濟王」。（吳景牆，1882：650）又被民間稱為「十四太保」，變成道教科儀中神祇。宋宣和年間在太湖地區的靈乩出現乩文，稱張巡為東嶽大帝座前的「陰司督統使」。（呂宗力、欒保群，2002b：506）在元明之後的福建地區祭拜張巡，則將祂視為「厲王」。（施鴻保，1985：13）明朝洪武年間，張巡被民間封為「通真三太子」。（俞正燮，1966：408-409；田仲一成，1989：584）在明代江蘇常熟方塔寺供

奉張巡，則視祂為「青鬼趙菩薩」，（呂宗力、欒保群，2002b：507）張巡成為驅鬼辟疫的瘟神。到了明末，道教將張巡納入神譜，稱之為「斬鬼張真君」。（王秋桂、李豐楙，1989：233-234）在清朝漕運地區的鎮江、清江浦等地皆有都天會，張巡變成安瀾「水神」，被稱為「都天神」。（鮑天鍾，1990：92）乾隆十二年封為「浮梁顯佑安瀾之神」[10]。

　　從歷代官方或民間對張巡的封號，可以得知，中國大陸過去官方與民間對張巡信仰的不同期待與認知。官方希望發揚張巡的忠烈精神，民間則在此之外有所期待張巡的顯靈。張巡在民間信仰的神格，成為百姓的守護神，祂能對抗侵犯的外邦；也能在漕運地區保護漁工；甚至於變成陰間的審判官；亦或是具有厲王的色彩，幫助信仰者驅瘟辟邪。

　　因此，張巡信仰變成官方與民間各自解讀的兩種信仰脈絡。皇帝對神明（張巡）敕封，希望祂成為政權統治的重要意識型態的象徵，也保留讓民間社會擁有自主的詮釋空間。（Watson James，1985：293-324）儘管官方為了發揚儒家忠君愛國的意識形態而來肯定張巡信仰，使之信仰型態「標準化」（standardizing），但是民間社會卻在此標準化之外，發展對神的期待。隨著歷史發展與區域性的需求，信眾對張巡出

---

10　乾隆封張巡後，清皇室皆封祂為「水神」。雍正時期封為「江西藩陽湖顯佑安瀾之神」，嘉慶八年（1802）封為「顯佑安瀾寧潮助順之神」，咸豐七年（1857）封為「顯佑安瀾寧曹助順效靈助順彰威之神」，同治三年（1864）封為「顯佑安瀾寧曹助順效靈助順彰威靈佑之神」，光緒七年（1881）封為「顯佑安瀾寧曹助順效靈助順彰威佑護國翊運之神」。（陳正明，1995：140；五條港安西府管理委員會，1995：26-27）

現多種想像、信仰、神話與功能。這種宗教多元信仰現象，不但出現在中國大陸，也出現在台灣地區信徒對張巡信仰現象的詮釋。（范純武，2002；林傳凱，2007：7）

　　台灣各地為張巡立廟的信仰者，隨著宗教領袖的記憶、靈驗事蹟、占示及兩岸交流後的認知等錯綜複雜的因素，而主張自己供奉的神明就是張巡。此種作為有點像「一個張巡，多種面貌」解讀的多元信仰型態。當信仰者擁有對張巡具有共同信仰語意要素時，卻可以對張巡的信仰源流、尊稱及敬拜儀式，擁有多元且分歧的宗教心理期待，而產生極大差異的解釋與表現，且各自重新賦予神明的意義，（Duara, Prasenjit，1988：791）變成台灣地區張巡信仰型態的「多元」意義，而這是宗教領袖「再詮釋」其信仰主神的結果。而這既「多元」且「再詮釋」張巡的現象，部分雷同於中國大陸，另一大部分呈現台灣張巡信仰「在地性」的特殊性格，也豐富了台灣民間宗教神譜學的內涵。

# 參、當代台灣張巡信仰多元源流與發展

　　台灣地區張巡信仰包含集應廟、忠順廟、安西府、厲王廟、雙忠廟與文武尊王廟等「系統」，其中在台北盆地的集應廟與忠順廟，中部地區的安西府，金門、台南地區的厲王廟。至於大陸發展較多的雙忠廟，在台則甚少出現。福建地區祭

祀張巡的文武尊王，在台則只有少數幾間廟宇[11]。

## 一、張、高、林三姓集應廟系統

　　集應廟系統淵源於福建泉州安溪大坪地區高、張、林三姓祖先，從家鄉「集應廟」分靈來台。他們於清朝初葉來到台灣，沿著淡水河流域在台北盆地周邊墾植與種植茶葉。（溫振華，1978；陳正明，1995）最早是三姓合祀，共同祭拜「尪公」、「尪娘」神像。當三姓祖先人數增加，合墾地區逐漸分散，再加上對祭拜守護神的意見出現差異，乃於1853年決定各自分立。以「拈鬮」方式分配神像與香爐，張姓拈得香爐、高姓拈得尪公、林姓拈得尪娘神像，從此各自祭拜。三姓中，以景美高姓集應廟最早立廟[12]（1867），其次為張姓木柵集應廟（1894），再來為林姓萬隆集應廟[13]（1921）。（林傳凱，2007：39）這三間廟宇都具有安溪大坪「地區」與張、高、林「家族廟」信仰的色彩。

　　隨著張、高、林三姓家族宗親在台北地區開墾，張氏家

---

[11]　張巡信仰系統尚存在「文武尊王廟宇」，在金門雙忠廟、淡水聖江宮、三重文聖宮的主神皆為張巡，信徒稱之為文武尊王，成為張巡信仰的另一個系統。

[12]　景美集應廟於咸豐10年（1860）興建景美竹圍內高厝附近（今景美國小南側），在同治6年（1867）遷移現址。（卓克華，2006：357-358；林傳凱，2007：39）

[13]　林姓家族分得尪娘神像，將之供在林氏家中正廳主神，清道光10年（1831）先民於新店溪河岸拾得觀音神像，乃將之與尪娘合祀，在大正10年（1921）於萬隆興建集應廟。（林傳凱，2007：39）另一說法為根據現在萬隆集應廟的簡介，昭和22年（1947）重建萬隆集應廟。（2012.2.6社會調查）

族集應廟分別於民國 55 年（1966）在北投興建小坪頂集應廟；民國 68 年（1979）興建下圭柔山集應廟-雙忠行祠，並在 1980 年代分靈於八里張氏「安公盟」神明會。這四個地區的張氏宗親會彼此往來緊密，形成張氏集應廟系統[14]。

高氏集應廟在景美立廟後，於二次戰後在北投石頭厝興建集應廟，這兩間廟宇也構成高氏宗親會的尪公信仰系統。景美集應廟在 1980 年代，分別分靈到石槽保安宮、東門明保宮，這兩間廟宇並非高氏宗親家廟。至於林姓萬隆集應廟至今為止，沒有任何分香子廟。

## 二、忠順廟系統

安溪人除了大坪地區張、高、林三姓的集應廟之外，尚有該地區的跨姓氏聯合祭拜尪公，木柵忠順廟就屬於這類異姓聯合立廟的「公廟」性質，異於張、高、林三姓的集應廟系統。日據末期台北盆地祭祀尪公的聚落約 200 多處，而只有木柵集應廟與忠順廟為尪公立廟。木柵忠順廟約在 200 年前民房內祭拜尪公，而到大正 9 年（1920）才在現址立廟，民國 45 年（1956）重新修建。（劉智豪，2010：34-38）

在台北各地的尪公廟如，汐止忠順廟的前身為日本神社，於昭和 12 年（1937）興建，戰後則改建為祭拜尪公的忠

---

[14] 八里張氏宗親祭拜張巡，約於 1980 年從木柵集應廟分靈，成立「安公盟」神明會，每年農曆元月 20 日聚會時擲笅博爐主，贏得爐主者，迎請尪公至家中奉拜。八里安公盟也積極投入張氏集應廟系統的活動。（2012.2.11 社會調查）木柵、北投、淡水及八里四地區的張氏宗教彼此交陪參與張巡聖誕的慶祝活動，形成北台灣張巡信仰中心之一。

順廟[15]。至於石碇集順廟、深坑忠順廟與龍匣口龍興宮等廟
宇，都從景美集應及木柵忠順廟分靈而來。（林傳凱，2007：
79）

　　汐止忠順廟則於 1970-1980 年代分靈到瑞芳三爪仔坑忠
仁廟、瑞芳大寮保安宮、淡水忠順廟、平溪白石三聖宮等廟
宇。景美集應廟與汐止忠順廟則在 2000 年分靈到石碇集慶
宮、永定永興宮等廟宇，這些廟宇構成忠順廟系統。（林傳凱，
2007：79-80）

## 三、安西府系統

　　雲林五條港安西府為中部張巡信仰中心，可遠溯到清乾
隆 60 年（1795）農曆三月十日，當地漁民出海捕魚發現港口
外有道金光。在退潮之際，金光漂流到海豐島上，先民前往
探究，看到一艘竹筏，竹筏上香爐一座、清香三柱及「張李
莫千歲」香火袋一只[16]。當年先民認為這是張、李、莫千歲
顯靈的神蹟，乃將之搭寮祭拜於海豐島上。

　　清嘉慶 11 年（1806）先民認為往來祭拜千歲於島上相當

---

15　網路資料：http://www.tonyhuang39.com/tony0518/tony0518.html ，下載日
　　期：2012.4.13。

16　當年雲林五條港先民在海上接到張李莫千歲香火的竹筏，非常可能是來自
　　其他地區百姓「送王船」習俗的「王船」。然而先民並不知此傳統，當他們
　　看到竹筏上的香火，才會將之視為「神蹟」。根據福建、浙江沿海地區百姓
　　送瘟神的習俗，經常會把瘟神放置於竹筏或紙做的「王船」上，希望瘟神
　　將瘟疫帶走，至今台灣地區部分王爺廟宇，尚保留此習俗。（康豹，1998：
　　134-135）

不便利，乃透過乩生擇地，選定五條港瓦厝公館為廟地，另在神主牌位之外，新塑張、李、莫神像三座供信徒膜拜。（五條港安溪西府，1999：8）

安西府目前成為台灣中部地區張巡信仰中心之一，分香子廟包含桃園永安宮、嘉義布袋新厝安南府、台東皇天宮、台東安東府及台北北德宮等廟宇。它們皆以張巡為主神，李泌、莫英為配祀神，稱之為張、李、莫千歲信仰系統。

## 四、厲王爺廟系統

台澎金馬地區的金門與台南兩地，部分信徒將張巡信仰當做厲王爺崇拜，其中台南厲王信仰又淵源於金門。較古老的金門厲王爺廟以金門南門里水門睢陽廟為代表，該廟重建廟碑曾記錄：宋皇帝曾追封張巡為厲王，明朝初年在舊金城就曾建廟奉祀。嘉慶年間海寇猖獗，侵犯金門，官兵曾獲張巡率軍均於天空雲中助戰，海寇落荒而逃，不敢再犯。清康熙年間，金門總兵陳龍在水門建廟，奉祀張巡至今 300 餘年。（林麗寬，2001：126）

金門人將張巡視為厲王，是福建泉州地區的傳統，根據《金門縣志》記載：「泉俗相傳：明末洪承疇降清後，在泉城壇桂鋪建新第。其弟承晙以乃兄失節事仇，深惡痛之，特於其宅左高處建唐忠烈祠，塑張巡許遠二像，許遠伸二指怒目指洪宅。是閩南張許之祀，實始於明清之際，不獨金門為然。」（金門縣政府，1991：353-354）除此之外，厲王在金門經由乩生降乩，指示信徒將漂流木雕為張巡神像，成為金門地區

厲王爺廟的顯靈事蹟。

　　由於張巡不斷顯靈，因此，金門地區不少以張巡為主神的厲王廟，包括金門金沙川德宮、金城睢陽著節宮、金寧嚨山雞山宮、列嶼上林厲王爺宮、金湖瓊林保護廟、金寧下堡鎮西宮、湖下雙忠廟等廟宇。（林麗寬，2001：194-197）

　　至於台南地區厲王爺信仰，則從金門厲王爺廟分香而來，最早在光緒 13 年（1887）於台南市西門路設立厲王宮，它是台南地區最早的厲王爺廟，許多厲王爺信仰神壇或宮廟再從厲王宮分香而來。例如大正 10 年（1920）設立厲王文安宮，民國 40 年代設立和心堂，民國 54 年設立厲王壇，民國 64 年設立厲王和志壇。也有以張巡為配祀神的廟宇如南王會、威靈壇的香火來自厲王宮，神佛壇則來自雲林安西府，三官大帝廟則來自南廠尊王公壇。（陳威廷，2002：81）是少數非金門分靈來的張巡信仰。

## 五、雙忠廟系統

　　台灣以張巡、許遠為主神的廟宇將之視為「雙忠廟」，最具代表性的廟宇為嘉義市忠孝路的雙忠廟。在諸羅縣志的記載該廟祭拜唐張巡，入台時間未明。根據該廟廟祝的說法早在康熙 28 年（1689）由地方耆老募建，到康熙 48 年（1709）在由當年駐守嘉義的參將重建，稱之為諸羅山首廟。（范純武，2003：140）

　　雙忠信仰淵遠流長，最早唐朝肅宗追封張巡、許遠為國殉死，乃將之立廟，稱之為「雙忠廟」。在中國大陸各地，雙

忠信仰散佈相當寬廣，在福建、廣東地區現存的張巡信仰，大部分以雙忠廟的形式祭拜張巡[17]。（陳春聲，2002：35-43；楊子怡，2012：1-7）台灣地區則少以雙忠信仰來祭拜張巡，淡水下圭柔山集應廟固然屬於張氏宗族家廟，但是在他們回到河南商丘張巡祠朝聖後，就把集應廟當做「雙忠行祠」。在淡水張氏宗親的頭人看來，既然他們祭拜張巡、許遠，就應該認祖歸宗，將集應廟當作中國張巡許遠廟宇的「分靈子廟」，張巡、許遠成神後，應該有祖廟之外的「行祠」。（2012.2.6下圭柔山集應廟社會調查）供張巡、許遠神靈來台駐守。

　　從上述討論可以得知，大台灣地區張巡信仰源流並非單一源頭，在台北盆地、雲林、嘉義、金門與台南等不同的時空，多源頭的張巡信仰。出現的原因也相當分歧，台北地區先民是把家鄉（安溪）守護神、香爐帶到台灣。雲林地區先民，則把接到「王船」上的香火視為神蹟，而立廟崇拜。金門則有張巡助官兵剿寇，漂流木的神蹟。也有少數廟宇源頭為古老唐皇朝的雙忠信仰。因此台灣地區的張巡信仰源頭，類似於台灣地區民間信仰為神立廟的多種類型；儘管立廟淵源不一，但是各信仰系統以張巡為主神。

---

[17]　在中國大陸，歷代官方為張巡設立雙忠廟，在潮汕地區（陳春聲，2002：35-43；楊子怡，2012：1-7）

# 肆、對張巡的多種尊稱與多元配祀型態

## 一、保儀尊王、保儀大夫或尪公的爭辯

　　張巡被朝廷封神後，在中國大陸民間信仰對祂的各種尊稱，大部分未見於台灣地區的張巡信仰群眾對祂的稱呼[18]。然而，台灣區張巡信仰系統對祂的尊稱也不太一致，呈現台灣地區信徒對張巡的多元尊稱現象。而且，不同廟宇領袖，對張巡的尊稱各有其堅持，甚至彼此間出現對張巡尊稱的爭辯。

　　以北台灣安溪人後裔的集應廟、忠順廟信仰領袖為例，他們尊稱張巡為「保儀尊王」或「保儀大夫」。集應廟系統的領袖則認為張巡在睢陽城血戰的指揮官，位階高於許遠太守，所以應該把張巡視為保儀尊王。許遠為睢陽太守，接受張巡領導，故為保儀大夫。至於忠順廟系統，則將張巡視為保儀大夫，許遠則為保儀尊王[19]。部分學者則直接將張巡視

---

18　如都天之神、安瀾之神、斬鬼張天君、文安尊王、英濟王、通真三太子、十四太保、青鬼魁菩薩等稱呼，台灣信眾並不熟悉。

19　訪談木柵集應廟主委張幸松時指出，張巡與許遠皆為睢陽城的領袖，但是許遠讓位於張巡，由張巡全權領導，對抗安祿山的軍隊，許遠則居於幕後的後勤支援。因此，張巡理當成為「王」，許遠則成為低於王的「大夫」。（2012.1.13 深度訪談）忠順廟領袖認為張巡為「大夫」，位於皇帝身邊，可隨時進出皇宮，反而位置「尊崇」，許遠為「尊王」，則不可能進出皇宮，只能在地方為「王」。（2012.4，深度訪談）

為保儀尊王或保儀大夫，認為這兩個稱呼都可以指涉張巡[20]。

　　然而，當我們對歷史文獻或回到福建地區考察，從未見到史料或大陸張巡信仰群眾用「保儀尊王」或「保儀大夫」指涉張巡。雖然董芳苑教授認為這是宋朝真宗皇帝對張巡與許遠的敕封，（董芳苑，2008：223）筆者認為這是他的揣測，而非歷史事實的考證[21]。將張巡視為保儀尊王或保儀大夫是台灣地區信仰者對張巡的特殊封號，完全異於歷朝歷代的歷史文獻上對張巡的尊稱。在台灣其他地區或是中國福建也未見此項對張巡的尊稱，這是張巡信仰在台灣北部「本土化」的表徵，在台北市文山區尚有「保儀路」來紀念張巡。

　　另外，北台灣信仰群眾也暱稱張巡為「尪公」。由於全台地區民間信仰稱呼尪公的神明眾多，包括洪公祖、文烈尊王、里主尊王、洪公祖金慶雷、楊府太師、黃二大使、大德禪師楊五郎、廣平尊王王重、楊府太歲、里主尊王、里主尊王施全、靈箸尊王張純等神明皆被稱為尪公。（林傳凱，2007：

---

[20]　范純武在《台北市寺廟神佛源流》中撰寫〈保儀尊王與保儀大夫〉，就用這兩項尊稱指涉張巡。（范純武，2003：112-117）另外，景美集應廟牆壁上由林衡道先生撰寫張巡的簡介，也有類似的說法。（2012.2.6景美集應廟社會調查）日據時代增田福太郎的《台灣的宗教》，就有將張巡視為保儀大夫或保儀尊王的說法。（增田福太郎，1935）

[21]　根據金門烈嶼鄉上林村的厲王爺宮中的碑文指出：「厲王為唐睢陽張巡、許遠，因其忠勇英烈，感動天庭，玉帝賜為神，宋真宗封保儀尊王、保儀大夫，……」（林麗寬，2001：149）這個說法與董芳苑的陳述相吻合，但沒有任何正史史料可以證明宋真宗曾經封張巡為保儀尊王或保儀大夫。只有在台出版的《保儀尊王顯靈武安真經》鸞文，稱張巡的保儀尊王封號，是玉皇大帝降乩敕封。（佚名，2010：34）

41-42）由此可知，尪公不是張巡專屬的稱呼，只要是漢人尊敬的神明，都可能被尊稱為尪公[22]。

　　在集應廟與忠順廟信仰群眾看來，他們祖先都來自安溪，張巡即是保儀尊王或保儀大夫，也可稱為尪公，這是兩類信眾的共同交集。其中，「尪公」又可以稱為「安公」，「安」是指「安溪人」，「公」是指「佛公」[23]，其意應該是指安溪人的守護神。無論是保儀尊王、保儀大夫或是尪公、安公，都是大台北地區及其分靈的安溪人後裔的信仰群眾對張巡的稱呼，形成「一個張巡信仰，各自表述張巡尊稱」的複雜樣貌。（范純武，2003：239）

　　這些稱呼是台灣地區張巡信仰的特色之一，儘管尪公來自福建安溪縣大坪村「集應廟」的祖廟。但是該地區的耆老卻說他們的尪公為「鄭保惠」而非張巡，祂是宋朝護送張、高、林三姓，從河南到福建安溪的押遷官，因為有功於三姓

---

[22]　根據林美容在草屯土地公廟的調查，草屯地區洪姓聚落在土地公廟旁的石頭雕刻成好兄弟，也稱為尪公。（林美容，1987：53-81）因此，筆者認為尪公既然是眾多神明的尊稱，就不宜將張巡成神後，簡之為尪公；再加上張巡信仰隨著歷史的演變，而擁有不同地區群眾為祂立廟，對祂的稱呼也有歷史與地區上的差異性。因此在本研究，為正本清源，就直接稱「台灣地區張巡信仰型態」，而非「尪公信仰型態」。

[23]　筆者在小坪頂集應廟調查訪問張氏耆老張呼，他認為尪公應該是指安公，因為福建安溪地區的守護神隨著先民來到台灣，祂是安溪人的神明，稱之為安公比較合理。小坪頂集應廟張氏宗親會與信徒每年農曆正月15日舉行「安公盟」聚會，現有人數約70人，其他宗親外縣市宗親，包含木柵集應廟、義山集應廟及八里安公盟，共約20人，也會前來交陪。聚會時，先共同祭拜張巡，祭拜完後席開約9桌，共同「食會」（聚餐）。（2012.2.6 深度訪談）

氏的祖先，而被稱為尪公，至今仍有「尪公墓」。（林傳凱，2007：58）此項說法造成兩岸張、高、林三姓對指涉不同人物困擾與爭議，形成於集應廟中的尪公是兩岸安溪人的共同稱呼，卻有不同的神明內涵。返鄉探親的台灣集應廟領袖，內心固然產生重大衝擊，但是他們從安溪大坪參訪祖廟返台後，並沒有改變他們所拜的神為張巡的「事實」，形成兩岸的集應廟，皆拜尪公，大陸拜的是鄭保惠，台灣拜的是張巡的樣貌。

在安溪以外的福建地區也尚未發現「尪公廟」，倒是存在諸多的「雙忠廟」或「張巡廟」。因此，台灣地區「尪公廟」也變成是台灣張巡信仰本土化另一特色。

## 二、靈乩確認張府千歲爲張巡

台灣地區張巡信仰的另外一系絡為雲林五條港安溪府的「張李莫千歲」，該廟宇也有不少的分香子廟，例如桃園永安宮、嘉義布袋新厝安南府、台東皇天宮、台東安東府等廟宇。

在這些廟宇的信仰者皆稱張千歲為張巡，這是受到二次戰後安西府領袖的影響。1980 年代，當地國小退休校長姚丙丁擔任安西府主任委員，他從小在雲林五條港長大，隨著長輩信仰張李莫千歲。他非常好奇張李莫千歲到底是誰，特別成立「張李莫千歲史蹟研究小組」，從「神明降乩」、「歷史史實」與「認祖歸宗」三個面向來理解張府千歲到底是誰。

在神明降乩部分，透過安西府的分靈子廟－桃園永安宮的乩生侯慈和、郭啟輝等人，被李府千歲、邢府千歲與中壇

元帥附身後，於 1987 年農曆閏 6 月到 8 月間四次叩問科儀，得知張府千歲就是張巡。最後一次在五條港安西府舉行叩問，是由邢府千歲附體於乩生劉忠憲身上，在同年農曆 11 月再次確認張李莫千歲的典故。（台北北德宮編印，1989：19-35）

當安西府的宗教領袖確認其主神為張巡，配祀神為李泌、莫英後，再從歷史史實尋找三者的資料，重新編寫安西府的神譜。在廟誌中強化張巡成神的英勇事蹟，使信徒確信張府千歲是值得敬拜的神祇[24]。

雲林安西府領袖在理解自己的神明為張巡後，剛好台灣解嚴，兩岸宗教交流逐漸開展。他們乃得以從事到大陸尋找張巡祖廟的尋根之旅，再度深刻化其敬拜的張府千歲。此尋根之旅由安西府主導，結合分香子廟桃園永安宮、板橋乾安宮、高雄安巡宮、豐原朝龍宮等約 79 名信徒，在 1993 年 11 月跨海遠赴大陸河南省商丘縣參與第一屆忠烈節會議。他們用儒家祭拜祖先、神明的科儀，撰寫祭文，緬懷張府千歲。在祭文中指出：

> 「張府『王爺』護國救世真君之尊前曰：善哉王爺，進士成神……」（五條港安西府管理委員會，1995：14-15、51-64）

---

[24] 康豹將王爺分為瘟神、厲鬼、鄭成功部將等歷史人物等幾個類型，其中張巡、蕭何等歷史人物，在其看來也是王爺的類型之一。（康豹，1998：2；蔡相輝，1989：17-19）

用「王爺」的稱呼來指涉張巡，是台灣區張巡信仰的另一特色，而安西府也在返鄉謁祖之旅中，再次確認張巡為張府千歲王爺。

然而在安西府確認張府千歲為張巡後，卻又在張巡神譜序中，把祂視為「保儀尊王」或「都天大帝」。（台北北德宮編印，1989：5）前者為北台灣安溪人對張巡的尊稱，並不流行於雲林地區的信仰群眾；但是它做這種描述，就可以讓雲林張府千歲、集應廟與忠順廟的張巡信仰產生連結。事實證明這些廟宇間在後來彼此進香交陪，應該是將張府千歲視為張巡有關。

儘管在不同地區的廟宇組織，對張巡擁有不同的尊稱，卻不妨害他們同屬同一信仰的可能[25]。雲林安西府祭拜張千歲兩百餘年，直到 1987 年才由姚丙丁請乩生確認千歲爺為張巡。這種「問乩」的民間宗教現象，至今在台灣非常普遍。當乩生對信徒的指示或說明，形同神的律令。張千歲轉化為張巡，即在問乩的信仰脈絡中被信徒深信。

因此，張巡除了被皇帝敕封成神，也被民間宗教的神職人員，經由「降乩」的方式，藉「刑府王爺」附體於乩生，敕封張千歲為張巡。雲林安西府的信仰群眾，透過問乩、史實及尋根之旅等三因素得知，他們崇拜的是唐朝殉死的偉大將軍，使其信仰更具合理性，進而強化對張千歲的信仰。

---

[25] 根據景美集應廟總幹事的說法，他就想理解全台張巡信仰的廟宇，而希望能成立張巡信仰聯誼會。（2012.2.6 深度訪談）

## 三、厲王爺殉死爲「厲」後顯靈，抵禦外族入侵

張巡及其部將死守睢陽城，最後城破殉死。根據《舊唐書》記錄：

> 「巡神氣慷慨，每與賊戰，大呼誓師，眥列血流，齒牙皆碎。城將陷，西向再拜，曰：『臣智勇俱竭，不能式遏強寇，保守孤城。臣雖為鬼，誓與賊為厲，以答明恩。』」

這種寧死不屈，死後為厲鬼，對抗敵人的作為，保全大唐江山。事後被李瀚、韓愈、文天祥等儒者，推崇祂的英「厲」事蹟，成為後世讀書人效法的「正氣」典範。而祂殉死為「厲」的形象，則變成民間信仰者心目中非常勇敢、偉大，足以對抗各種妖魔鬼怪的保護神。

在金門地及台南區張巡被信徒稱為「厲王爺」，就隱含這兩者意涵。在張巡廟宇的碑刻皆記錄其忠烈「厲死」的事蹟。為朝廷盡忠守節的大義，殉死維護唐王室的偉大功勳。然而，金門厲王爺的神格，在張巡當年殉死的基礎上，發展出張巡英勇率軍的「神蹟」，認為張巡曾顯靈帶「陰兵」助戰，打敗倭寇入侵金門。

張巡成神後，民間筆記、小說、神話故事中，說明祂會率領天兵、天將[26]，協助官員抵擋「外族」入侵，保護先民來台墾荒時，抵禦「原住民」。張巡死後為「厲」王，變成信

---

[26] 如《雙忠記》、《摭青雜說》皆曾說張巡顯靈的事蹟，祂率領天兵天將，協助官員平亂。（呂宗力、欒保群，2002：503-504）

仰者從事武裝鬥爭，對抗異族的重要守護神。不只金門地區有張巡顯靈協助官兵抵擋外族的神話，在北台灣的「尪公」，則有協助安溪人對抗平埔族人，保護安溪人墾植領地的傳說。張巡顯靈幫助官兵獲百姓對抗外族的故事，橫跨大陸、金門與台灣，這應傳承於祂死之前，對抗外族（安祿山）之亂，而最後壯烈殉死的情境有關，使祂變成安邦護民的「厲王爺」。

厲王爺的神格至此變成歷史上英勇抵抗外族而殉死全節的將軍，是朝廷及儒教肯定的「神祇」。另一條脈絡則是祂會顯靈，發揮當年的英勇事蹟，安邦定國，保鄉衛民；這是民間信仰者對祂宗教功能期待與流傳的神話。這二元信仰脈絡，同時存在於厲王爺的信仰群眾中，對「厲王爺」的神格認知與情感認同，也變為金門及台南地區將張巡視為「厲王爺」的特色。

## 四、朝聖祖廟後，再詮釋配祀神祇，強化張巡信仰

原本在大台北盆地集應廟系統與雲林五條港安西府，分別各自祭拜尪公與張千歲。張、高、林三氏祖先祭拜尪公，認定其為張巡，稱之為保儀尊王。雲林五條港先人祭拜張府千歲，直到民國 70 年代，經由問乩，也確認張府千歲即是張巡。

這兩個信仰體系，配祀神格不相同。集應廟系統配祀神為許遠及張巡夫人（林氏夫人或申國夫人），後者被信眾暱稱為「尪娘」。雲林安西府配祀神則為李府千歲與莫府千歲，這

兩尊神也在民 70 年代，經由乩生確認為唐朝大臣李泌與張巡部將－莫英。

隨著兩岸交流解禁，台灣地區民間宗教與佛、道兩教掀起回大陸「謁祖尋根」的熱潮[27]。保儀尊王與張府千歲的信仰群眾，也在此背景下，重回大陸「祖庭」尋根謁祖，信徒在宗教朝聖之際抒發情感。而張巡信仰的廟宇系統組織，從此可以與祖廟直接聯結，而提昇自己廟宇的靈力，進而獲得信徒的認同。

台北集應廟系統回到福建安溪大坪，發現其祭拜的神祇，到家鄉時卻變調的「鄭保惠」，並未更改其信仰與家鄉耆老一致。反而，堅持其信仰，認定張巡即是保儀尊王；而且，進一步回到河南省商丘縣祭拜「雙忠祠」中的張巡。在祭拜之後返台，木柵集應廟則增加南霽雲、雷萬春兩個神將，下圭柔山集應廟新雕南霽雲、雷萬春、賈賁、姚誾四尊神像，更改廟名為義山集應廟－雙忠行祠。

雲林安西府也出現類似的情形，在其頭人尋根謁祖後；從大陸商丘張巡祠返台，增刻南霽雲、雷萬春兩尊神像。放置於張、李、莫千歲的神殿之前供信徒膜拜。

這種在張巡信仰神殿中，增加兩個或四個張巡部將為配祀神祇，既豐富原有的信仰，也重新回到唐代張巡、許遠一起殉死的「忠烈」歷史脈絡，讓既有的張巡民間信仰，再次

---

27　黃寶瑛，2008，《兩岸宗教交流模式之研究（1987-2008）－以政教關係論述》，台中大甲媽祖廟最早於 1987 年違反大陸湄洲祖廟交流。打破當年政治禁忌，而開放兩岸宗教的門戶。

取得儒教封張巡為神的信仰正當性[28]。

　　原本張巡最早於唐肅宗被敕封，是皇帝依儒教的傳統肯定其英烈殉國而為祂立廟。然而，輾轉傳到台灣的張巡信仰，已經擴張為具備儒、釋、道三教的意涵，成為華人民間宗教的神祇。而在宗教領袖返鄉尋根謁祖後，回溯張巡與部將共同殉死的歷史史實，乃重新雕塑其部將於張巡殿堂中。既回到儒教歌頌、敬拜張巡與其部將的忠勇事蹟史實，也使得張巡變成諸多部將（神祇）簇擁的偉大神祇，而這是宗教領袖再次詮釋原有信仰後，而改變神殿既有祭祀神祇空間，帶給信徒的印象與效果。

# 伍、與張巡信仰相關科儀及其功能

## 一、多種聖誕日期

　　信徒在神明生日時為祂祝壽，稱之為「祝聖」，是民間宗教、道教、佛教與儒非常重要的宗教活動。張巡信仰橫跨民間宗教、道教與儒教，此三教的信仰者對張巡聖誕各自解讀。因為張巡何時誕生，歷史未明確記載，因此當祂成神後，後

---

[28]　張巡與許遠合祀稱為雙廟，外加南霽雲、雷萬春、賈賁則為五王廟。到明朝將張巡、許遠當作主神，配祀南霽雲、雷萬春、賈賁、姚誾四人，稱為協忠廟，是明朝宣德年間知州李志徙於歸德府所建。（呂宗力、欒保群，2002：508）

人對祂的聖誕，就有不同日期的看法[29]。台灣地區奉祀張巡的廟宇，在此背景下，在不同的日子為張巡「祝聖」。

　　台北集應廟系統包括木柵集應廟、小坪頂集應廟、下圭柔山集應廟、八里安公盟等，以農曆二月初一為張巡祝聖。景美集應廟則認為張巡聖誕日期是農曆二月初二，農曆二月初一則是張巡夫人誕辰。

　　集應廟系統選擇農曆二月初一或初二當作張巡的聖誕，而祭拜祂，可能與傳統「歲時」祭拜有關。根據唐肅宗當年追封張巡，為祂在睢陽城立廟，派朝廷命官「歲時」與祭。歷史上沒註明歲時的具體時間，祂可能是「春秋」兩祭，也可能是「春天」或「秋天」時期的祭典。農曆二月初一為春天第一個「牙祭」，在此時祭拜張巡，相當符合傳統儒家祭拜先人的習俗，然而我們也不敢就此論斷傳統朝廷「歲時」與祭張巡就在此時。

　　木柵忠順廟系統則在農曆四月十日祭拜張巡，被《保儀大夫安公經》再次確認於當天誕生，該系統中的各廟宇，皆

---

[29] 根據道教總廟三清宮編撰的《道教諸神聖紀》，張巡生於唐中宗景隆三年（709）四月初八，或五月十八日，另一說法為五月廿五日，而在唐肅宗至德二年（757年）十月初九日殉死。（道教總廟三清宮，2008：86）根據安西府頭人在桃園永安宮問乩，得知張巡的聖誕為四月初八，此說法可能影響《道教諸神聖紀》中張巡聖誕的日期。（台北北德宮編印，1989：29）筆者以為這些說法都只是揣測，因為張巡出生日在歷史上沒有記錄，後人乃用各種方法推敲其聖誕。就像關聖帝君聖誕一樣，中國大陸北方以農曆五月十三日祭拜關聖，台灣地區以農曆六月廿四日為關帝聖誕，金門地區則選擇農曆正月十三日為其祝壽。

在此時為張巡祝壽[30]。

　　雲林五條港安西府系統包含桃園永安宮、布袋新厝安南府、台東皇天宮與台東安東府等廟宇，他們受母廟安西府的影響，選擇農曆六月十日祭拜張巡。由於當年五條港先民在乾隆六十年農曆三月十日接到竹筏上張李莫千歲的香火，本來以這天當作張巡聖誕。但由於此時正是農忙季節，村民無法為張巡祝壽，乃在張巡神像面前擲筊，確認延後一季，即農曆六月十日農閒時候為祂祝壽。從此，以農曆六月十日當作張巡聖誕已經超過一百年。（2012.3.6社會調查資料）

　　金門與台南屬王廟宇系統，則選擇農曆九月九日為張巡誕辰，當天為民間重陽節，也是中壇元帥聖誕。屬王廟宇以農曆九月九日當作張巡聖誕，比較接近儒家「歲時」與祭的概念。如果說台北集應廟系統信眾在春天祭拜張巡，金門與台南屬王廟系統信眾則在秋天祭拜張巡，這也符合傳統朝廷歲時祭拜的習俗[31]。

　　至於嘉義雙忠廟本來選擇農曆十二月初八日祭拜張巡，這可能與市面上流傳的通書《玉匣記》中的〈神佛聖誕表〉雷同。（許真君原著、吳國誌重編，2002）范純武在考察嘉義地區雙忠信仰時發現《台灣南部碑文集成》，十二月初八為張英濟王聖誕。（范純武，2003：142）這說明張巡聖誕在嘉義

---

[30] 另外一本經《保儀尊王顯靈武安真經》則說張巡誕生日為五月廿五日。張巡的誕生因為扶鸞的經文而產生不同的主張，是可以合理理解。經文往往作為強化自己廟宇主神原有的聖誕、科儀，強化信徒對保儀尊王信仰的合理認同。

[31] 明皇朝祭拜張巡為農曆9月20日。（范純武，2003：45）

地區的特殊性，完全異於台灣地區其他廟宇為張巡祝聖的日子[32]。

　　由上面討論得知，張巡聖誕就像歷史人物成神後聖誕一樣，由於不清楚其真正誕生的日期，因此只好任由各廟宇根據自己傳統選擇合適的日期為張巡祝壽。受傳統朝廷「歲時」與祭張巡影響的廟宇，如台北集應廟系統與金門屬王爺廟系統，各自選擇春天或秋天時期祭拜張巡。至於雲林五條港安西府系統則選擇農閒時期祭拜張巡。嘉義雙忠廟受民間通書影響，在歲末祭拜張巡。這種多個時期在不同廟宇為張巡祝壽，也說明瞭台灣民間宗教神譜學中神明聖誕的複雜與分歧性。每個廟宇各有其堅持為張巡祭拜的日期，不僅如此，為張巡祝聖的方式也大不相同。

## 二、豬公祭、遶境與禮敬、保平安

### （一）維持傳統儒家豬公祭典，表達對張巡最高禮敬

　　張巡聖誕時不同廟宇對其祭拜的科儀也出現重大的歧異，然而這些祭拜科儀也常見於不同神譜聖誕時的表現。包括傳統儒家祭拜天地鬼神的牲禮、遶境、廟會、禮斗、三獻禮、普施、拜天公、進香等方式慶祝張巡聖誕。

　　以台北集應廟系統為例，張氏集應廟包括木柵集應廟、小坪頂集應廟、下圭柔山集應廟三個廟宇，他們用九年輪祀

---

[32]　根據嘉義雙忠廟廟方的說法，現在要把張巡的聖誕從農曆十二月初八更改為農曆五月初八。他們認為農曆五月初八才是真正的誕辰。（2012.4.9電話訪問）

的「豬公祭」[33]祭拜張巡。依據大坪張氏九房輪祀傳統，木柵集應廟由七房供奉老祖七年，小坪頂與下圭柔山各有一房，各供奉老祖一年。當張巡「老祖」神像要離開廟宇到其他廟宇時，稱為「過頭」，該廟宇歡送老祖，就得鳩眾「殺豬公」慶祝。這是維持儒家鄉紳階級（士）祭拜天地、神祇、祖先時，用「豕」[34]祭拜張巡的傳統。2011 年農曆二月六日老祖神轎從下圭柔山集應廟被送到小坪頂集應廟，此時下圭柔山集應廟殺豬公慶祝。在小坪頂供奉一年後，再由小坪頂集應廟信徒歡送老祖到木柵集應廟。該廟信徒於 2012 年農曆二月一日先行豬公祭。小坪頂集應廟當天，信徒準備約 100 頭豬公，在集應廟廣場、馬路周邊空地及自家門口擺設豬公祭的香案，於下午一時祭拜天公，祭拜後再祭拜張巡及其夫人，最後犒賞五營兵馬完成儀式。這三個廟間以九年一次為週期，在老祖離開該廟之前，送到另一個廟宇時，為該廟九年一次盛大的「過頭」科儀，過頭時廟方就得鳩合信徒殺豬

---

[33] 豬公祭典在台灣北部相當盛行，例如淡水八庄輪祀保生大帝，八個庄頭每年輪流祭拜大道公，每個庄頭隔九年殺豬公慶祝保生大帝聖誕。三峽祖師廟、林口竹林山觀音寺、蘆洲湧蓮寺等橫跨民間宗教與佛教主神的廟宇，也都保留儒家以豬公祭典，祭拜神明的傳統。

[34] 根據《禮記》：天子祭拜天地神祇祖先，用牛祭拜，稱為「太牢之禮」；諸侯用羊祭拜，稱為「少牢之禮」，士大夫用豕祭拜，稱為「饋食之禮」。（王聘珍撰；王文錦點校，1993）台灣道長認為用豬公祭拜張巡，因為張巡為血食之神，必須使用全豬祭拜，而且他身前慘死，也是成為血食之神的原因。（林傳凱，2007：53）這種論述是道士不求甚解的說法，依儒家周朝以來的傳統，祭拜天地、聖賢、祖先皆可用牛、羊、豬來表達禮敬，這些牲品稱為「犧牲」，取代傳統商朝用活人祭拜的習俗。

公、迎老祖、遶境或舉行廟會，這些風俗變成張氏集應廟的
特色。由於過頭的時間牽涉到廟際間的往來，因此必須先行
協調，張氏集應廟頭人於 2012 年農曆元月十五日在小坪頂集
應廟先行協調，確認在農曆二月十一日舉行過頭儀式。
（2012.2.22 社會調查資料）

## （二）遶境與保平安、驅蟲

　　過頭當天，老祖從小坪頂集應廟被敦請到木柵集應廟，
包括小坪頂、木柵、下圭柔山及八里的尪公信仰者準備南北
管、神將、神轎等陣頭，齊聚在小坪頂集應廟廟埕，祭拜尪
公後，將老祖、尪娘迎送到神轎中，一路從小坪頂、北投稻
香路，前往台北萬隆林氏集應廟。在承德路幾組尪公神轎展
演傳統「拼轎」的科儀，重溫當年尪公神轎在農田中用拼轎
驅蟲保平安的傳統。之後再至萬隆集應廟，萬隆廟方則派陣
頭迎接老祖，隨後加入遶境隊伍中。

　　在萬隆集應廟地區沿著傳統遶境巷弄，供信徒膜拜。然
而，萬隆地區擺設香案祭拜尪公的信眾，只有兩三戶人家，
可見台北萬隆地區的尪公信仰急遽萎縮。[35]整個陣頭用車隊
繞街的方式，經過景美高氏集應廟，再回到木柵集應廟。

---

[35]　1970 年代之後，尪公信仰在台北市區內急遽萎縮，從景美、萬隆地區尪公
　　神轎遶境沿途信徒香案的擺設即可看出，遠不如在淡水小坪頂、下圭柔山
　　及木柵集應廟信徒對尪公的尊敬。這可能與台北市區快速都市化、工業化
　　有關，導致高度的人口流動，使農業時代依附於土地的農民可望尪公來驅
　　蟲的宗教心理不復見。再加上國民黨政府於 1970 年代以改善民俗為理由，
　　打破原有尪公在台北市區輪祀的傳統，用媽祖誕辰取代尪公輪祀，逐漸使
　　得部分台北地區傳統尪公信仰者對尪公的期待，轉而祭拜媽祖。

　　稍作休息後，於當天中午在木柵地區遶境。老祖神轎與簇擁神轎的陣頭從木柵集應廟出發，陣頭包括四類，第一類是張氏集應廟系統的陣頭，第二類為木柵集應廟爐主或信徒提供的陣頭，第三類為張、高、林三姓氏的集應廟系統，最後為與木柵集應廟交陪宮廟派出的陣頭。合計約上百個陣頭投入 2012 年木柵地區的遶境。從木柵集應廟出發，以木柵地區老街為遶境範圍，經由保儀路、木柵路、辛亥路、木新路，路過忠順廟，再折回木新路、永安街、保儀路、木柵路、萬壽橋、新光路、道南路、指南路、保儀路，經過聖母宮，再到木新路、永安街，路過天和宮，再從木柵路三段返回集應廟。

　　文山地區張氏族裔與當地民眾至今對張巡出巡遶境，仍抱持高度期待，這項傳統從日據時代維持至今，幾乎從未間斷。整個文山區老祖神轎路過之處，不少商家門口擺設香案，祭拜張巡。期待神明能夠保護領域內的信徒平安。

　　張巡神轎除了在市區遶境以外，文山區的木柵集應廟與忠順廟都保留迎請張巡神轎到木柵山上茶園遶境的習俗。根據過去祖先留下的傳統，安溪人種茶，茶園中容易吸引「金龜仔」、「草蜢公」啃食茶葉。此時請張巡神轎到茶園驅蟲，先人認為相當有效，傳說張巡當年死守睢陽城，沒有糧食奧援，他率領守軍抓老鼠、昆蟲當作食物。因此，後人認為祂成神後，仍然擁有抓蟲的功能，張巡成為台灣地區在農業社

會時代非常重要的「驅蟲之神」[36]。（林傳凱，2007：51；鈴木清一郎，1989：527-528；2012.2.6社會調查資料）

　　過去大台北地區於清領、日據及國民黨統治時期（1970年代之前），約 200 多個聚落會邀請張巡驅蟲，稱為「迎尪公」，在農曆正月開始到五月，就出現迎尪公的活動，如大台北地區的松山、大安、中山、木柵、安坑、景美、新店與大坪林都在正月迎尪公，南港、士林、青潭、基隆、永和在農曆三月或四月輪流祭拜尪公，三芝、淡水則是五月祭拜尪公。在 1970 年代之後，國民黨介入尪公信仰，用改善民俗的理由要求尪公信仰者統一於農曆三月廿三日媽祖聖誕時祭拜尪公，國民黨成功轉化了大台北地區大部分部落輪庄輪祀祭拜尪公的傳統，但是也有少數地區如青潭、木柵、景美、北投仍然維持其祭拜尪公的傳統。（林傳凱，2007：127-132、140-147）此時的迎尪公，皆希望祂能驅蟲，但是農業社會轉型為工業、後工業社會後，不再需要耕種，尪公驅蟲的功能需求萎縮。然而今天尚保留尪公遶境、過頭、迎尪公的傳統科儀。是部分集應廟宇信徒的需求、宗教領袖展現廟方宗教組織動員實力、廟際間交陪能力與廟宇宣傳尪公信仰的結果。

　　現在保存遶境傳統的廟宇除了張氏集應廟群外，木柵忠順廟也會於每年農曆四月十日張巡聖誕時遶境，汐止忠順廟

---

[36] 在中國大陸過去農業時代也有驅逐蝗蟲之神，如宋劉錡、劉銳、南宋劉宰漫塘、元末劉猛等人，都被封為驅蝗蟲神。（呂宗力、欒保群，2002a：374）

偶爾也遶境[37]。景美集應廟則於農曆十月十五日在景美地區請張巡神轎遶境[38]。廟宇迎尪公變成遶境保平安，與廟方宣傳尪公信仰的重要活動。

## （三）禮斗、三獻禮、拜天公、醮、佛教法會與求壽、祈福

　　張巡信仰廟宇體系於張巡聖誕時，除了遶境、豬公祭之外，也用道教、民間宗教、佛教的科儀敬拜張巡。以集應廟系統為例，當該廟沒有主辦九年一次遶境，就在廟裡舉行禮斗科儀。既為張巡祝聖，也為信徒祈福、延壽。像 2012 年下圭柔山集應廟一方面在農曆二月初一於自己廟中舉行禮斗科儀，另一方面於農曆二月十一日，派陣頭參與木柵集應廟「過頭」迎老祖回木柵的遶境。類似的情況也出現於景美集應廟。

　　木柵忠順廟每年舉辦遶境，同時辦理三天禮斗法會，在禮斗法會第一天先行拜天公與舉行三獻禮儀式，異於木柵集應廟系統，只要舉行遶境就沒有辦理禮斗法會的現象。

　　有些廟宇如雲林五條港安西府、桃園永安宮皆於農曆六

---

[37]　汐止忠順廟在 2011 年張巡聖誕曾舉行遶境，但是廟方決定 2012 年以後不一定年年舉行，礙於廟方的財務、信徒參與熱情程度而決定暫緩。（2012.4.9 電話訪問）

[38]　景美集應廟由五甲輪流值年，此五甲分兩輪來承擔遶境祭拜尪公事宜，第一輪五年輪值的五甲，包括北投、頭廷魁、十五份、台北市北區、景美與溪子口等，第二輪五年輪值的五甲為北投、深坑、木柵與內湖、新店與大坪林、台北市南區等。（景美集應廟，2012：1）然而根據深度訪談該廟高總幹事，認為部分輪值的甲份將祭祀公業變賣，不再參與輪值，另外部分輪值甲份信仰虔誠度降低，投入遶境意願不高，未來遶境可能由廟方主導整合，重新調整輪值的傳統。（2012.2.6 社會調查）

月十日於張巡聖誕用拜天公、三獻禮為祂祝壽。在民間信仰者心中，神明聖誕先行祭拜天公，再拜自己主神是合理的安排，因為玉皇大帝是最高位階的神明，理當事先敬拜。因此，這些廟宇為張巡祝聖，往往禮敬天公在前，再用三獻禮祭拜張巡。[39]

　　也有少數廟宇在張巡聖誕，舉行道教的醮儀或佛教法會，為其祝壽。像金門地區厲王爺廟系統於農曆九月九日張巡聖誕時，延聘道士舉辦一日的醮儀。在醮儀當中，也點亮斗燈，用牲禮祭拜厲王爺，幾乎未見台灣集應廟系統以全豬祭拜的現象，只有用豬頭來拜厲王爺[40]。

　　另外，佛教科儀滲入到台灣地區部分張巡信仰廟宇，例如雲林五條港信仰系統的嘉義布袋新厝安南府、台北汐止忠順廟、台南厲王廟等廟宇，都出現唸誦佛經為張巡祝壽的現象。展現出台灣張巡信仰系統的儒、釋、道三教相容並蓄現象[41]。佛教科儀經典出現在道教、民間宗教科儀或是佛教法會進入到民間宗教本來就是台灣民間宗教特色之一，此與廟方領袖願意接納佛教及佛教法師廣傳佛教經典有密切關聯，

---

39　三獻禮是儒教、道教傳統對神明聖誕舉行的科儀。由廟方領袖自己主持或
　　邀請地方政治領袖擔任主獻官，在禮生唸誦疏文之後，依序獻香、獻燭、
　　獻花、獻爵、獻茗、獻饌、獻果、獻圭、獻帛等。獻畢之後，禮生會喊望
　　燎，焚化金帛與疏文，完成整個三獻禮科儀。只要傳統朝廷敕封的神明，
　　朝廷派遣命官祭拜該神的聖誕，幾乎都有三獻禮的科儀。像台灣地區尚保
　　留對孔子、關公、媽祖、城隍等神明，在聖誕時用三獻禮的科儀祭拜。

40　2012.4.09 金門烈嶼上林厲王爺宮的電話訪問。

41　在下圭柔山集應廟的禮斗法會，也看到誦經生唸誦佛教經典為張巡祝壽與
　　為信徒求福延壽。（2012.2.22 社會調查）

在嘉義新厝安南府會用佛教法會來敬拜張巡是由該廟領袖－
靈乩在神附體以後的指示，形同具神職的宗教領袖理念影響
了張巡信仰的敬拜方式。（2012.4.9 電話訪問）

## （四）扶鸞[42]、叩問[43]與教化、靈療

　　台灣張巡信仰深受民間宗教各種儀式的影響，像鸞手扶
鸞或乩童叩問儀式，都曾經滲入部分張巡信仰廟宇。[44]

　　石碇集順廟在清末曾經和鸞堂結合在一起，集順廟的二
樓現存明德宮，主祀孚佑帝君。在明治 35 年（1902）為明善
堂，從指南宮分香而來。曾經出版《活世用新》，書中曾說明
康熙時候史金標生前積善，死後成神，而擔任石碇集順廟的
保儀尊王。[45]

　　除了石碇集順廟外，汐止忠順廟也在民國 86 年（1997）

---

[42]　扶鸞是指民間宗教重要科儀，最早出現於魏晉南北朝，陶宏景撰寫的《真
誥》是最早的鸞書，在真誥中降乩的神明有魏華存、紫姑神。現在台灣地
區不少廟宇仍保留此古老科儀，請仙佛附體於鸞手上，推動鸞筆在鸞桌
上的沙盤或鸞台寫字，在由唱生唱出文字，紀錄生紀錄鸞文。這些紀錄可
以分為教化的經典、詩詞，也可當作信徒詢問神明問題的解答。前者可以
出版成為鸞書，後者經常是廟宇服務信徒的私人記錄，很少出版。

[43]　叩問是指信徒到廟宇詢問被神附體的乩身，乩身代表神明書寫文字或口語
回答信徒問題，乩身分為開口或閉口乩身兩類，都需要旁邊助手－桌頭協
助，仔細說明神明的指示。主持叩問的乩身大部用白話文或動作回應信
徒，異於扶鸞儀式的鸞手，他們大部分以文言文傳達神的旨意。

[44]　扶鸞儀式本來常見於台灣民間宗教或民間宗教制度性的教派如一貫道、天
道、天帝教、天德教、紅卍字會與三聖與五聖恩主信仰系統；乩童叩問儀
式也可見於慈惠堂系統、保生大帝廟宇系統。

[45]　鸞堂出版的鸞書經常有鸞生或前代的善心人士死後成神的紀錄，藉此鼓勵
信仰者積極投入鸞務，把參與鸞務當做在世修行，為來生成神做準備。

以扶鸞寫出《保儀大夫安公經》上下兩卷。（無極道白崇玄，1997）。在經典中為張巡作傳，說明保儀大夫就是張巡，也是文安尊王、張府千歲、都天大帝、靖魈菩薩。形同把張巡在歷史上不同時空的稱呼做總結，甚至將清皇帝封張巡為「都天之神」，升格為「都天大帝」，把大陸浙江地區稱張巡為「青鬼魈菩薩」，轉化為「靖魈菩薩」。也指出他的聖誕為農曆四月初十，確認忠順廟信仰系統在當天為張巡祝聖的合理性。

　　在經文闡述張巡出生、功績，成神後隨著移民到福建、台灣。祂擁有保平安、驅鬼、伏魔、驅蟲、保護英靈的功能。再用五言及七言詩詞闡述儒、釋、道三教理念，希望信者唸經修行，肯定張巡的豐功偉業，期待張巡顯靈安邦定國，最後看破生死名利而明心見性，最後終成佛道。整本經文隱含豐富的儒、釋、道三教精神，稱頌張巡顯揚儒家忠烈道德，擁有道教諸多法術保護子民，弘揚佛法未來得與張巡同樣成神。希望將經文成為善書，變成張巡信仰群眾共同閱讀的經典。然而此經的流傳相當有限，只有在北台灣忠順廟系統及部分集應廟系統可見到此經，中南部及金門外島的安西府、雙忠廟、厲王廟等系統，則鮮少流傳此經。

　　另一本鸞文為《保儀尊王顯靈武安真經》[46]，則將張巡視為「保儀尊王」及「武安尊王」；異於《保儀大夫安公經》

---

[46]　根據訪查《保儀尊王顯靈武安真經》由永和福德宮誦經團委請新北市中和區七海印刷於 2010-2011 年間出版，（2012.4.19 電話訪問）由於本經文從未註明出版廟宇、作者，因此只能從經文內容指出保儀尊王「為國心獻志，於率河南省，為光州固始，高林張三姓，移泉州安溪……」估計本經是由大台北地區高林張三姓集應廟系統扶鸞扶出的鸞文。

稱張巡為「保儀大夫」、「文安尊王」。本經與保儀大夫經雷同，
先說明張巡的功績，被肅宗皇帝敕封，歲時祭祀於睢陽雙忠
廟。

　　張巡成神後，被尊稱為張府千歲，也被玉皇大帝加封為
保儀尊王。前者說明安西府張府千歲就是張巡，後者則將張
巡為保儀尊王的說法，提升為玉帝敕封。當保儀尊王的稱呼
得到玉皇大帝的肯定，足以安定信徒認同張巡信仰的宗教心
理。在本經進一步說明保儀尊王的各種功能包括平安、化解、
虔誠光明、賜福、賜禎祥、祖先超渡、雙親享高壽、平步青
雲、農村及漁民豐收、驅蟲、工廠及商賈順利、有子嗣、治
病及長壽等，此時，張巡已經轉化為多功能之神。

　　這本經文將保儀尊王在台發展過程中曾經出現的各種功
能，如械鬥時保護、防出草之害、驅除蟲害、維持灌溉水源、
保平安及醫治等傳統功能高度擴張；（林傳凱，2007：48-55）
祂變成化解人在世上各種困境及實踐信徒各種願望的「大
神」。超越傳統保儀尊王的功能，連士農工商的各項需求皆可
滿足；一般信徒懇求福祿壽喜，保儀尊王也給予滿足；甚至
超渡祖先也成為保儀尊王的新功能。因此，經文將保儀尊王
功能擴張到極致的結果，祂已經成為「無所不能」的神祇。

　　另外，在台南地區厲王爺廟宇則出現張巡降乩於乩童身
上，用叩問儀式為信徒做宗教靈療。根據研究指出，信徒犯
煞而導致神經錯亂，或重病不癒，厲王皆能降乩，用「祭解」、
「賜福」、「開藥方」的方式，恢復患者健康。（陳威廷，
2002.12：305）這種靈乩治病的宗教靈療活動，說明厲王爺
系統為台灣民間宗教的一環，張巡降乩於乩童猶如其它神明

降乩一般，為信徒化解身心靈各種障礙。

在厲王爺信仰系統之外的安西府，也有降乩活動。嘉義布袋新厝安南府乩童指示張府千歲聖誕必須唸誦佛經，用佛教法會的方式祝聖。（2012.4.9 電話訪問）

扶鸞與降乩使張巡信仰的功能擴張，出版的經文不斷確認張巡在台各地的各種稱呼及張巡出生、功績，儘管經文流傳有限，但是 1997 及 2010 年出現的經文指出張巡為保儀尊王或保儀大夫，皆是偉大的神祇，而非地方性的小神。

# 陸、討論與結論

## 一、討論

### （一）多元樣式

當代台灣張巡信仰型態無論從信仰淵源、張巡的稱呼、廟宇系統、配祀神及為張巡聖誕舉行的宗教科儀等皆呈現「多元樣式」，與大陸地區的張巡信仰有極大的差異。

台澎金馬地區百姓祭拜張巡可以劃分為北部集應廟系統、忠順廟系統，中部則以雲林五條港安西府系統為代表，台南與金門則為厲王爺廟系統，嘉義及北部有少數的雙忠廟系統。每一個信仰系統對張巡的稱呼出現重大的差異，北部地區稱張巡為尪公，然而集應廟以保儀尊王稱呼張巡，忠順廟則以保儀大夫稱呼祂。到了雲林安西府則把張府千歲當作張巡，在金門與台南則認為張巡為厲王爺，嘉義地區的雙忠

廟系統則把祂當做雙忠王。這種廟宇系統的歧異造成對張巡稱呼的不同，是台灣張巡信仰型態一項特色。

張巡信仰型態的另外一項特色為張巡聖誕日子不一致，信徒為祂祝聖的方式也大不相同，表現出來的各種科儀，也造成信徒對張巡發揮功能的期待有所差異。北部張巡廟宇系統經常在張巡聖誕時舉行遶境，遶境除了保護信徒居住領域的平安外，在大台北盆地種茶地區，無論是集應廟或忠順廟系統，信徒都會將張巡神轎抬到山上環繞茶園，維持傳統張巡驅蟲的功能。

在北部集應廟系統尚保留在張巡聖誕前九年一次輪祀、過頭的豬公祭。豬公祭典普遍見於台灣北部幾個信仰體系，包括保生大帝在淡水八庄輪祀、湧蓮寺國姓爺聖誕的豬公祭、三峽祖師廟每年正月祖師爺誕辰豬公祭、林口竹林山觀音寺的豬公祭，或桃竹苗地區義民爺祭典的豬公祭。這是儒家信仰以士大夫階級祭拜神祇、太廟祖先的重要傳統，也出現在北台灣集應廟系統對張巡的祭拜。

張巡聖誕在北部集應廟與忠順廟系統尚用傳統民間宗教或道教的禮斗來為張巡或信徒祝壽祈福。在這些廟宇舉行禮斗法會前大多會祭拜天公，祭拜天公後再用儒家的三獻禮祭典為張巡聖誕祝壽。

到了安西府系統為張巡祝壽的方式就出現重大的差異，他們不用豬公祭、禮斗法會來為張巡祝壽。而用團拜、廟會的方式來慶祝張巡聖誕。到了金門屬王爺系統在張巡聖誕，以一天的「醮儀」來慶祝張巡聖誕。

從上面的討論可以得知台灣張巡信仰的多元性格，台灣

地區信徒對張巡的稱呼幾乎從未在中國大陸出現過。發展出信徒與神親密且神聖的關係，將張巡視為尪公，展現出張巡與信徒之間的親密性。皇帝封張巡只到侯的地位，台灣信仰者則把張巡封王，稱祂為保儀尊王、武安尊王、保儀大夫或張府千歲，幾乎都擁有王的神格，展現信徒對張巡的尊稱。敬拜張巡的方式則涵蓋儒、釋、道三教的科儀，包括儒教的豬公祭與三獻禮、道教的醮儀與禮斗、佛教的法會及民間宗教與道教的扶鸞、叩問、遶境等科儀，展現出台灣地區張巡信仰型態的多元樣式。

## （二）再詮釋

### 1.對儒家思想、科儀的傳承與再詮釋

Watson James 對漢人宗教神譜的理解，從皇帝封神與民間社會對神明的自主詮釋空間兩個脈絡來解讀神的意義與功能。對傳統君主體制下的漢人多神論，具有相當大的解釋功能。然而，由傳統步入現代化、後現代化的台灣社會，君主專制的皇帝封神早已不復見，所以我們無法再用皇帝封神來建立「標準化」的正信信仰，來解讀當代台灣地區儒釋道三教神祇的信仰型態。

儘管如此，皇帝封神目的在發揚儒家偉人典範的內在意涵，仍然在台灣得到當代民族國家建立所需要的道德律所支援。張巡殉死的忠烈表現，在唐之後得到李瀚、韓愈、文天祥等儒者高度推崇，也在台灣當代教育中持續傳承。在國民黨官方的教科書中推崇張巡、許遠為對抗外族入侵、安邦定國的歷史偉人，使得台灣地區國家教育機制下，不斷賦予張

巡忠烈形象，對孩童從事「政治社會化」的形塑，讓他們認同張巡典範，進而認識儒家忠孝節義精神。這種作為無形中為當代台灣地區的張巡信仰提供豐富的養分，使百姓祭拜張巡擁有崇拜偉人的宗教信仰合理基礎。所以當代台灣形式上沒有皇帝封神，實質上仍傳承皇帝封神的儒家倫理道德規範[47]。

2.乩生封神與宗教領袖對張府千歲的再詮釋

安西府信仰張府千歲歷經兩百餘年，直到 1970 年代安西府廟宇的宗教領袖才認真思考張府千歲究竟為誰。為了探索祭拜主神的淵源，他們採用台灣民間宗教「問乩」的方式，當乩生被神降駕後，告知安西府領袖張府千歲即是張巡。這種用問乩的方式再度肯定信仰主神的原本面目，形同乩生封神，而且得到宗教領袖的認可。乩生與宗教領袖兩者的互重合作，讓張府千歲轉化為張巡，得到合理的詮釋。

宗教領袖肯定張府千歲為張巡後，再次運用諸多歷史史實為張巡立傳，把張巡殉死的儒家典範寫入廟宇的歷史沿革中。張府千歲再也不是無名的神祇，而是儒家傳統肯定的偉

---

[47] 國民黨遷台後為了強化百姓對國家的認同，傳承儒家信仰，將歷史偉人的史實變成教科書內容。官方運用教育形塑下一代，是朝廷政治統治子民穩定社會的利器。康豹教授認為，國民黨將民間宗教視為「宗教」與「迷信」的二元對立思維，與傳統君主政治的皇朝將神祇視為「正祀」與「淫祀」兩類有所不同，他認為這是受基督教對中華民國的影響。筆者認為國民黨黨化教育下刻意強調歷史人物的盡忠報國，反而是將儒家的忠孝思想傳承下來，認為對歷史人物的愛國認同，有利於族國主義的發展，與中華民國的建構；不一定是基督教的教育對中華民國統治階級的影響有關。因此，如果要作上述的論述，應有比較豐富的材料來證明。

人。從此安西府的王爺信仰轉化為敬拜歷史偉人的儒家傳統。不僅如此，安西府頭人在兩岸宗教交流解禁後，回到河南省商丘縣張巡祠祖廟尋根謁祖，再次肯定張府王爺即是張巡。從祖廟中帶回張巡文物及當年與張巡殉死的許遠、南霽雲、雷萬春等神像，重新將之放置於張府千歲的神殿中。

　　安西府宗教領袖為了探索張府千歲的根源，做的問乩科儀，是台灣民間宗教信仰群眾面臨身心靈困境常做的問神活動。當乩生回應安西府領袖，在領袖看來形同神明回應，安西府領袖確認神明的「正確答案」，已經給張府千歲為張巡「再詮釋」。而為了使張府千歲為張巡擁有正當性，安西府領袖用尋根謁祖的方式，到祖廟祭拜張巡。從祖廟帶回的信物與張巡殉死時的相關史實，讓張府千歲的信仰空間重新安排。安西府領袖的作為，宛如給張府千歲做從儒家思想與典範中得到合理的詮釋，也足以讓信徒在此詮釋中，投入敬拜的張府千歲時，也再敬拜歷史偉人張巡。此作為讓安西府張府千歲信仰，既得到信徒認同，也讓安西府信仰成為張巡信仰的一支，而擴大安西府在台信仰的影響力。

　　3.兩岸宗教交流後，宗教領袖對尪公的再詮釋

　　木柵集應廟系統淵源於大陸福建安溪大坪集應廟，兩岸集應廟中，共同信仰尪公為主神。然而，台灣集應廟系統拜的是張巡，大陸祖廟拜的卻是當年隨著張高林三姓移民福建的押遷官鄭保惠。台灣集應廟領袖對大陸祖廟的作為尊重但不認同，他們認同的是張巡為尪公為了強化他們的認同，他們回到河南省商丘張巡祠考察，考察之後，也將張巡祠祭拜的神像重新建構於木柵集應廟、下圭柔山集應廟中。從此與

大陸安溪大坪祖廟分道揚鑣，各自敬拜自己認同的主神[48]。

　　集應廟系統在尋根謁祖之後，與安西府系統雷同，將自己主神的信仰空間重新調整。下圭柔山集應廟完全複製明朝協忠廟信仰系統，在張巡、許遠神像之外，增列南霽雲、雷萬春、賈賁、姚誾四尊神像；木柵集應廟則增列南霽雲、雷萬春兩尊神像，再次深化尪公信仰為張巡信仰。

　　為何會出現張巡取代其他神祇的現象，應該與地區性的宗教領袖對自己廟宇主神的期待有關，當宗教領袖回到歷史的脈絡中，發現其主神只是區域性的小神，可能會產生信仰落差。相反的，宗教領袖在歷史中尋找偉人當做崇祀的對象，將可提升廟宇主神的神格，滿足自己的宗教心理。而且指涉尪公為張巡，可與與台灣地區儒家忠孝節義文化接軌，使原來的信仰更具說服力，提高信徒對廟宇的認同。然而，當集應廟領袖在兩岸宗教交流之後，仍然堅持其祖先的信仰，認定尪公、保儀尊王或保儀大夫為張巡，異於福建安溪大坪集應廟將尪公視為地區性的一個小神明，這種寧可捨棄祖廟的認知，而選擇歷史偉人當作主神，可能已經對張巡信仰再一次的詮釋，並賦予尪公嶄新的意涵。

　　4.國家統一祭典衝擊尪公信仰，集應廟與忠順廟領袖堅持對尪公聖誕與祭拜方式

　　1970 年代國民黨在台北地區用節約能源、避免鋪張浪費

---

[48] 台灣集應廟系統的作為在歷史上也出現過，例如中國大陸在明朝洪武年間，「通真三太子」被指涉為張巡，通真三太子的廟宇出現在陝西、安徽、雲南等地。到了江蘇宜興地區的聖王廟原來祭拜張士誠，也被張巡所取代。（范純武，2003：41-44）

的理由，企圖用媽祖聖誕取代台北地區尪公信仰者輪流迎尪公請客的風俗。對大台北地區的尪公輪庄輪祀的傳統，形成重大衝擊。大台北地區包括台北縣（新北市）的新店、石碇、汐止、永和、基隆、三芝、瑞芳、平溪等地，及台北市南港、城中、松山、大安、雙園、中山等地區。在國民黨政府的要求下，用媽祖誕辰取代輪庄輪祀祭拜的時辰。本來尪公輪庄輪祀從農曆正月起到五月，在大台北地區由信仰群眾迎尪公的傳統，在國家機器的介入下，變成得與媽祖誕辰結合，在媽祖聖誕時同一祭拜尪公，而失去長期以來大台北地區輪庄輪祀迎尪公驅蟲的傳統。

當大台北地區由農業社會轉型為工商業社會，尪公信仰的驅蟲功能隨著耕地的減少，而逐漸衰退。國家機器在此時介入尪公信仰的祭拜方式，乃可產生重大效果，也造成大台北地區輪庄輪祀的榮景不在。

不過仍然有集應廟與忠順廟的領袖面對此國家統一祭典政策的衝擊，依舊堅持對尪公聖誕時辰與祭拜方式，而不與媽祖誕辰連結，維持尪公信仰的特殊性。他們保留了尪公農曆二月一日聖誕的傳統，聖誕前後辦理遶境保平安驅蟲、遶境時拼轎、九年輪祀過頭時的豬公祭、尪公聖誕時的拜天公與三獻禮、沒有參與過頭儀式為尪公辦禮斗法會等科儀。當然，尪公到山上茶園遶境也必須有自然條件配合，文山地區仍然種植茶樹，提供尪公上山驅蟲的動力。當宗教領袖堅持傳統宗教祭典，使得該廟宇得以維持自己特殊的信仰型態而自豪。而且，足以帶給信徒高度的認同，讓廟宇在現代社會中持續傳承。

## 二、結論

在台灣地區張巡信仰型態的研究中，我們發現宗教學家用「皇帝封神」與「民間詮釋」來解釋漢人神祇的意涵，並不完全適合台灣張巡信仰型態的詮釋。因為台灣地區的張巡信仰來自於廟宇領袖的再詮釋張巡的動力，反而扮演關鍵性的角色。宗教領袖用民間宗教問卜科儀，讓張府千歲成為張巡；堅持祖先傳統，將尪公視為張巡，而不願與福建安溪大坪祖廟同步信仰。這些作為都說明宗教領袖在台灣張巡信仰型態扮演主導的角色。

張巡信仰多元且豐富的儀式表現，都值得列專題深入探究。張巡信仰廟宇分為幾個重要體系，也值得在未來為文做比較分析。整個台灣張巡信仰型態在本文只做綜整性的整理，希望未來可以對每個信仰系統做個案分析。儘管如此，我們得知張巡信仰型態的形成牽涉到諸多因素，例如宗教領袖的再詮釋、國家統一祭典政策的衝擊、社會急遽變遷導致農地萎縮而牽連到張巡信仰在都市地區的瓦解、宗教領袖對張巡信仰的宗教儀式選擇、兩岸宗教交流之後重新對張巡信仰的認知等，都值得將相關的變因勾連，做比較細膩的因果討論，對這些問題本文礙於篇幅，只能暫且擱置不論。

# 參考書目

Duara, Prasenjit，1988　"Superscribing Symbols: The Myth of Guandi, Chinese God of War"，Journal of Asian Studies,Vol.47,no.4（Nov.1988）,p.791

Watson James，"Standardizing the Gods：The Promotion of Tien Hou along the South China Coast,960-1960."In D. Johnson, A. Nathan and E. Rawski eds., Popular Culture in Late Imperial China. Berkeley: University of California Press, pp.293-324,1985.

（清）王聘珍撰、王文錦點校，1993，《大戴禮記解詁》，台北：中華書局。

（清）施惠,（清）潘樹辰等修、（清）吳景牆等纂，1882，《宜興荊谿縣新志》〈營建壇廟〉，卷二，頁650。

（清）鮑天鍾撰，1990，《丹徒縣志》卷五，台北：漢學研究中心。

下圭柔山集應廟，1993，〈集應廟主神簡介〉，台北：下圭柔山集應廟。

中華民國道教會，出版年不詳，《保儀尊王傳略》，出版地不詳。

五條港安西府管理委員會，1995，《睢陽忠魂-第二集》，五條港安西府管理委員會。

五條港安西府管理委員會，1999，《五條港安西府沿革誌》，五條港安西府管理委員會。

元，佚名編，1977，《道法會元》，《正統道藏》48 冊，台北：
　　新文豐公司。

木柵忠順廟，2011，《100 年農民曆》，台北：木柵忠順廟。

王少華，2005，〈張巡籍貫考述〉，《商丘職業技術學院學報》，
　　2005 年第 1 期，37-39。

王秋桂、李豐楙主編，1989，〈三教源流搜神大全〉卷五，《中
　　國民間信仰資料彙編》台北：學生書局。

王壽南，2008.4，〈國士無雙雙國士-張巡和許遠的故事〉，《歷
　　史月刊》243 期，頁 77-81。

台北北德宮編印，1989，《五條港安西府張李莫千歲及台北北
　　德宮沿革簡介》，台北：北德宮。

田仲一成，1989，《中國鄉村祭祀研究-地方劇の環境》第二
　　篇，頁 579-851。

作者不詳，2010，《保儀尊王顯靈武安真經》，出版社不詳。

呂宗力、欒保群，2002a，《中國民間諸神》上，河北教育出
　　版社。

呂宗力、欒保群，2002b，《中國民間諸神》下，河北教育出
　　版社。

宋應時，1990，《琴川志》，北京：中華書局。

卓克華，2006，《寺廟與台灣開發史》，台北：揚智文化。

周樹佳，2009，《香港諸神起源、廟宇與崇拜》，香港：中華
　　書局。

林進源，1994，《台灣民間信仰神明大圖鑑》，台北：進源書
　　局。

林傳凱，2007，《神靈、民族、與認同的空間政治：日據與戰

後台北盆地尪公年例之變遷》，國立台灣大學工學院建
　　築與城鄉研究所碩士論文。

林麗寬，2001，《金門王爺民間信仰傳說之研究》，中國文化
　　大學中國文學研究所碩士在職專班碩士論文。

林美容，1987，〈土地公廟──聚落的指標：以草屯鎮為例〉，
　　《台灣風物》37 卷第 1 期，頁 53-81。

松本浩一，2002，〈宋代の祠廟と祭祀〉，圖書館情報大學研
　　究報告第 20 卷第 1 號。

邱彥貴，1992，〈三山國王是台灣客屬的特有信仰？粵東移民
　　原居地文獻考察的檢討〉，《中央研究院台灣史田野研
　　究通訊》，第 23 期，66-70 頁。

金門縣政府，1991，《金門縣志》，金門縣政府。

施鴻保，1985，《閩都記》卷十，福建：人民出版社。

胥端甫，1968.7，〈書張巡許遠守睢陽事〉，《大學文選》，19
　　卷 20 期，12-14 頁。

范純武，2003，〈雙忠崇祀與中國民間信仰〉，國立台灣師範
　　大學歷史學系博士論文。

酒井忠夫，1992，《台灣的宗教與中國文化》，東京：風響社。

馬建華，〈莆田民間張巡信仰研究-郊尾鎮至靈宮、梅洋宮元
　　宵祈年廟會個案分析〉，《閩江學院學報》，第 29 卷第
　　3 期，16-23 頁。

康　豹，1998，《台灣王爺信仰》，台北：商鼎文化出版社。

清，俞正燮，1966，《癸巳存稿》，台北：台灣商務。

許真君原著、吳國誌重編，2002，《重編玉匣記》，如意堂。

連心豪、鄭志明，2008，《閩南民間信仰》，福建：福建人民

出版社。

陳正明，1995，《清季福建安溪大坪、高、張、林三姓族人移墾台北之研究》，文化大學史學研究所碩士論文。

陳威廷，2002.3，〈台南市張巡、許遠信仰研究：兼論王爺信仰的起源說〉，《台南文化》52 期， 76-87 頁。

陳建林，2000，〈略論張巡領導的雍睢保衛戰〉，北京大學學報哲學社會科學版，第 5 期，134-141 頁。

陳春聲，2002，〈明末東南沿海社會重建與鄉紳之角色-以林大春與潮州雙忠公信仰的關係為中心〉，《中山大學學報》（社會科學版），第 4 期，35-43 頁。

陳春聲，2003.6，〈正統神明地方化與地域社會的建構-潮州地區雙忠公崇拜的研究〉，《韓山師範學院院報》，第 24 卷第 2 期，19-31 頁。

景美集應廟，2012，《101 年農民曆》，台北：景美集應廟。

無極道白崇玄，1997，《保儀大夫安公經上下》，台北：汐止集應廟。

黃　挺，2002.12，〈民間宗教信仰中的國家意識和鄉土觀念-以潮汕雙忠公崇拜為例〉，《韓山師範學院院報》，第 23 卷第 4 期，9-31 頁。

楊子怡，2008，〈試論潮汕雙忠崇拜民俗文化之興起〉，《汕頭大學學報》（人文社會科學版），第 24 卷第 5 期，90-96 頁。

楊子怡，2012，〈雙忠信仰與韓愈崇拜-雙忠廟祀落戶潮汕地區的文化闡釋〉，《韓山師範學院院報》，第 33 卷第 1 期，1-7 頁。

溫振華，1978，《清代台北盆地經濟社會的演變》，師大歷史
　　　所碩士論文。

董芳苑，2008，《台灣人的神明》，台北：前衛出版社。

台北市政府民政局，2006，《台北市寺廟神佛源流》，台北：
　　　台北市政府民政局。

劉仲宇，2002，《道教法術》，上海文化。

劉枝萬，1983，《台灣民間信仰論集》，台北：聯經。

劉智豪，2010.12，〈迎尪公‧祭保儀~雙忠英勇典範傳承〉，《心
　　　境》季刊，第 27 期，34-38 頁。

增田福太郎，1995，《台灣の宗教》，台北：南天出版社。

歐陽修、宋祁等撰，1975，《新唐書》，楊家駱主編，台北：
　　　鼎文書局。

蔡相輝，1989，《台灣的王爺與媽祖》，台北：台原出版社。

韓　森（Valerie Hansen）著，1999，包偉民譯，《變遷之神》，
　　　浙江人民出版社。

護山宮管理委員會，2012，《100 年農民曆》，台北：護山宮
　　　管理委員會。

鈴木清一郎著，馮作民譯，1989，《台灣舊慣習俗信仰》，眾
　　　文出版社。

網路資料：

http://www.tonyhuang39.com/tony0518/tony0518.html　，下載
　　　日期：2012.4.13

# 附錄 1 照片

木柵集應廟外觀

木柵集應廟張巡及其夫人神像

木柵集應廟保儀大夫許遠神像

木柵集應廟南霽雲神像

木柵集應廟雷萬春神像

木柵集應廟雷萬春神將

木柵集應廟南霽雲神將

淡水忠順廟

淡水忠順廟保儀大夫-張巡神像

淡水忠順廟保儀尊王-許遠神像

木柵忠順廟外觀

木柵忠順廟供奉張巡、許遠與
保儀大夫夫人神像

木柵忠順廟保儀大夫-張巡神將

木柵忠順廟保儀大夫夫人神像

木柵忠順廟保儀尊王-許遠神像　　　　　小坪頂集應廟外觀

小坪頂集應廟歡送張巡前的　　　豬公祭時準備豐盛的菜餚祭拜
豬公祭

小坪頂集應廟周邊張氏族人
於自家門前以豬公祭拜尪公

張氏族人也準備素豬來祭拜尪公

將尪公-老祖從小坪頂集應廟請
回木柵集應廟

小坪頂集應廟將尪公-老祖請
到神轎中，準備迎回木柵集應

尪公上神轎

尪娘上神轎

在往木柵集應廟的路上神轎
團相互拚轎

在台北萬隆地區少數人家設
香案祭拜張巡

木柵忠順廟保儀大夫-張巡神像

木柵忠順廟保儀大夫-張巡神像

八里安公盟祭拜張巡神像

八里安公盟聚餐，八里、木
柵、小坪頂、下圭柔山集應廟
的張氏族親出席

下圭柔山集應廟外觀

下圭柔山集應廟用禮斗為張巡祝壽

下圭柔山集應廟正殿供奉張巡（中）、許遠（右）與申國夫人（左）

下圭柔山集應廟忠勇侯雷萬春

下圭柔山集應廟忠壯侯南霽雲

下圭柔山集應廟爵上公姚誾

下圭柔山集應廟忠濟侯賈貴

景美集應廟外觀

景美集應廟范將軍

景美集應廟謝將軍

景美集應廟張巡神像

雲林五條港安西府外觀

下圭柔山集應廟忠濟侯賈賁

下圭柔山集應廟忠濟侯賈賁

雲林五條港安西府南霽雲神像

雲林五條港安西府雷萬春神

雲林五條港安西府從大陸迎
回許遠神像

雲林五條港安西府為信徒舉
行監運儀式

雲林五條港安西府領袖經由
問乩得知張府千歲為張巡

萬隆廟集應廟外觀

萬隆集應廟張巡神像

萬隆集應廟南霽雲神將

淡水聖江廟張巡神像

淡水聖江廟位於淡水老街中

# 第五章　酬神、融合與交陪：
# 小坪頂集應廟九年輪祀尪公的
# 豬公祭典[1]

## 壹、前言

　　台灣張、高、林三姓祖先從中國大陸福建泉州安溪大坪村渡海來台，把家鄉守護神「尪公」帶入台灣，（林傳凱，2007；范純武，2003；陳正明，1995）家鄉三姓先民原本就合祀尪公，為祂立了「集應廟」。因此，當三姓先民於清朝初葉來到台灣，沿著淡水河流域，在台北盆地周邊墾植與種植茶葉。（溫

---

[1]　本文得以完成非常感謝集應廟頭人張幸松、張定次、張栖村、張金發、張木壽等人接受訪問，並提供寶貴資料，於 2012 年在真理大學「淡水宗教學術會議」發表。

振華，1978；陳正明，1995）逐漸站穩腳步後，三姓合祀，
共同祭拜從家鄉集應廟而來的「尪公」、「尪娘」神像及香爐。
當三姓祖先人數增加，合墾地區逐漸分散，再加上對祭拜守
護神的意見出現差異，乃於 1853 年決定各自分立。以「拈鬮」
方式分配神像與香爐，張姓拈得香爐、高姓拈得尪公、林姓
拈得尪娘神像，從此各自祭拜。三姓中，以景美高姓集應廟
最早立廟[2]（1867），其次為張姓木柵集應廟（1894），再來為
林姓萬隆集應廟[3]（1921）。（林傳凱，2007：39）這三間廟宇
都具有安溪大坪後裔的「地方廟」與張、高、林「家族廟」
雙重信仰的色彩。

　　至今為止，張、高、林三姓家族宗親的集應廟系統形成
北台灣非常重要的張巡信仰體系之一。三姓間的廟宇交陪，
往來緊密。然而，三姓對尪公的信仰，也各自發展。在木柵
張氏宗親為尪公立廟後，淡水小坪頂與下圭柔山的張氏宗親
分別於民國 55 年（1966）及民國 68 年（1979）從木柵集應
廟分靈而立廟。淡水河對岸的八里張氏宗親，則於 1980 年代
迎請木柵集應廟尪公「金身」（分靈），以八里張氏「安公盟」
神明會的方式祭拜尪公。這四個地區的張氏宗親會彼此往來

---

[2] 景美集應廟於咸豐十年（1860）興建景美竹圍內高厝附近（今景美國小南
　　側），在同治六年（1867）遷移現址。（卓克華，2006：357-358；林傳凱，
　　2007：39）

[3] 林姓家族分得尪娘神像，將之供在林氏家中正廳，清道光十年（1831）先民
　　於新店溪河岸拾得觀音神像，乃將之與尪娘合祀，在 1921 年於萬隆興建集
　　應廟。（林傳凱，2007：39）另一說法為根據現在萬隆集應廟的簡介，1947
　　年重建萬隆集應廟。（2012.2.6 社會調查）

祭拜尪公，形成張氏集應廟系統[4]。

　　本文欲對淡水小坪頂集應廟九年輪祀尪公「老祖」[5]的豬公祭典提出討論，嘗試回答下列幾個問題：1.豬公祭典的內容、流程與時間點？2.豬公祭典如何被組織動員？3.豬公祭典的意涵？4.豬公祭典得以維持的宗教與社會因素？此四項問題將構成本文論述的主軸。

# 貳、豬公祭典與舉行時機

## 一、豬公祭典

### （一）饋食之禮

　　根據張、高、林三氏先民祭拜尪公的傳統，他們認為尪公就是唐代對抗安祿山之亂，殉死於睢陽城的張巡將軍[6]。集

---

[4]　八里張氏宗親祭拜尪公，約於 1980 年從木柵集應廟分靈，成立「安公盟」神明會，每年農曆元月 20 日聚會時擲筊博爐主，贏得爐主者，迎請尪公至家中奉拜。八里安公盟也積極投入張氏集應廟系統的活動。（2012.2.11 社會調查）木柵、下圭柔山、小坪頂及八里四地區的張氏宗親彼此交陪，與尪公聖誕的慶祝活動，形成北台灣尪公信仰中心之一。

[5]　老祖尪公是張氏宗親共同祭拜的最古老神尊，他們認為老祖的靈驗能力最強，迎請接送老祖是張氏宗親的傳統及榮譽，因此皆用盛大的儀典來祭拜老祖。（2012.2.22 社會調查）

[6]　台灣集應廟將尪公視為張巡，與大陸福建安溪集應廟將尪公視為鄭保惠大不相同，台灣集應廟頭人為了讓其信仰神聖化與合理化，捨不具知名度的鄭保惠尪公，而回到河南省商丘縣（古代睢陽城）尋根謁祖，確認其尪公為張巡。（張家麟，2012）

應廟頭人用過去皇家朝廷士大夫祭拜偉人的禮節－「豬公祭典」，依歲時祭拜的傳統，在農曆二月一日張巡聖誕時祭拜祂[7]。

　　由於張氏宗親只是一般鄉紳階級，他們從未僭越儒教傳統，用「天子」、「諸侯」階級祭拜神祇，只用「士大夫」階級的「饋食之禮」祭拜尪公。根據《禮記》：天子祭拜天地神祇祖先，用牛祭拜，稱為「太牢之禮」；諸侯用羊祭拜，稱為「少牢之禮」，士大夫用豕祭拜，稱為「饋食之禮」。（王聘珍撰；王文錦點校，1993）[8]現在三間集應廟系統，皆用「豕」祭拜尪公。

　　台灣地區廟宇信眾在神明聖誕用豬公祭典祭拜神明，可分為兩個類型：按朝廷禮節的階級順序，依官位或社會階級地位大小依序祭拜神明，經常與三獻禮結合；另一個類型則比較簡略，捨棄三獻儀典，只有廟宇代表隨著神職人員祭拜神明，其餘信眾自由參拜，或是在自己設立的豬公神案前祭

---

[7]　張巡（709-759）於唐朝肅宗至德二年（757）10月9日壯烈成仁，符合儒家人死成鬼，也可成神供後人祭拜的傳統。根據《禮記‧祭法》記載：「夫聖王之制祭祀也，法施於民則祀之，以死勤事則祀之，以勞定國則祀之，能禦大災則祀之，能捍大患則祀之。」張巡符合以死勤事，以勞定國及能捍大患的偉大功勳，唐皇室為祂在睢陽立廟，官方歲時派官祭拜，從此之後，張巡信仰在官方、民間代代相傳，至今已達1255年。

[8]　台灣道長認為用豬公祭拜張巡，因為張巡為血食之神，必須使用全豬祭拜，而且他身前慘死，也是成為血食之神的原因。（林傳凱，2007：53）這種論述是道長不求甚解的說法，依儒家周朝以來的傳統，祭拜天地、聖賢、祖先皆可用牛、羊、豬來表達禮敬，這些牲品稱為「犧牲」，取代傳統商朝用活人祭拜的習俗。

拜。小坪頂集應廟的九年輪祀尪公祭典，即採用第二種簡略的祭拜方式。

## （二）賽神豬與酬神戲曲

　　然而，在台灣民間宗教諸多廟宇敬拜神祇聖誕的豬公祭典，充滿民間信仰的特色。引入賽神豬活動，強化信眾參與祭典的意願和趣味，用此來表達對神祇高度尊敬。在日據時期，日本學者就已經紀錄木柵集應廟賽神豬的龐大祭典狀況。（酒井忠夫，1992）信眾認為豬公的體積越龐大，對神明的虔誠心意越強烈[9]。

　　小坪頂集應廟也在此宗教傳統中，廟方領袖為了答謝「尪公」住滿一年，保佑領域內的信眾平安，而舉行豬公祭典。在 2011 年底就貼公告，事先告知小坪頂的張家村聚落，包含小坪頂、樹興、竿蓁林、北投等地的張氏族裔，讓他們得知今年將有九年一次輪值的豬公祭典，鼓勵張氏宗親及住在小坪頂上的外姓氏信眾，參與「賽神豬」活動。參與者得在尪公聖誕前，2012 年農曆正月十五日止，繳交 2000 元給廟方，當作監磅費用，讓廟方統籌辦理神豬祭典。

　　在過頭前的豬公祭典，除了賽神豬充滿民間宗教信眾對神高度禮敬的心意與「面子」競賽的心理外；也結合熱鬧的北管樂音，讓整個神豬祭典現場，洋溢快樂的氣氛。豬公祭典與民間廟會的結合，是九年輪祀的重要現象，小坪頂集應

---

[9]　賽神豬的活動出現在新埔義民廟、林口竹林山觀音寺、（張珣，2008）淡水八庄大道公、（謝德錫，2005：22-54）三峽祖師廟（蕭凱琳，2009）等神祇聖誕。

廟方延聘歌仔戲班扮仙、唱歌，慶祝尪公聖誕。信眾也自行鳩資請布袋戲班、現代花車歌舞秀，到集應廟埕或外面空地表演，使整個現場更加熱絡。酬神的劇碼呈現傳統與現代兩種風格的餘興節目。

廟方公告神豬比賽佈告

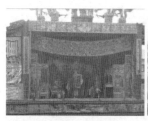　　

廟方請傳統歌仔戲
團來慶祝尪公聖誕

信眾奉獻傳統布袋
戲感謝尪公的保祐

信眾在集應廟附近
空地請來現代化電
子花車謝神

## 二、豬公祭拜尪公時機與方式－「過頭」與「輪祀」

### （一）過頭

　　清領、日據與國府統治初期，尪公信仰在台北地區相當興盛，信眾以庄為單位，經常迎尪公神像到庄頭駐紮，庇護庄頭平安，並請祂驅蟲。尪公駐紮庄頭一段時間後，再送尪公到另外一個庄頭，這種現象稱為「過頭」。（張家麟，2012）過頭前夕，信眾會酬神尪公的庇祐，用盛大的祭典祭拜，並宴請親朋好友，此祭典不一定用豬公祭。不過張氏族裔的集應廟系統比較特殊，他們在過頭前的尪公聖誕日，為祂舉行盛大的豬公祭典來謝神。

　　台北地區三家集應廟系統依例舉行豬公祭典，他們過頭的順序從木柵集應廟開始，尪公駐廟七年後，送到下圭柔山集應廟。在下圭柔山駐廟一年後，再送到小坪頂集應廟。在小坪頂駐廟一年後，再送回木柵集應廟。週而復始，三間集應廟輪流送、迎尪公老祖神像。這三間集應廟送老祖離境到另一庄頭，都有豬公祭典，而且在祭典當天會宴請親朋好友。

　　過頭迎請的神聖物包含尪公老祖、尪娘神像各一尊，尪公玉璽一隻，尪公權杖與黑令旗各一支，及五營兵馬令旗五支。只有集應廟主任委員、委員與正、副爐主有資格參與迎請尪公神像、過爐、送上神轎等神聖任務。[10]

---

[10]　感謝真理大學蕭進銘教授提供小坪頂集應廟頭人在 2011 年尪公過頭當日，前往下圭柔山迎請尪公神聖物照片數張。

尪公老祖過爐　　　　　尪娘由集應廟頭人迎請上轎

小坪頂集應廟爐主手抱香爐

過頭時將尪公權
杖、玉璽與黑令旗
傳承給小坪頂集
應廟

小坪頂集應廟頭人迎請五營
令旗

## （二）輪祀

　　從福建省泉州府安溪縣大坪村的張氏先民移居台灣，細分九房，住在木柵地區有七房，在淡水下圭柔山與小坪頂各有一房。因此，木柵七房後裔就得輪流祭拜尪公七年。然而，在 1970 年代，木柵集應廟頭人配合國民黨政府節約祭拜政策，將每年殺豬公的慶典，簡化為在第七年送老祖離境到下圭柔山的庄頭時，再行豬公祭[11]。現在木柵七房不再輪流祭拜，而是採用每年於木柵集應廟中團體祭拜的模式。

　　同樣的情形出現在下圭柔山與小坪頂集應廟。當老祖於 2010 年送到淡水下圭柔山集應廟，待滿一年後，於 2011 年農曆二月一日下圭柔山集應廟信眾為老祖舉行豬公祭典。而在同年尪公再次被信眾迎請，過頭到小坪頂集應廟。此時，小坪頂集應廟迎接老祖，並於淡水老街遶境。本研究調查的時間點剛好在 2012 年農曆二月一日，小坪頂集應廟的尪公駐滿一年，準備過頭到木柵集應廟，由小坪頂集應廟頭人為尪

---

[11]　另一說法為 1950 年代，木柵集應廟頭人木柵鄉長張乾生認為民眾每年農曆 2 月 1 日保儀尊王聖誕，宰神豬祭拜太過鋪張浪費，甚至有因此無法繳出小孩學費者。於是與地方耆老商議，改為九年一次迎香遶境活動，九年一次出香宰神豬祭典。（資料來源：木柵集應廟官方部落格：http://blog.yam.com/giintemple3）

公舉行豬公祭典[12]。

　　張氏族裔的三間集應廟系統以九年為週期「輪祀」尪公的豬公祭典，只有在送老祖離境前的尪公聖誕舉行。由當地集應廟頭人號召張氏宗親，與廟宇的外姓信眾共同參與豬公祭典[13]。

# 參、豬公祭典流程與內容

## 一、籌劃

　　集應廟豬公祭典的流程可以分為籌劃、準備、敬拜天公、尪公及夫人、犒軍及儀式結束等階段。

　　廟方事先對豬公祭典事先準備，由廟方主委、委員與爐主分別承擔相關工作，以 2012 年的祭典為例，依時間順序與

---

[12]　另外一種「跨庄頭」祭拜同一尊神祇的類型，經常採用逐年供奉神祇的方式，在甲庄供奉一年，隔年就得送到乙庄，依此類推，逐庄輪祀。這種送神、迎神的現象，稱為過庄或過頭。例如淡水八庄村民輪祀保生大帝，由於有神像而無廟宇，因此，採取類似的「過頭」時以豬公祭拜保生大帝，及迎、送保生大帝金身到某一庄頭的現象。但是只能將大帝接到爐主家祭拜，此現象與集應廟將神像迎到廟中祭拜的方式大不相同。又如蘆洲保和宮為李氏宗親的家廟，李家後代散佈在蘆洲、三重、八里及台北各角頭，也有各角頭以豬公祭典輪祀保生大帝的現象。（2011.3 社會調查）蘆洲保和宮的保生大帝神像並沒有在各角頭輪祀，只是由爐主迎接大帝的分靈到爐主家祭拜；又異於集應廟間迎、送老祖本尊的現象。

[13]　平時尪公聖誕，由小坪頂、下圭柔山與木柵集應廟三間張氏宗親的集應廟系統皆以禮斗法會形式祭拜，只有在送老祖離庄當年，才舉行盛大的豬公祭典。（2012.2.6、2012.2.22 月社會調查資料）

工作內容分工：正月廿九日前場地準備由委員張七郎負責，安排廟埕前的神桌、板凳與牌樓等各項準備事宜；正月三十日上午八時桃園地區的磅神豬工作由委員張義禮、張地池、張盟山、張義博等負責；正月三十日上午九時淡水地區磅神豬工作由主委張金發，及委員張金池、張天賜、張興、張楓等負責；正月三十日下午四時由委員張乎、張登木在廟內統計神豬等級；正月三十日下午五時由委員張金池將神豬等級傳真到木柵、下圭柔山集應廟與八里安公盟，告知並邀請張氏宗親會頭人前來參與頒獎；及邀請淡水地區吳育昇立委、蔡錦賢、鄭戴麗香及淡水第一信用合作社理事長參與本次活動。

正月三十日及二月一日由委員張木壽負責顧兩名臨時工負責當天燒金紙處的整理與鐵絲網架設，祭典過程中的各項工作協助，及慶典後廟埕清掃工作；主委張金發負責二月一日中午 13：00 邀請友宮頭人及各界長官頒發神豬獎；爐主陳茂通與里長張天賜負責於二月一日 13：00 起跟隨道長祭拜天公、尪公與到廟埕、張家村聚落周邊的豬公攤灑淨、犒軍；張榮元負責工作人員的午餐便當，委員張義禮負責正月三十日戲班進駐及二月一日中午 13：00 戲班排演扮仙。（附錄 1）

這些分工是由管理委員會多次開會協調的結果，在祭典前一年管委會的成員彼此交換意見，敲定分工細節後，由委員自己承擔認養工作內容，按祭典的時序，如期推動。

## 二、準備

　　2012 年農曆二月一日豬公祭典之前的所有前置作業都可以視為是籌劃階段，小坪頂廟方主導此階段的所有工作事宜。管理委員會事先召集會議做工作分工，在二月一日之前的工作包括會場佈置、神豬重量磅秤、友宮頭人與地方鄉紳的邀請協調、戲班、道長邀請。在二月一日當天上午的工作，進入準備階段。包括廟埕與廟內的供品擺設與佈置，獲獎神豬的佈置，廟埕週邊道路、民宅、廣場前的豬公祭品擺設等。

由爐主與委員等人奉獻的米豬

在米豬面前擺設許多壽桃、鮮花、素果祭拜

### （一）　廟宇內部

　　在廟宇內由管理委員會及爐主承擔尪公聖誕的所有供品擺設，在尪公神殿前的天井擺設長條供桌，上面放置酒、茶、香爐（香爐中放置白米）、香燭，後面則佈滿壽桃、鮮花、素

果。在供桌後面用 5000 斤白米堆成的「巨型神豬」[14]。

　　白米神豬與傳統實體神豬有類似的擺設，在神豬嘴巴含咬鳳梨，象徵神明帶給祈求者興旺，神豬頭上用彩帶結成花朵，在神豬頸部用鮮花裝飾，在鮮花上面擦一支錦旗，上面書寫「一心誠敬」，代表爐主及委員全體一心一意的感謝尪公庇祐。

從戲台觀看廟宇與廟埕上的供品　　從廟宇看廟埕供品及戲台、戲台下的神豬

## （二）廟宇外部

　　在廟宇門口牌樓書寫恭祝保儀尊王、申國夫人聖駕九年輪值一次慶典千秋，廟方管理委員會提供供桌擺設於廟埕上，這些供桌中間有 5 長條，在 5 長條供桌旁另擺設中、短長條供桌 6 條。供桌寬 2 公尺，最長的供桌約 30 公尺，中短的供桌介於 3-15 公尺間。11 條供桌皆對準戲台前的 11 頭得

14　5000 斤白米的奉獻者分別為：今年（2012）的爐主陳茂通 1300 斤、張金發
　　主委 1200 斤、張昌三委員 1100 斤、張金池委員 500 斤、張榮元 200 斤、
　　林鈴煌 200 斤、張月玲 200 斤、張宗耀 200 斤、張乎 50 斤、張登木 50 斤。

獎神豬。供桌上的供品及神豬的擺設，則由信眾自行處理。

　　戲台前擺滿神豬，戲台的後台則由友宮集應廟提供北管樂團，吹奏音樂，為尪公聖誕祭典祝壽。在農曆二月一日當天早上，張氏子弟正忙碌於供品與神豬擺設過程中，北管樂團以喧囂熱鬧的音樂，讓整個廟埕充滿歡欣鼓舞的情緒。

北管樂團在信眾裝飾神豬與準
備供品時快樂吹奏熱鬧的音樂

信眾裝飾神豬

　　得獎的神豬共計 11 頭，包含張氏子弟得獎 10 頭，外姓信眾 1 頭。這些神豬有資格擺在廟埕戲台下，供奉尪公。未得獎或未參賽的豬公約 90 頭，只能擺在廟埕週邊的道路、空地與張家村落的家戶門口。這些豬公大部分為「實體豬」，少數為「素豬」，素豬大部分是用壽麵、沙其瑪、鳳梨酥裝飾而成。

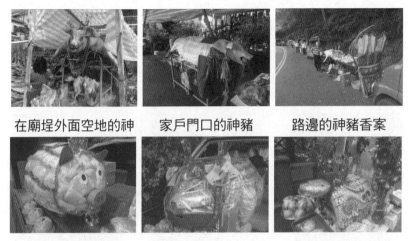

在廟埕外面空地的神　　家戶門口的神豬　　路邊的神豬香案

路邊壽麵裝飾的素豬　路邊沙其瑪裝飾的素豬　路邊米糕與鳳梨酥
　　　　　　　　　　　　　　　　　　　　　　　裝飾的素豬

（三）神豬與供桌裝飾

　　得獎的神豬與未得獎的神豬大同小異，信眾都得事先用方桌或鐵架架起神豬，神豬的身體從喉嚨到尾部被剖開，大的神豬掛在方桌上的架上，小神豬就直接架在鐵架上。

　　以得獎的神豬為例，將神豬的黑色豬毛剃光，只留後頸部到中間脊椎的一道梯形豬毛。神豬嘴巴含著鳳梨或橘子，用紅色布幔掛在神豬的下半身，讓神豬露出大部分白色身軀。神豬身上插著一支奉獻者的名牌[15]，上面書寫「恭祝保儀尊王、中國夫人聖誕千秋，弟子○○○敬奉」。在名牌兩旁插著兩支類似過年時敬拜祖先的「春花」當作裝飾，只不過

---

15　名牌的類型兩種，一種是用鳳當做造型的紅色名牌，另外一種沒有鳳的造
　　型，類似牌位的型態。（參閱照片）

它屬於大型的春花類型。

　　在神豬下方的方桌掛著雞、鴨各一隻，活體鯉魚一尾；在神豬方桌前緣或旁邊，用籃子裝著或掛在方桌周圍的神豬內臟，象徵「全豬」敬拜尪公。

神豬上的信眾
名牌與春花

特等獎張明德，
神豬950台斤

頭等獎張良夫，
神豬872台斤

一等獎張周錦
雲，神豬860台斤

二等獎張進發，
神豬789台斤

三等獎張文進，
神豬767台斤

六等獎張七郎，
神豬666台斤

七等獎張再興，
神豬664台斤

八等獎張建祥，
神豬410台斤

九等獎張明順，
神豬350台斤

十等獎張盟山，
神豬288台斤

優等獎高直武，
神豬320台斤

口含鳳梨、頭插敬奉尪公弟
子神牌與一對金花的神豬

　　在廟埕、家戶、路邊與廟埕週邊空地的豬公擺設，之前
有一供桌，應是「三界公桌」。用兩根甘蔗架起拱門樣式，在
甘蔗圓拱造型前面，裝飾敬拜天官、地官與水官的三個立體
神牌，上面分別書寫「叩答恩光」、「一心誠敬」與「祈求平
安」。在神牌前面擺放一對花瓶與鮮花，一對燭火、一隻香爐，
香爐前的神桌左右兩側擺著立體壽桃兩座，上面書寫○○○
弟子恭祝保儀尊王、申國夫人聖誕千秋。在壽桃中間則擺設
各類供品與水果。

　　接近中午時分，張家村的家戶人家保留宴客的傳統，宴
請參與祭拜尪公的外縣市親朋好友。[16]

廟埕的三界公桌裝飾　　廟埕週邊神豬前的　　小坪頂張家村保留豬
　　　　　　　　　　　三界公桌裝飾　　　　公祭典的宴客傳統

---

[16]　張家村內部分參與祭拜尪公的子弟，是在整個儀式結束之後，於晚上宴請
　　　親朋好友。

## 三、敬拜神明與賽神豬頒獎

### （一）敬拜天公、尪公與三界公

農曆二月一日上午，廟方執事與信眾在廟宇內外忙碌準備各項祭拜事宜，包含豬公擺設、供品擺放、三界公桌裝飾、戲班預備、北管樂團演奏等，這些活動都為下午 13：00 的敬拜天公、尪公與三界公做暖身。

根據小坪頂集應廟頭人事先的協調，依據傳統在廟內敬拜天公、尪公時，延請郭道長來主持。而當年的爐主必須代表全體委員與信眾，全程在道長後面跟拜。當天下午 1 時，道長準時帶領爐主陳茂通到集應廟尪公神殿前的供桌，道長右手持「法鈴」，口中持請神咒語，爐主在後持香跟拜。儀式現場相當開放自由，信眾可再旁邊觀賞、自由祭拜或靈動。

道長唸送經文，爐主在後跟　　道長通疏時，信眾在後靈動
拜，信眾在旁觀看

請神之後，道長開始通疏文，黃色疏文內容是向天公與尪公報告，今天為尪公九年輪祀的聖誕，集應廟全體委員及信眾懷抱虔誠酬神的心，感謝尪公及申國夫人過去一年駐廟

保護張氏子弟與外姓信眾平安。特別為尪公舉辦隆重的豬公祭典，答謝尪公的庇佑。在尪公與夫人離開小坪頂之前，信眾懷抱酬神的心情，歡送尪公與夫人前去木柵集應廟。道長帶領爐主敬拜天公與尪公的過程中，信眾也可在廟埕自由參拜天公、尪公與三界公，敬拜後到金爐焚燒金箔給眾神。道長帶領爐主，敬拜天公與尪公後，連同疏文與金箔燒給眾神，整個儀式進行到下午 13：40 左右結束。

## （二）賽神豬頒獎

　　廟內進行祭拜天公、尪公科儀時，廟埕則有小坪頂集應廟主委張金發邀請木柵集應廟主委張幸松、下圭柔山主委張棲村及三個廟宇的頭人共同頒發「賽神豬獎」。得獎的信眾除了可以領到由三個集應廟主委提供的獎狀外，尚可領到吳育昇立委、淡水區長蔡葉偉、蔡錦賢議員、鄭戴麗香議員、淡水一信主席麥勝剛、農會理事長呂清泰等淡水地區政治領袖與主要社團負責人提供的紀念狀與金牌，頒獎活動在 13：40 左右結束。

下圭柔山集應廟主委與頭人頒發獎狀　　木柵集應廟主委與頭人頒發獎狀　　小坪頂集應廟主委與頭人頒發獎狀

## （三）灑淨

　　祭拜天公與尪公後，道長在廟埕為擺放神豬、供品的空間灑淨，淨化儀式現場。此時，爐主跟隨道長後面服務。廟埕灑淨後，再由爐主騎摩托車帶領道長，環繞張家村週邊道路、家戶、廣場空地擺設豬公的香案，為每一個香案逐次灑淨，神聖化整個集應廟週遭的張家村。

　　灑淨的儀式相當快速簡單，道長右手持法鈴與艾草，左手拿著裝滿水的碗，口持淨水神咒，右手搖鈴，邊搖鈴的過程，也用艾草沾水灑向擺設豬公的香案，整個儀式過程約40分鐘，進行到下午14：20結束。

道長在廟埕灑淨，爐主隨侍在旁

爐主騎車帶著道長到張家村的豬公神案灑淨

信眾焚燒金紙

信眾將三界公壇焚化

## （四）犒軍

　　灑淨結束後，廟埕外面由道長主持，信眾協助焚燒三界公壇，約 14：30 結束。此時，道長回廟內做犒軍科儀。由廟中四位執事協助道長，請出置放於廟中左側神龕前的四座五營「黃（中營）、黑（北營）、紅（南營）、青（西營）、白（東營）」令旗，將之置放於正殿天公爐前的供桌。

　　道長右手持法鈴，左手持尪公黑色令旗，口中持咒語，向五營神將祭拜，並邀請五營兵馬來到儀式現場。在儀式進行過程中，爐主隨侍在側，隨著道長法鈴節奏敲鑼，使整個儀式的音樂更為豐富。

廟方執事將五營兵馬令旗請出　　五營兵馬令旗擺在供桌上
來祭拜

道長開始祭拜五營　　道長主持，爐主配　　給五營兵馬的水與
兵馬　　　　　　　　合執行犒軍儀式　　糧草

犒軍的目的在於感謝五迎兵馬鎮守在廟宇及村落，維護領域的安全，不讓妖魔鬼怪進入神聖空間，傷害信眾。（高怡萍，1998）因此，小坪頂集應廟的道長與爐主在祭拜天公與尪公之後，就得犒賞由中營中壇元帥率領五營的三十六個神將，及三十六神將的兵馬。廟方為此準備豐沛的供品給神將，也提供糧草與水給神將的坐騎享用。儀式結束後，也得焚燒金箔給五營兵馬，約於 14：45 結束。

## 四、儀式結束

約於下午 14:45 在廟內由道長主持的豬公祭典儀式告一段落，廟埕的信眾也開始收拾自己準備的各項供品。廟方領袖與信眾分別焚燒金箔謝神，焚燒後，信眾自行收拾廟埕與廟內的供品。爐主手捧小坪頂集應廟尪公賞賜的靈符，由信眾自行取回家供奉。

部分信眾帶領神將、北管來參與本次祭典。此時，北管樂團用「鬧廳」的歡樂樂音，響徹廟埕雲霄。尪公的部將南霽雲、雷萬春及媽祖的護法神千里眼、順風耳等神將隨著北管樂音，手足舞蹈，踩著七星步伐，帶領信眾與神豬離開現場。

祭拜過天公與尪公廟內的米豬，象徵平安的意涵。由爐主與廟方執事捐獻給廟方。信眾可為米豬自行添油香，再由廟方執事收集信眾姓名、住址資料，事後分發平安米給信眾「食平安」。約在 16：00，整個廟埕清理完畢，豬公祭典落幕。

在犒軍結束後，信眾焚燒金紙

豬公祭典結束後，信眾收拾供品

爐主手持靈符供信眾拿回去
保平安

南霽雲與雷萬春神將隨著信
眾帶領神豬離開廟宇

典禮結束後，將豬公送上卡
車運回家

信眾留下基本資料與隨喜，事
後廟方將米豬分給信眾吃平安

# 肆、九年輪祀「豬公祭典」的意涵

## 一、酬神

### （一）豐沛供品

　　小坪頂集應廟九年一次輪祀的豬公祭典，最重要的意義在於信眾對尪公表達酬神之意。信眾在廟內、廟埕，廟宇周邊道路、空地及小坪頂張家村家戶的門口，撲滿了祭拜尪公的牲禮與供品。

　　豬公牲禮約有百頭，只有 11 頭得獎的豬公，可以擺在廟埕，正對著尪公神殿，依得獎順序從中間往兩邊排開。其餘九十餘頭豬公，散佈在廟埕外頭週邊的道路、空地與張家村的家戶門口。廟宇內外，由廟方事先準備排列好的供桌，讓管理委員的委員、爐主、信眾自由擺設祭拜神祀的各項供品。廟埕的供桌十一列，每一列的供桌長約三公尺到三十公尺，信眾排在供桌上的供品琳瑯滿目，有熟食、罐頭、水果、酒、飲料等，在供桌的盡頭為三界公桌，也由信眾為三界公樹立起紙紮的神牌，在桌上佈滿香爐一座，燭台一對，鮮花插在花瓶上一對，三杯茶、三杯酒、水果及簡單的牲禮。這些長列的供桌與三界公桌，讓整個廟埕充滿虔誠酬神之意。

　　豐盛的供品不只在廟埕呈現，也在廟宇神殿前的天井展露無遺。由管理委員會準備約三千斤白米裝飾而成的米豬，成為神殿中祭拜尪公供品重要的焦點。在米豬前面也排列了供桌，供桌也由信眾佈滿了各項供品，用來祭拜尪公。在廟埕外的周遭空地、道路，也由信眾用發財車架起豬公牲禮、

三界公桌。或是在每一戶人家自家門口，架起三界公桌及豬
公棚架，用來表達對尪公的酬神之情。

　　以小坪頂集應廟為中心，向外擴散的周邊道路與張家
村，信眾用豐沛的供品及豬公牲禮，展現出信眾對尪公的庇
祐之恩的高度回饋，這種盛大的傳統豬公祭典，在後現代的
台灣社會乃屬少見的傳統祭典。今天可以在小坪頂集應廟及
其周遭看到這類祭典，是張氏族裔對尪公信仰虔誠感恩的表
現。

## （二）輪祀

　　小坪頂集應廟與木柵集應廟、下圭柔山集應廟，三間廟
宇輪祀尪公，對尪公而言，是另外一種酬神的表現。老祖神
尊離開本廟前，送到另一個庄頭的聖誕，該廟宇就用傳統儒
家士大夫階級的豬公祭典，表達尪公過去對本廟信眾庇祐的
酬神之情。三廟輪祀週期，長達九年才輪到一次豬公祭典，
這是根據張氏祖先九房輪祀的傳統，七房住在木柵，一房在
小坪頂，另外一房在下圭柔山，尪公老祖住木柵七年，由木
柵七房的張氏族裔輪流祭拜尪公，在第七年尪公老祖就被送
離木柵前往下圭柔山，此時，木柵張氏宗親就得殺豬公送老
祖離庄。同樣地，在下圭柔山住了一年的尪公，小坪頂集應
廟的頭人就得前往迎接老祖，此時，下圭柔山集應廟就需以
豬公祭拜尪公。本研究記錄的是2012年尪公老祖已經在小坪
頂住滿一年，在尪公聖誕時，小坪頂集應廟用豬公祭典祭拜
尪公，歡送尪公到木柵集應廟。

　　張氏宗親三間集應廟系統，用輪祀的方式，依房逐年祭

拜尫公，形成九年豬公祭典輪祀一個週期的傳統。這種輪祀方式，類似儒家子孫供養父母的「輪饗」。

　　父母親隨著諸子的輪流供養，而到各孩子家中接受供養。這種輪饗供養父母親表達孝順之意的作為，對子女而言，經濟承擔不會過重，對父母而言，也可以享受與諸子女的天倫之樂。

　　現在，台灣地區諸多廟宇，採取輪祀方式敬拜神祇，具有類似於儒家道德律，晚輩對長輩依房輪饗父母的倫理展現，也含有諸子女共同分擔供養的經濟費用之效果。張氏族裔的集應廟系統，以九年為週期輪祀尫公，雖然信眾準備非常豐沛的豬公與供品，耗費信眾數千元到數十萬元。一般信眾耗費較少，準備供品約幾千元即可；虔誠的信眾準備豬公祭拜，就得耗費數萬元到十幾萬元之多。至於廟宇頭人與爐主，要承擔陣頭、戲班、北管及廟際間的交陪費用，就得承擔數十萬元的費用。對這些信眾而言，他們願意九年一次承擔祭拜尫公的費用，除了傳統祭拜尫公的代代相傳規矩外，也有對尫公的酬神心裡，當然對廟宇頭人與爐主而言，九年一次的祭典金錢支出，是他們可以承受的範圍，更具有展現社會地位與搏得村民尊敬的面子心理。

## （三）肅穆與熱鬧氣氛

　　2012年農曆2月1日小坪頂集應廟九年輪祀尫公祭典為尫公祝聖，集應廟內外，會集眾多的信眾、供品、陣頭、戲班、北管樂團、布袋戲及電子花車，廟內外呈現「肅穆與熱鬧」兩種截然不同的祭典氣氛。

　　廟內神殿由道長主持，爐主跟拜，祭拜天公、尪公、尪娘與五營兵馬，道長與爐主用肅穆的法靈、經咒來請神與祭拜神。用嚴肅的語調唸疏文，報告眾神，諸信眾願意誠惶誠恐的敬拜尪公。儘管整個神殿的敬拜科儀、參與人員相當單薄，只有道長一名、爐主一名及自由參拜的信眾數名，但也看得出廟內祭拜尪公、天公、五營兵馬科儀的神聖、嚴肅的宗教氣氛。由於沒有舉辦三獻禮，所以廟宇的管理委員會頭人反而群聚在廟埕，因此，豬公祭典的中心由廟內轉移到廟埕。

　　與廟內肅穆氣氛相對應，廟埕一片喧囂、熱鬧、快樂的氣氛。當廟宇祭拜的同時，廟埕的北管音樂，演奏相當悅耳的熱聽樂章，演奏結束後，換歌仔戲班表演扮仙，與歌仔戲班同時進行的尚有布袋戲與電子花車，各自吸引信眾觀賞。在廟埕的另一個端景，是由管理委員會邀請張氏宗親集應廟系統的頭人及地方鄉紳，他們齊聚一堂，為整個豬公祭典奉獻最多的賽神豬得獎人逐一頒獎。得獎人獲得木柵、下圭柔山及小坪頂三間集應廟管理委員會主任委員的獎狀，另外也獲得淡水地區政治領袖吳育昇立委、蔡錦賢議員、鄭戴麗香議員及淡水地區頭人一信理事長麥勝剛、淡水農會總幹事李清棋等人的獎狀。

　　從廟內與廟埕豬公祭典的神聖空間來看，廟內展現的是宗教科儀的肅穆氣氛；廟埕展現的則是民間宗教廟會的歡欣鼓舞情緒。這兩種氣氛同時在小坪頂集應廟的豬公祭典出現。從參與人數來看，或許可以理解，廟埕信眾眾多，象徵民間宗教的重點在於信眾快樂的共同參與此祭典。從參與過

程中，形成張家村聚落張氏族裔與外姓氏信眾，對尪公崇拜之後的「共同」我群感覺的社會集體意識。此時，集應廟埕的廟會形式，雖然可類比為西方的嘉年華會，具有十足熱鬧、喧囂與快樂的氣氛，但是，也從中凝聚了尪公信眾與廟際頭人間的情感。

## 二、融合

　　從宗教融合（religious syncretism）的角度來看，九年輪祀的豬公祭可以發現，華人民間宗教融合儒、釋、道三教的科儀、神職人員與思想觀念的現象相當濃厚。（張家麟，2010：8-51）

### （一）儒教祭典由道長主持的融合

　　從程式上來看，廟宇神殿前的尪公祭典，依序祭拜天公、再來祭拜尪公、尪娘，這是類似傳統儒教先尊天、後祭神的科儀。尤其從《禮記》規範的士大夫階級用饋食之禮祭拜天地鬼神傳統，至今被集應廟系統傳承。只不過，此類科儀傳統上是由鄉紳階級或儒生主持，但是在小坪頂集應廟的祭典卻委由紅頭師公－靈寶派道長主持。這種儒家祭典由道教道長主持的現象，是因為集應廟頭人沒有兼神職人員的角色，只好與經常往來的道長做「異業結盟」，道長來集應廟主持祭拜儀典半天，是由集應廟頭人出錢聘請，宗教領袖與宗教神職人員的結合，使傳統的儒家祭典產生變化。不僅如此，儒家祭拜天地鬼神，尤其是神祇的聖誕經常舉行「三獻禮」，但是，在有限的經費下，三獻儀典也在整個祭拜科儀中被省略。

　　廟埕的廟會型態也具有濃厚的宗教融合味道，用饋食之禮將 11 隻得獎的豬公擺在廟埕，給予得獎者最高的榮譽，他們將豬公裝扮的非常隆重來敬拜尪公，這具有儒教士大夫階級用牲禮敬神的傳統禮儀；然而，廟埕神豬祭典的廟會形態，卻與儒教的肅穆典禮相去甚遠，展現出民間信仰「熱鬧、歡欣」的氣氛。因此，廟內與廟埕的神豬祭典氣氛是儒教科儀與民間宗教廟會的交融。

## （二）尪公聖誕與天公、三界公、五營兵馬祭拜、犒賞

　　張巡在唐死守睢陽城殉死之後，被唐肅宗追封為揚州大督都，許遠也被封為荊州大督都，立雙忠廟由朝廷派遣官員，春、秋兩季，按時祭拜。廟廷官員祭拜張巡採用的是朝廷儒教禮節來祭拜尪公。（呂宗力、欒保群，2002：503）

　　至今，集應廟系統九年輪祀祭拜尪公，仍然保存朝廷儒教的豬公祭典，但是，也雜揉了道教、民間宗教的神祇祭拜。在尪公聖誕的豬公祭中，廟埕設立天官、地官及水官的紙紮神牌位；在三界公桌上，象徵祭拜尪公時，也得懇求三官大帝，賜福、消災與解厄。廟內神殿由道長先行祭拜天公，其次祭拜尪公與尪娘，最後，也得進行道教或民間宗教的犒賞五營兵馬的犒軍科儀。這種雜揉儒教祭典的供品、神祇與延請道教的三界公，或民間宗教五營兵馬的犒賞，綜整雜揉出小坪頂集應廟九年輪祀尪公時，對眾神膜拜模式。

## （三）佛教素食思想滲入豬公祭典

　　傳統尪公聖誕信眾是用豬公祭典祭拜祂，然而，在此次

調查發現，一百餘頭豬公中，約十頭隻豬公是用「素豬」來祭拜尪公。呈現出來豬公牲禮與素豬牲禮，兩種不同樣式的豬公祭典形式。固然，素豬祭拜尪公的比率仍屬少數，但是，隱約已經可以感受神豬祭典中，佛教素食觀念進入到信眾腦海中。信眾捨傳統牲禮，而用鳳梨酥、沙其瑪、壽麵或壽桃等素食供品，拼湊出一隻豬隻樣式，在廟埕周邊的道路、空地或家戶民宅前祭拜神明。

這種素豬現像是尪公信眾以傳統豬公祭典祭拜尪公的轉化，他們認為殺生祭拜尪公不太恰當，但是又想保留傳統豬公的樣式，只好選擇素食材料拼出素豬來祭拜祂。另外，從經濟的角度來看，素豬的費用遠低於豬公牲禮的費用。既然可以節約祭拜成本，又可表達以豬隻型式來祭拜尪公的效果，對信眾而言何樂不為。另外一種觀念認為，賽神豬的活動有違人道與環保，因此，捨棄飼主以非人道灌食而長成龐大身軀的神豬，而取素豬型式，來表達對尪公十足的敬意。雖然它沒有神豬那麼隆重龐大，但也了表信眾對尪公的十二萬分禮敬。基於這些理由，小坪頂集應廟的豬公廟典，出現素豬敬拜尪公也就不足不奇。

## 三、交陪

### （一）管理委員會的主導與承擔

小坪頂集應廟是淡水地區張氏族裔在小坪頂聚落的庄頭廟，目前小坪頂主要的居住人口為張氏族裔，但也有部分張氏子孫擴張散佈到淡水樹興里、竿蓁林里及台北市北投等

地。因此，當小坪頂集應廟舉行九年輪祀尪公的豬公祭典時，
不只張家村的住戶投入，這些村外的張氏族裔的信眾也會共
同參與。而促使集應廟豬公祭典可以舉行隆重的典禮，典禮
上信眾供奉豐沛的豬公與祭品，真正的重要因素在於管理委
員會的組織動員，沒有它依傳統公告、宣傳與分工，小坪頂
集應廟不可能做出龐大的慶典。

　　管理委員會在此祭典扮演主導的角色，它必須在豬公祭
典前一年依例籌畫，在 2011 年的農曆一月十五日小坪頂集應
廟的「安公盟」聚會時，選出「爐主」。所有集應廟的信眾都
可依自己的興趣或自願，參與爐主選拔。用「擲筊」的方式，
在尪公神殿前「博杯」，擲出聖杯最多者即當選爐主。

　　管理委員會也得承擔爐主選拔以外的所有祭典事宜，舉
凡事先告知信眾下一年度的九年輪祀的豬公祭典有「賽神豬」
活動，鼓勵信眾參與神豬祭典比賽，讓尪公祭典更加熱鬧。
除了鼓勵信眾參與，委員會的成員經常帶頭投入神豬比賽，
炒熱神豬祭典的氣氛與提高信眾的參與程度。

　　委員會尚得需要從事集應廟的神豬祭典所有的分工、集
應廟系統間的廟際協調、地方政治經濟領袖的邀請及道長的
安排等事宜。廟內的分工相當繁瑣，幾乎所有委員都得負責
神豬祭典的一部分活動，例如討論公告神豬祭典的流程、張
家村家戶通知、安公盟的動員、神豬祭典供桌擺設、祭品提
供、廟宇神豬祭典招牌裝飾、米豬認捐、道長聯絡等活動。
廟宇為神豬祭典付出的龐大金額，幾乎都是委員會的成員彼
此分擔負責。委員間透過委員會常態型的會議協調，撐起整
個豬公祭典。

　　委員幾乎都是張氏宗親熱心公共事務的頭人，他們部分成員經商有成，部分委員擁有政治地位，也有部分成員長期投入張家村事務。他們共同的特質是具服務熱忱，願意為廟宇事務承擔工作。在九年輪祀的祭典時，他們變成出力最多出資甚鉅的宗教領袖。也有少部分委員是外姓信眾，這是小坪頂集應廟最近幾年由家姓廟的封閉性格，逐漸轉型為接納外性參與地開放性格，儘管外性委員比例不高，但是接納非張氏族裔進入集應廟領導階層，將使集應廟注入一股新的力量。

## （二）爐主的角色

　　爐主用擲筊方式選出後，他就得依照傳統「出錢出力」。他跟據自己的財力，必須承擔諸多金錢的奉獻，包括認捐米豬，提供陣頭，祭典當天跟在道長後面代表管理委員會與信眾祭拜尪公、天公與三界公，尾隨道長在廟宇內外灑淨，犒賞五營兵馬，儀式結束前分送靈符給信眾。爐主在整個豬公祭典儀式中，代表集應廟的頭人、信眾承擔祭拜事宜，變成神聖科儀的「代表」角色。爐主也為豬公祭典做出金錢奉獻，扮演協助廟方在祭典中世俗財務支出的「承擔」角色。

# 伍、九年輪祀「豬公祭典」的宗教、社會因素

## 一、集應廟領袖的堅持與妥協

　　傳統宗教儀式在當代與社會得以維持非常重要因素之一，是宗教領袖對傳統的堅持。像獅頭山勸化堂的扶鸞儀式，堅持傳統諸多禁忌，與獅頭山勸化堂董事長的理念有密切關聯。（劉智豪，2009）大甲鎮瀾宮媽祖神轎年復一年的遶境傳統，也與鎮瀾宮廟方領導階級將傳統遶境科儀，當作該廟最具代表性的人文資產有關。（張家麟，2008：131-160）同樣的在台北集應廟群得以保留傳統依歲時祭拜尪公，而且九年輪祀祂時，採用隆重且盛大的豬公祭典，也與集應廟群張氏族裔的頭人的堅持為關鍵因素。他們不完全接受國民黨1970年代的宗教統一祭典政策，堅持走自己傳統的路線，傳承了九年輪祀尪公的豬公祭典。

　　戰後國民黨統治台灣社會，為了節約百姓對神明祭拜的豬公祭及吃拜拜活動，對傳統農業社會台北地區送迎尪公活動的祭典，及祭典之後親朋好友齊聚一堂看熱鬧吃拜拜的社交產生重大衝擊。國民黨曾經將各神明的聖誕統一，以媽祖的聖誕當做統一祭典時辰。本來尪公送迎的活動在台北地區是從農曆正月到五月，尪公從 A 庄到 B 庄，再從 B 庄到 C 庄，這種逐庄送迎尪公的週期，在 1970 年代以前是台北地區非常重要的宗教活動之一。然而在政府的節約祭拜宗教政策下，大部分台北地區送迎尪公的活動統一在媽祖聖誕舉行，

尫公「過頭」時的熱鬧盛會，被政治力量所影響，而失去原
有的宗教慶典與社交活動。（林傳凱，2007：127-132、140-147）

　　僅管如此，位於台北市郊的木柵集應廟及後來新設的小
坪頂與下圭柔山集應廟，他們採取部分配合對政府節約政
策，部分堅持傳統的作為，而保留現在祭拜尫公的豬公祭典
樣式。

　　集應廟群的領袖以木柵為首，他們堅持農曆二月一日尫
公聖誕的時辰不與媽祖聖誕同步，他們也堅持豬公祭典在尫
公送離木柵到淡水時要隆重舉行，這些想法化為具體行動，
抵擋了黨國節約宗教政策的滲入。然而他們也必須對政府的
宗教政策有所回應，將過去逐年祭拜尫公後請客習俗[17]，改
為九年輪祀尫公當年的豬公祭典，再行宴請，從此尫公祭典
已有轉型。

　　至今我們可以到三家集應廟九年輪祀尫公的豬公祭典，
是集應廟群領袖與國民黨宗教節約政策相互折衝、妥協的結
果。既可配合國家宗教政策，也維持了豬公祭典的傳統，當
然九年輪祀的週期宴請親朋好友的風俗，大幅度減輕張氏族
裔的經濟負擔，是張氏集應廟群信眾們願意投入尫公祭典的
原因。

---

[17] 日據時期木柵集應廟與景美集應廟都有 10 年或 5 年一週期的豬公祭典，祭
　　典當天數百頭豬隻祭拜尫公，規模相當盛大。（昭和三年 2 月 7 日、昭和三
　　年 2 月 25 日、昭和五年 2 月 16 日，日日新報）

## 二、集應廟群位於都市邊陲，宗教傳統較易維持

　　福建安溪張氏族裔在清朝初葉來到台灣，本來與大坪村的高姓、林姓鄉親共同祭拜尪公、尪娘，由於族裔的發展及對祭拜科儀出現歧異的見解，乃決定分別祭拜。但是張、高、林三姓所設立的廟宇都稱為集應廟。分別祭拜後張氏宗親以九房輪祀，在台北木柵地區張氏有七房子孫，淡水下圭柔山、小坪頂各有一房。他們在木柵集應廟立廟之後，木柵張氏族裔七房逐年在廟中輪祀尪公，至於淡水張氏族裔，就得前來木柵迎接尪公。這種輪祀的傳統從清季清光緒二十年（1894）木柵集應廟立廟後，傳承至今未曾中斷，應該與張氏子孫建立的聚落位於台北縣市都市邊陲有關。

　　「禮失求諸野」，諸多儀典容易在社會變遷劇烈流失，相反的，在位於都市邊陲的鄉間或山上容易維持。三家集應廟群都處於都市邊陲，因此，輪祀尪公的豬公祭典未受都市化重大衝擊。在都市化過程中，人口快速流動，新移入的住民不見得會認同既有宗教廟宇舉行的祭典。張氏族裔的集應廟群位於張氏人口群集的聚落，人口流動較少，也就容易維持傳統的祭典。

　　尤其張氏族裔山區聚落到今天都還維持種茶、耕作的傳統，對尪公「驅蟲」的角色有所期待。（鈴木清一郎，1989：527-528；2012.2.6 社會調查資料）像木柵集應廟迎接尪公在木柵老街遶境之外，也迎尪公神轎到貓空茶園巡視。淡水小坪頂集應廟從下圭柔山集應廟接來尪公時，除了在淡水老街遶境外，尪公神轎也前往樹興里、竿蓁林里及北投山區巡視。

當台北市人口快速流動，而且居民不再耕種，對尪公信仰的期待相對降低；但是張氏族裔集應廟群位於都市邊陲，甚至有些族裔仍住在「山上」，他們維持部分的耕種傳統，對尪公信仰的需求仍高，與祂相關的豬公祭典乃得以保存。

## 三、廟宇、村落與張氏宗親會緊密連結

　　所有的廟宇慶典都需要組織運作，才可能撑起整個祭典的場面。台灣諸多廟宇都存在傳統或修正傳統的祭典，因此，在這些祭典背後也都有深刻的人群組織結構當作基礎[18]。C.K.Yang 曾經說明漢人宗教為擴散型宗教，異於西方制度型宗教，（C.K.Yang，1994）然而大甲鎮瀾宮九天八夜的遶境，背後有相當完整的任務型編組的組織結構。（張珣，2000）同樣的，在集應廟群盛大的豬公祭典，也出現強有力的組織結構，才讓祭典順利舉行。

　　只不過集應廟組織結構中關鍵的組織為三家集應廟群的張氏宗親會，他們在集應廟中運作，集應廟形同張氏的家廟。張氏宗親會的組織動員成為張氏聚落與集應廟間重要人力、物力資源來源，與村落和廟宇協調的橋樑。

　　當集應廟負責九年輪祀的尪公祭典，張氏宗親會的頭人既是集應廟領袖，也是宗親會中「安公盟」領導，同時也在

---

[18]　漢人對廟宇的祭拜慶典或修廟，都由村頭或跨村頭的信仰圈住民共同承擔。信仰圈中的住民繳交丁口錢，鄉紳階級承擔比較多的緣金，這種為神付出的「宗教稅」，是漢人民間宗教非常重要的結構。（許嘉明，1978：59-68；林美容，1986：53-114）

張氏聚落中的關鍵人物。張氏族裔領袖為九年輪祀祭典舉行的各項會議與餐會，都在集應廟中舉行，因此，集應廟不只是張氏族裔的信仰中心，也是社交中心。

張氏聚落所選出的公部門地方領袖－里長，當然是張氏宗親會領袖之一，也是集應廟的重要頭人。里長透過集應廟管理委員會與張氏宗親會領袖的互動，將九年輪祀的訊息帶回張家村，也促使張家村住戶共同投入此祭典。

由於小坪頂九年輪祀的活動牽涉到跨廟際間的活動，因此，它不只是小坪頂集應廟的「家務事」，也是三間集應廟系統張氏頭人的「公事」。張氏頭人在新北市張廖簡宗親會中彼此交換訊息，也在三家集應廟管理委員會的聯席會議中協調，讓豬公祭典可以成為三家集應廟與八里安公盟神明會等四個團體的張氏宗親都可共襄盛舉參與慶典。

因此，我們可以理解小坪頂張氏頭人在宗親會的運作，使集應廟與張家村形成二合一的結構體，他們是九年輪祀的主要團體組織。而小坪頂張氏宗親會與木柵、下圭柔山、八里宗親會的互動往來，促成豬公祭典不是小坪頂的地方活動，而是連結新北市、台北市跨區域宗教、社交活動。

## 四、張氏宗親會頭人的社會聲望追求與擁有

傳統漢人在社會從事公益活動主要的動力在於個人的儒家道德實踐，或是企圖博得社會名聲，贏得村里民眾的景仰與支持。（林萬億，1990）在廟宇祭典中，也有類似的社會心理，廟宇頭人願意承擔祭典大部分費用，成為「頭人損角」

的現象，不外乎期待村里民眾給予掌聲與肯定。

　　小坪頂集應廟九年輪祀盛大的豬公祭典場面，張氏族裔頭人擁有宗親會兼集應廟管理委員會領袖雙重身份，他們願意花龐大經費，率先領導張氏族裔投入豬公祭典，最主要的因素是期待張氏族裔給他們的肯定，形同在宗親中擁有好的社會聲望。

　　雖然小坪頂集應廟有對張家村落住戶徵收丁口錢，但此費用只用於農曆八月謝神時慶典、平安戲，並沒有用在九年輪祀的豬公祭典中。豬公祭典所耗費的經費絕大部分由張氏宗親頭人承擔，信眾自由隨喜為輔。廟宇中的管理委員會及爐主是整個祭典費用重要的功德主，他們在委員會、宗親會中，彼此協調、交流，承擔成為尪公的僕人，投入尪公祭典。這些頭人在祭典中尚有相互競爭、拼比謝神排場的宗教與社會心理，也展現出具有領導張氏宗親會的經濟實力。

　　他們不只在小坪頂集應廟管理委員會承擔集應廟祭典的責任，平時也投入廟際間張氏宗親會的宗教、社會聯誼活動。當友宮的廟會或重要活動需要他們的支援，他們經常贊助陣頭與友宮交陪。同樣的小坪頂輪祀豬公祭典舉行時，他們也期待友宮頭人相挺。集應廟群間的張氏宗親族裔頭人彼此在平時及尪公祭典中互挺、交陪，形成祭典擁有張氏宗親頭人的結構性支持，張氏頭人也在此互挺支持過程中，擁有了張氏族裔給予的社會聲望，這是小坪頂集應廟祭典盛大場面的內在社會、心理基礎。

# 陸、結論

　　本文以小坪頂集應廟九年輪祀尪公的豬公祭典為題，聚焦於尪公祭典的現象、意義與在現代社會仍能保留古老豬公祭典的宗教社會因素為討論主軸。從本個案的討論，可以釐清台北張氏集應廟系統豬公祭典意涵與原因。甚至也可以推論與集應廟系統雷同，如蘆洲保和宮李姓族裔祭拜保生大帝，具家廟性質豬公祭典的可能因素。或是當做其他神祇聖誕豬公祭典的參考假設。

　　本文研究發現，九年輪祀的豬公祭典在當代社會具有信徒對神高度酬神的宗教心理；宗教儀式展現出高度宗教融合，包括儒教祭典與請道教道長主持的融合；或儒教與民間宗教神祇共同祭拜的融合；及佛教素食思想滲入儒教豬公祭典的融合等現象。這種民間宗教豬公祭典的包容、多元、分歧的特質，是台灣漢人民間宗教各項科儀的縮影。

　　至於尪公祭典形成得以維持的因素，應與宗教領袖的主導有關。集應廟系統領袖在國民黨宗教祭拜節約政策衝擊下，既要維持傳統豬公祭典與尪公聖誕時間，又得配合國家節約政策。他們用智慧做了部分妥協，將逐年的豬公祭改為九年過頭前的豬公祭典。既可符合國家節約的要求，又可精簡祭典費用，而且保留了古老的儒教「饋食之禮」。

　　九年輪祀豬公祭典得以維持了另一因素，在於張氏族裔種茶的傳統，選擇住在都市邊陲或山上，張家村的張氏族裔因而少受都市化衝擊，人口流動緩慢，因此容易維持傳統尪公的祭典。不只如此，張氏宗親會的頭人將集應廟系統緊密

連結，也承擔自己廟宇祭典的吃重角色。宗親會頭人在廟宇當中也是管理委員會的領袖，處於村落中民選的村里長，也都由張氏宗親擔任，因此張氏族裔的頭人成為廟宇與村落的粘著劑，動員了村民、宗親與信眾共同投入豬公祭典。對張氏宗親頭人而言，他們願意投入且承擔豬公祭典的費用、工作，具有傳統鄉紳階級為公共事務付出的色彩。他們在此祭典當中既可贏得宗親、信眾的尊重，而從中獲得高度的社會聲望。

　　簡言之，本文只對具有家廟性質的豬公祭典輪祀現象提出討論。事實上，應該再深入探究與豬公祭典相關的過頭時遶境科儀。以 2012 年為例，木柵集應廟頭人前來小坪頂迎接尫公、尫娘及其附屬的神聖物，三個集應廟頭人及八里安公盟的動員下，整個小坪頂集應廟埕充滿了民間宗教的活力。當尫公被迎送到木柵集應廟後，在木柵地區的兩天遶境科儀，除了張氏集應廟系統外，高姓、林姓集應廟及木柵集應廟經常往來的友宮，組成遶境的陣頭綿延數公里，讓整個木柵市區與山上沸騰。這些過頭遶境現象及其原因，在未來值得我們繼續為文探索。

# 柒、參考資料

呂宗力、欒保群，2002，《中國民間諸神》下，河北教育出版社。

卓克華，2006，《寺廟與台灣開發史》，台北：揚智文化。

林美容，1986，〈由祭祀圈來看草屯鎮的地方組織〉，《中央研

究院民族所集刊》第 62 期：53-114。

林傳凱，2007，《神靈、民族、與認同的空間政治：日據與戰後台北盆地尪公年例之變遷》，國立台灣大學工學院建築與城鄉研究所碩士論文。

林萬億，1990.9，〈比較福利國家發展：理論與方法〉，《中山社會科學季刊》第 5 卷 3 期，頁 30-44。

昭和三年 2 月 7 日、昭和三年 2 月 25 日、昭和五年 2 月 16 日，《台灣日日新報》。

范純武，2003，《雙忠崇祀與中國民間信仰》，國立台灣師範大學歷史學系博士論文。

酒井忠夫，1992，《台灣的宗教與中國文化》，東京：風響社。

高怡萍，1998，《澎湖群島的聚落、村廟與犒軍儀式》，澎湖縣立文化中心。

張家麟，2008，《台灣宗教儀式與社會變遷》，台北：蘭台出版社。

張家麟，2010，《台灣宗教融合與在地化》，台北：蘭台出版社。

張家麟，2012，〈多元與再詮釋：當代台灣張巡信仰型態〉，《2012 台北保安宮道教與民間宗教神譜學術會議論文集》，台北：保安宮。

張　珣，2000，〈儀式與社會：大甲媽祖祭祀圈的擴展與變遷〉，《中央研究院第三屆國際漢學會議》，中央研究院。

張　珣，2008，〈神豬祭祀與變遷〉，《2008 年台灣人類學年會論文》，人類學與民族學會。

王聘珍撰、王文錦點校，1993，《大戴禮記解詁》，台北：中

華書局。

許嘉明，1978，〈祭祀圈之於居台漢人社會的獨特性〉，《中華文化復興月刊 11 卷 6 期：59-68。

陳正明，1995，《清季福建安溪大坪、高、張、林三姓族人移墾台北之研究》，文化大學史學研究所碩士論文。

楊慶堃教授（C.K.Yang），1994，" Religion in Chinese Society: A study of contemporary social functions of religion and some of their historical factors. "，台北：南天書局。

溫振華，1978，《清代台北盆地經濟社會的演變》，師大歷史所碩士論文。

鈴木清一郎著，馮作民譯，1989，《台灣舊慣習俗信仰》，眾文出版社。

劉智豪，2009，《傳統與現代-論台灣鸞堂扶鸞儀式變遷及其因素》，真理大學宗教文化與組織管理學研究所碩士論文。

蕭凱琳，2009，《文化變遷對居民認同感影響之研究-以三峽神豬祭祀文化為例》，南台科技大學數位內容與動畫設計研究所碩士論文。

謝德錫，2005，《百年祭典巡禮-八庄大道公的世紀拜拜》，財團法人淡水文化基經會。

木柵集應廟官方部落格：http://blog.yam.com/giintemple3，下載日期：2012/5/22。

社會調查資料 2012.2.06、2012.2.11、2012.2.22、2012.3

## 附錄 1.小坪頂集應廟管理委員會及頭人在神豬祭典時工作分配表

| 項目 | 負責人員 | 執行日期 | 工作內容 |
|---|---|---|---|
| 1 | 張七郎 | 農曆正月二十九日 | 在廟埕蓋 2M 板凳，上方加蓋牌樓<br>二樓廟前牌樓更新 |
| 2 | 張義禮、張地池、張盟山、張義博 | 農曆正月三十日上午 8 時整 | 桃園地區監察磅秤豬公 |
| 3 | 張金發、張金池、張天賜、張興、張楓 | 農曆正月三十日上午 9 時整 | 淡水地區監察磅秤豬公 |
| 4 | 張乎、張登木 | 農曆正月三十日下午 16 時前 | 在廟內統計歸類豬公等級 |
| 5 | 張金池 | 農曆正月三十日下午 17 時前 | 將豬公等級傳真給木柵、義山集應廟、八里吳育昇立委、蔡錦賢、鄭戴麗香、呂子昌議員及淡水第一信用合作社 |
| 6 | 張木壽 | 農曆正月三 | 雇用 2 名臨時工 |

| | | 十日、二月初一日 | 1.燒金紙處：場地整理及鐵絲網架設<br>2.祭典中之協助及完成後廟埕清掃 |
|---|---|---|---|
| 7 | 張金發主委<br>張月玲 | 農曆二月初一日中午13：00 起 | 豬公入等頒獎（含友廟及各界長官） |
| 8 | 陳茂通爐主<br>張天賜里長 | 農曆二月初一日中午13：00 起 | 陪同道長跟拜及各豬公攤、賞軍（請里長安排 3 台摩托車載道長賞軍） |
| 9 | 張榮元 | 農曆二月初一日 | 午餐之工作人員便當備用 |
| 10 | 張義禮 | 農曆正月三十日、二月初一日 | 一月三十日演大戲進駐，二月初一下午 13：00 起扮仙 |

資料來源：1.社會調查資料 2012.2.06、2012.2.11、2012.2.22、2012.3

2.本研究整理

## 附錄 2.2012 小坪頂集應廟神豬祭典流程

| 時間 | 儀式階段 | 活動 | 主持者 | 參與者 | 地點 |
|---|---|---|---|---|---|
| 2011.12.1 - 2012.1.31 | 籌劃 | 開籌備會 | 集應廟頭人 | 1.安公盟 2.信眾 | 廟內 |
| 2012.2.1 08：00- 12：00 | 準備 | 豬公佈置 祭品擺設 | 集應廟頭人 | 1.北管樂團 2.信眾 | 廟內、廟埕、張家村 |
| 13：00- 13：40 | 進行 | 拜天公、尪公與通疏科儀 | 道長、爐主 | 信眾 | 廟內 |
| | | 1.頒獎 2.戲台扮仙、布袋戲、電子花車 | 1.集應廟頭人 2.表演人員 | 信眾 | 廟埕 |
| 13：40- 14：20 | | 灑淨科儀 | 道長、爐主 | 信眾 | 廟埕、張家村 |
| 14：20- 14：30 | | 1.祭拜 2.焚燒金紙及紙紮的三界公 | 道長、爐主 | 1.集應廟頭人 2.信眾 | 廟內、金爐與廟埕旁的空地 |

| | | 壇 | | | |
|---|---|---|---|---|---|
| 14：30-<br>14：45 | | 犒軍科儀 | 道長、爐主 | 信眾 | 廟內 |
| 14：45-<br>16：00 | 結束 | 1.焚燒金紙<br>2.收拾供品與神豬 | 信眾 | | 廟埕 |
| | | 收拾供品 | 信眾 | | 廟內 |
| | | 分送靈符 | 爐主 | 信眾 | 廟內、廟埕 |
| | | 隨喜平安米 | 集應廟頭人 | 信眾 | 廟內 |
| | | 神將表演與北管樂團演奏鬧廳 | 樂團 | 信眾 | 廟埕 |

資料來源：1.社會調查資料 2012.2.06、2012.2.11、
2012.2.22、2012.3

2.本研究整理

# 第六章　自主與發展：論台中樂成宮的組織建構與變遷[1]

## 壹、前言

　　華人媽祖廟組織屬於華人宗教的「宗教組織」研究範疇，過去學界對其研究已經肯定有其組織的特殊性。然而媽祖廟組織的性質與內涵為何？學者定義與論述相當多元且分歧；從不同的角度切入此議題，經常作出不同的解讀。

　　過去最耳熟能詳的媽祖廟宇組織為「祭祀圈」或「信仰圈」理論，這兩個理論都從「地域」上的居民膜拜神明所建構的組織來論述。最早提出「祭祀圈」的定義是「地域上的居民共同奉祀神明」；（岡田謙，1938）後來將之修正為「以地域為單位的信徒共同舉行祭祀來祭拜一個主祭神，而且其

---

[1]　本文於 2013 年在「兩岸媽祖文化志學術會議」發表。

成員在主祭神的名義下的財產屬於所有住民」；（許嘉明，1978：62）此時他以村廟研究對象，除了說明宗教組織外，也強調組織成員擁有共同的宗教祭祀財產。也有學者進一步指出，「以地域為單位的居民擁有共同神明信仰，舉辦共同祭祀活動，共同承擔祭祀經費的祭祀組織」。（林美容，2006：30）這類說法意指祭祀圈應該涵蓋共同的信仰神明、地域上的居民、居民的祭祀活動、經費與組織等層次。

　　信仰圈則從祭祀圈發展而來，其範圍遠超過祭祀圈。它是指歷史悠久廟宇的主神被信徒形成的自願性宗教組織所祭祀，成為居民的義務，但範圍經常超越遠有的祭祀圈的界線，形成跨越鄉鎮的現象。有時信仰圈有一主神的廟宇，也有可能出現沒有廟宇的主神信仰圈現象。它比較常見的組織形式為神明會，此神明會有時以庄頭為會員，有時是以個人為單位入會[2]。（林美容，2006：33-38）

　　當華人的宗教慶典舉行時，外國學者關注的是慶典的內容與慶典組織兩個面向。因此經常用廟宇社區、區域性的廟宇聯合體、地域性祭典、近鄰祭典、村庄祭典、多村庄祭典、慶典區域、近鄰地域祭典組織及慶典組織。（Diamond,1969；Feuchtwang,1974 ； Schipper,1977 ； Lizinger,1983 ；

---

[2]　台灣地區華人宗教的祭典組織，少數信仰具神明有跨鄉鎮的祭典。包含媽祖、清水祖師、保生大帝、觀音、張巡、義民爺、國姓爺、三山國王、王爺、玄天上帝、神農大帝等神明。隨著過去先民屯墾的領域範圍，共同膜拜自己領域內隨著移民而來的保護神。這些跨鄉鎮的祭典活動部分保留至今，也有些祭典隨著都市化與社會變遷，已不復存在。（林美容，2006：241-246）

Sangren,1985；Jordan,1986）部分學者也認為華人宗教祭典與村庄或多村庄的地域性居民有關，形成一個聯合體，是屬於華人獨有的「祭典組織」。

上述這些論述著重於傳統農業社會的宗教組織，雖然從農業社會發展到工業社會、後工業社會，台灣地區華人宗教祭典活動，形式上仍然維持祭祀圈或信仰圈的現象，保留地域性的村落祭典，或聯庄跨村落的祭典。但是都是以祭典為主軸在論述宗教組織。而非以廟宇為主軸，論述廟宇的組織，或廟宇組織下的次級組織及其宗教活動。

部分學者從西方宗教組織是處於社會內，卻擁有獨立的組織性格，稱之為「制度型」宗教[3]（Institutional religion），認為華人社會只有佛、道教的類似於西方的宗教組織，至於華人宗教則遠離制度型宗教的概念，沒有獨立的宗教組織，而是將宗教組織混合於社會組織中，是屬於「混合型」宗教（Diffused religion）。（Yang C. K，1991，294-295）這種看法隱含「西方宗教中心主義」的觀點，既忽略了華人宗教的「主體性」，未回到華人宗教的角度來看待華人宗教組織現象；也與現代台灣地區華人宗教廟宇的組織建構及發展事實不相吻合。

---

[3]　Yang C. K 定義華人社會的兩個類型的宗教，分別為具制度性格的佛、道教與不具制度性格的華人宗教。前者認為具有獨立神學或宇宙觀、獨立的信仰象徵與儀式、獨立的人事組織，促進神學觀點的解釋和追求系統的崇拜。對於後者則把華人宗教視為未具宗教組織、神學解釋、崇拜象徵與儀式的獨立性；宗教活動滲入在世俗社會制度中，而且變成世俗社會生活的概念、儀式與結構的一部分。（Yang C. K，1991，294-295）

　　學者研究大甲鎮瀾宮的遶境進香活動，發現 Yang C. K
的論述無法說明大甲鎮瀾宮管理階層及其進香團內部的神明
會等組織，這兩類組織異於制度化宗教及混合型宗教的社會
組織，共同撐起大甲媽祖的遶境祭典，是一種「活動取向」
及「暫時獨立」的組織結構。（張珣，1988.05：61-62）筆者
以為張珣已經看到了 Yang C. K 論述的不足之處，不能純從
「制度性宗教」的角度來看華人宗教組織，她也看到了媽祖
廟組織的「獨立自主性格」[4]。台灣地區華人宗教與佛道教廟
宇在國府來台之後，就被國家宗教政策要求，以廟為單位建
立法人組織，成為廟宇自治團體。台灣地區約有 11,017 座廟
宇，（黃運喜，2010：1）其中合法登記的媽祖廟宇有 870 座，
分別為「財團法人制」、「管理委員會制」、「管理人制」等組
織[5]。只要達一定規模的廟宇，其組織層級的複雜度也提升，
獨立性格較強。

　　筆者初步訪查，台灣媽祖廟宇除了自己擁有主要組織以
外，尚有附屬組織。以大甲鎮瀾宮及新港奉天宮為例，它們
與台中樂成宮皆屬財團法人制度，擁有董事會的「主要組織」
外，尚有其餘的次級組織。如大甲鎮瀾宮的 12 個神明會的主
要領袖，都是財團法人董事會的基本成員。此時，董事會將

---

[4]　事實上王世慶在〈民間信仰在不同組籍移民的鄉村之歷史〉文中已經初步發
　　現，成立財團法人後的樹林濟安宮是一個純粹自治的宗教組織，擁有廟宇
　　的獨立自治性格，處理各項廟務。（王世慶，1972.9：3-4）

[5]　合法登記媽祖廟宇組織以管理委員會制佔最多，其次為管理人制，只有 29
　　間 為 財 團 法 人 制 度 。 全 國 宗 教 資 訊 系 統 ，
　　http://religion.moi.gov.tw/web/04.aspx，2013.3.18 下載。

神明會領袖納入其組織範圍中，神明會與董事會的關係更加緊密，形成「上下夥伴」關係[6]。（2013.1.5 社會調查資料）至於新港奉天宮與神明會又屬另外一個類型，只有媽祖轎班神明會、莊儀團、少數藝陣被納入董監事會下屬的次級組織，但是神明會不一定可以成為董事會成員。（林燊祿，2011：12-13）本文的個案討論為台中樂成宮，其董事會與神明會的關係的演變又屬「特殊類型」，神明會資產被吸納成為樂成宮財產，而神明會組織完全被董事長取代，這也是本文研究的重點之一。

　　無論是大甲鎮瀾宮、新港奉天宮或是台中樂成宮廟宇中的組織階層現象，有其相同之處，也有可能是各自為一個特殊的類型。筆者接受台灣媽祖聯誼會委託，負責撰寫《台灣媽祖文化志》的《組織篇》，於 2012 年 12 月至今，訪查的北、中、南 37 間媽祖廟宇，初步觀察媽祖廟宇共同現象，基本上具有相當強烈的「自主」性格而能成為一「獨立」組織。根據廟宇規模的大小，可以發現廟宇規模大者，其「上層管理」組織下，經常建構諸多「次級」組織，這些次級組織可能包括有給職的「職工」組織，也包含無給職的「志工」組織。除此之外，在 1987 年國家解除戒嚴後，人民團體法的修法通

---

[6] 從 2002 年第 7 屆大甲鎮瀾宮董事會選舉的組織章程規範，除了大甲鎮、大安鄉、外埔鄉、后里鄉的鄉鎮長、里長及代表有 91 名「當然信徒代表」外，尚有誦經團、轎班團、誼子女會、執事隊、繡旗隊、莊儀隊、哨角隊等神明會，可以推出「選任信徒代表」40 名，共組信徒代表大會，選出董事 15 名、監事 5 名，組成大甲鎮瀾宮董監事會的最高決策組織。（何鴻明、王業立，2010.9：134-135）

過，在此法制結構下，台灣地區以媽祖廟為主體，建構數個
媽祖廟際間的「跨廟性」組織，比較著名的跨廟性媽祖組織
有「台灣媽祖聯誼會」、「中華媽祖聯合會」及「玉二聖母聯
誼會」[7]。

　　本文為了理解上述媽祖廟的組織建構與變遷，以台中樂
成宮（旱溪媽祖廟）為個案，觀察、訪問該廟頭人後，嘗試
提出下列幾個問題的解答。首先樂成宮有無獨立的自主性組
織？如有，其組織內涵為何？其次，樂成宮的歷史發展過程
中，其組織如何變遷？第三，樂成宮的組織運作如何進行？
第四，樂成宮組織變遷的結構性因素為何？這四個問題的論
述與解答構成本文的結構。

---

[7]　以媽祖為名，登錄於內政部人民團體網站，計有台灣壽山堂媽祖會、台灣永
　　和福建宮媽祖功德會、台灣媽祖聯誼協會、台灣媽祖文化協進會、台灣公
　　業武榮媽祖協會、中華媽祖聯合會、中華媽祖文化產經慈善發展協會、中
　　華媽祖文化協進會、中華媽祖天后祖祠台灣分靈文教慈善協會、中華民國
　　媽祖慈善公益協會、中華民國順濟媽祖慈善會、中華民國白沙屯媽祖文化
　　發展總會與中華民國大庄浩天宮媽祖文化交流協會等 13 個之多。（內政部
　　人民團體網，http://cois.moi.gov.tw/moiweb/web/frmHome.aspx，2013.3.18
　　下載）它們部分屬於跨廟性的媽祖廟組織，部分屬於媽祖廟中的神明會組
　　織。

# 貳、旱溪媽祖廟管理階層組織變遷

## 一、由神明會轉型為管理委員會，再轉型成財團法人

### （一）鄉紳階級領導神明會

　　台中樂成宮的組織變遷，可以從其建廟之初，到現今的歷史脈絡來理解。早期是由神明會承擔樂成宮的祭祀費用，到國府時代之後，根據國家宗教管理法規，樂成宮必須成立信徒大會，選出其管理委員會組織。樂成宮在民國六〇年代，管理委員會又決議將寺廟進一步「公共化」，轉型為財團法人管理制度。

　　樂成宮的創建，其歷史淵源可朔至清季乾隆年間，林大發之十五世祖渡台拓墾，為冀求一帆風順及其墾業順利，遂恭迎湄洲天后宮之「老二媽」金尊一道來台，林氏一行人，行經至樂成宮現址，因神靈顯異，乃擇定聖地，暫奉祀神祇於此。有志人士乃於清朝乾隆五十五年（1790）於現址創建「樂成宮」，供信徒 朝夕頂禮膜拜[8]。（洪敏麟，2011：52-53）

　　依據清道光十二年（1832）《彰化縣誌》〈祀典志〉中的記載，縣內媽祖廟計有 21 座，其中記載有「一在旱溪庄」。（周璽，1993：154）因此，足以證實「樂成宮」在前清道光年間，

---

[8]　樂成宮創建的歷史另一說法為清乾隆 18 年；（謝文賢，2008：18）此說比現有《樂成宮志》及《樂成宮農民曆》的說法，樂成宮建於乾隆 55 年，早了 47 年。筆者同意洪敏麟的推論，他根據樂成宮的〈樂成宮昇真會會員名簿〉的紀錄，說明該宮建於「乾隆庚戌年間」，即乾隆 55 年，是在林爽文兵災之後，（洪敏麟，2011：53）這是比較合理的推斷。

就已經是縣內著名之媽祖廟。

在清季與日據時期的樂成宮皆由在地的「鄉紳階級」出資修廟，如明治三十四年（1901）霧峰林紀堂出面修廟，他向附近鄉紳募捐外，其餘不足款項由他承擔，投資約萬元。迨至日據大正十年（1921），因人口增加，聚落形成，旱溪庄保正林源泉、張昧、賴為堯等人，為因應日益增加之信眾，乃有重建廟宇規模之議。他們遂協同地方鄉紳林大發、龔顯柴（保正）、賴為堯、林阿堂、林同、林均等人，推動重建工程，廟宇正殿於大正十三年（1924）建造完成，三川殿於昭和四年（1929）竣工，及至民國八十年擴建後殿，「樂成宮」宏偉庄嚴完整之廟宇建築終告呈現。

鄉紳階級捐款修廟外，在地庄民也號召組織「神明會」，承擔樂成宮的祭祀活動的相關費用。根據日據時代的紀錄，清代有「二媽會」、「聖母會」、「四媽聖母會」等三個神明會，皆與樂成宮有關，它們是獨立於樂成宮的組織。二媽會創建於嘉慶十七年（1812），由台中烏日庄喀里的農民成立，管理人為林昆宗，擁有大里庄 1 甲的會田。聖母會創建於咸豐二年（1852），由旱溪庄林姓農民成立，管理人為林阿綱，擁有大平庄 1.3 甲的會田。四媽聖母會創建於光緒二年（1876），由太平區庄民協議成立，管理人為林肅卿，擁有旱溪庄約 0.5 甲的會田。其中聖母會會田管理人林滿漢於明治四十四年（1931）歿，無人繼承管理，在昭和六年（1931）由林源泉等 24 人成立「天上聖母昇真會」，由其會員出資將聖母會的

會田變更為水田，乃擁有聖母會的土地[9]。從現有的資料顯現出，清季與日據時期樂成宮廟宇本身並沒有「獨立」的組織體系，廟務活動幾乎由神明會籌措負責。早期嘉慶年間的二媽會發展到咸豐年間的聖母會，再到光緒年間的四媽聖母會。到了明治三十九年仍然是由聖母會擔任管理，到大正年間林大發擔任大總理，管理廟務。大正十年（1921）林源泉接任大總理，昭和六年（1931）組織天上聖母昇真會取代聖母會。

## （二）管理委員會與財團法人時期

到了國民政府時代，國家根據〈監督寺廟條例〉及〈寺廟總登記〉等宗教管理法規，要求台灣地區各寺廟都要成立「信徒大會」，再由信徒大會選舉產生「管理委員會」、「管理人」或「財團法人董事會」。樂成宮在此時代背景下，於民國四十年（1951）龔顯柴接任昇真會第三任總理後，乃於民國五十二年召開「信徒大會」，成立第一屆管理委員會及監察委員會，選出 13 名管理委員、3 名監察委員，由劉瑞琬擔任主任委員，從此樂成宮擁有獨立運作的「宗教法人」組織。民國五十四年選出第二屆管理委員，由祖聖里里長林再頭當選

---

9　神明會在清季與日據時期盛行於台灣社會民間組織，以祭祀神佛而設立，多由同鄉、同姓、朋友或讀書人等志同道合者組成。目的在於祭拜特定神明，會員彼此相互協助與親睦，籌措寺廟的祭祀費用，或謀求修建寺廟等。（周宗賢，1980.6：134）以神明會與寺廟的關係，可以分為未建廟宇前的神明會、附屬於廟宇的神明會及與廟宇有關但獨立於廟宇的神明會等三個類型。（林美容，2006：60）

主任委員，他於民國五十七年連任第三屆，到民國五十九年為止。在此時期，樂成宮屬於「管理委員制」。

　　民國五十九年樂成宮領袖決定將「管理委員制」改制為「財團法人制」，從此之後樂成宮進一步轉化其組織為宗教型的「財團法人」[10]。選出第一屆財團法人董事會 23 名董事、5 名監事，由幹城里里長陳和遠擔任董事長，他續任第二屆、第三屆董事長，到民國六十八年為止。此後第四到第八屆由省議員何春木擔任董事長，任期從民國六十八年到八十三年為止。此後，樂成宮董事修改章程，董事長只得連任一屆。第九屆、第十屆持續由陳和遠回任，到民國八十九年為止。第十一、十二屆由樂成里里長柯富章擔任董事長，任期為民國八十九年到九十五年。第十三、十四屆由旱溪里里長郭松益擔任董事長，任期為民國九十五年到一百零一年。第十五屆由文化里里長陳重雄擔任，任期從民國一百零一年至今。

## 二、管理階層的運作

　　當樂成宮財務逐漸自主時，組織體系建構完整，成為一獨立的廟宇組織運作體。在從事傳統廟宇修建工作，服務當地信徒之餘，仍投入諸多廟際活動、社會教化與公益慈善事

---

[10]　宗教財團人分為兩個類型，第一類以寺廟不動產、法器、動產向法院登記，而得到主管官署同意；第二類型則需要提存一筆現金當作基金，向法院登記，只得動用基金的利息。這兩類財團法人的性質不同，前者以寺廟財產為主軸，由信徒大會選出董事會來管理寺廟，後者則是由捐款者成立董事會，而且在董事任期屆滿時，由前任董事推薦續任者。（林本炫，2005：13-22；蔡秀菁，2013：64）

業。

　　在廟宇修繕方面，管理委員及董監事皆扮演主導角色，於民國五十四年修繕三川殿、五十九年增建後殿與重建左右護龍等重大修繕事宜。並於民國八十一年新建環保香爐兩座，及增建後殿的神龕及神像雕塑。民國八十四年再次修建圍牆，八十六年建立古蹟牌樓。

　　在宗教儀典上，除了常態型的旱溪媽祖遶境科儀及中元普度等活動，由廟方管理階層主導外，民國八十五年廟方決定舉辦祈安三獻大典等宗教慶典。為了順利辦理此醮典，樂成宮動員傳統旱溪媽祖祭祀圈了里鄰居民，共同參與此活動。其中，玉皇壇由旱溪里、十甲里、樂成里與轄里外負責，約有 1226 戶參與，備牲禮豬公約 186 頭、羊 6 隻，敬立斗燈 78 斗，普度供桌有 885 桌；聖母壇由祖聖里、泉源里、幹城里、文化里負責，參與醮戶約 877 戶，豬公約 171 頭、羊 2 隻，敬立斗燈 25 斗，普度供桌有 563 桌；三官壇由東信里、東門里負責，參與醮戶約 1982 戶，豬公約 204 頭、羊 3 隻，敬立斗燈 35 斗，普度供桌有 1206 桌。整個醮典在旱溪地區的里民，合計參與醮戶為 4085 戶，豬公 561 頭、羊 11 隻，敬立斗燈 138 斗，普度供桌有 2654 桌。（洪敏麟，2011：234-243）

　　管理階層也逐漸參與台灣地區各廟宇的活動，接待外地廟宇到廟參訪，也主動參訪其他廟宇，這種日趨頻繁的廟際往來，成為管理階層的業務之一。甚至在辦理志工活動及信徒到外地進香時，管理階層曾於民國七十五年 1 月 3、4 兩天，前往新竹地區拜會 24 間廟宇。（洪敏麟，2011：419-450）

在組織法制化方面，管理階層逐年修訂〈台中市樂成宮管理委員會章程〉、〈財團法人台灣省台中樂成宮組織捐助章程〉、〈財團法人台灣省台中樂成宮財團法人辦事細則〉、〈樂成宮祭典委員會設置辦法〉、〈財團法人台灣省台中樂成宮志工組織暨服務要點〉、〈財團法人台灣省台中樂成宮長青委員會組織簡章〉等，使樂成宮的管理更具法制基礎且管理階層越趨縝密。

這些管理辦法使得樂成宮的組織建制更為完備，董監事會依法管理、決策，從事各項廟宇軟硬體的修建工作。也讓其轄下的常態組織與志工組織逐漸上軌道。而且，〈財團法人台灣省台中樂成宮組織捐助章程〉與〈樂成宮祭典委員會設置辦法〉這兩項法規，讓樂成宮的管理階層與在地菁英緊密結合。其中，前者的法規規定，唯有旱溪 8 里的里長有機會成為董監事，讓樂成宮成為旱溪在地菁英的宮廟；後者則將董監事及 8 里鄰、里長都納入祭典委員，使樂成宮在辦理各項祭典時，得以讓董監事連結在地鄰里長，讓組織的人力結構更加完備，且不虞匱乏。

在民國八十二年創立的長青委員會組織，樂成宮每年撥款服務在地長青志工約 600 萬元，服務的長青會員，約1500-1600 人。（2012.2 社會調查）在敬老項目上，加入長青會的會員都可以得到樂成宮的補助。而這些長青會員也成為樂成宮的三月初一媽祖遶境十八庄，及重要祭典的人力資源來源之一。

在其餘的社會教化項目上，樂成宮資助學界，為樂成宮撰寫歷史，已經出版《台中樂成宮誌》、（洪敏麟，2011）《台

中樂成宮傳統建築之美 II》、(謝文賢，2008)《追隨媽祖婆的足跡》、(黃晨淳，2006)《台中樂成宮入火安座慶典謝土大典及傳統建築之美》、《樂成宮旱溪媽祖遶境十八庄》、(林正珍，2007)、《樂成宮風華》(財團法人台灣省台中旱溪樂成宮，2008) 等著作。樂成宮也將結餘的信徒善款，投入弱勢與社區福利。包含捐贈救護車、巡邏車、贊助台中國學營養午餐與獎學金、清寒學生認養及婦女健康講座。

## 三、地方菁英爲樂成宮管理階層

　　雖然樂成宮從神明會轉型為管理委員會，再從管理委員會轉型成財團法人的組織。在此轉型過程，其組織成員都由台中地區的「地方菁英」(local elite) 主導廟宇管理工作。樂成宮的管理制度雖然已經轉化，然而其廟宇領導階級本質，仍然維持地方「鄉紳階級」主導廟宇的傳統。

　　只不過在清季與日據時期是農業社會的地主階級兼地方政治領袖介入樂成宮；到國府時代，從地主階級逐漸轉型為商人階級，但是地方政治領袖的性質，卻未改變。從過去至今，樂成宮的管理階級最高領導人的身分來看，幾乎只有擔任台中旱溪媽祖管轄的 8 里里長身分，才有機會擠入管理委員會或財團法人董事會；此時，里長已經獲得最高領導的候選資格。當其中任一成員得到其餘多數委員或董事的認可，就有機會成為樂成宮的最高領袖。與傳統鄉紳階級相同的是他們必須對樂成宮媽祖「出錢」、「出力」，屬於「行有餘力」投入地方公共事業的「志工」領導。

　　儘管樂成宮的管理階級本質變化不大，但是他們介入廟務管理工作的頻率、工作內涵卻大不相同。在神明會時期，只有少數的修廟及宗教活動，由地方菁英及神明會的爐主召集會員分攤費用。在國府來台後，國家宗教政策要求廟宇成為「宗教法人」，廟宇必須成立信徒大會，再由信徒大會選拔產生管理委員會或財團法人董事會。當廟宇香火鼎盛時，廟宇的宗教活動頻繁，管理委員會或董事會的領導階級就必須「常駐」廟宇；領導廟宇組織，自籌款項；地方菁英將廟宇管理視為自己的「事業」與「志業」。

# 參、停收丁口錢使祭祀圈轉化

## 一、戰後維持祭祀圈居民承擔樂成宮的財務

　　樂成宮雖然在國府時期轉型為廟宇擁有獨立的管理組織，但是其財務的自籌款項能力仍然不足，仍得仰賴傳統「祭祀圈」居民的挹注。

　　它屬於台中旱溪地區的「公廟」，祭祀範圍涵蓋祖聖里、旱溪里、樂成里、東門里、泉源里、十甲里、幹城里與文化里。經過鄰里調整，仍然維持旱溪里、樂成里、東門里、東信里、東英里、泉源里、十甲里與幹城里等 8 個里。在民國五十九年第一屆信徒大會及民國九十五年的信徒代表名冊組

成名單來看，這 8 里的信徒占絕對多數[11]。

　　由於樂成宮是在地居民的公共廟宇，由居民組成信徒大會管理樂成宮，因此，對樂成宮的認同度相當高。在第一屆管理委員會時期，仍然保留徵收丁口錢的制度。民國五十二年中元普度祭典，由各鄉里的鄉里長動員居民參與普度。民國五十三年的普度費用由里長向里民徵收丁口錢一元，購買供品，剩餘者當做廟宇的修繕費用。到第二屆管理委員會依然決議於農曆正月十五、三月二十三、十月十五等三個重要節日，分別向祖聖里、旱溪里、樂成里、東門里、泉源里、十甲里等里民，徵收一元丁口錢，當作祭典活動經費。

　　民國五十六年中元普度的餐費，由各委員捐助 100 元，宴請六里的鄉里長。同年新竹市竹蓮寺、安南宮來樂成宮參拜，所需費用 1800 元，由六里平均分攤 300 元，農曆七月十一日舉行的重建戲台落成典禮，演戲三天，則由委員會負擔一天的演戲費用，其餘兩天則由六里分擔。到了第三屆管理委員會，民國五十八年的中元普度經費仍然由六里里民共同負擔，每人增收丁口錢一元。此時樂成宮的財務籌措仍然具有濃厚的傳統地方菁英與居民共同承擔的現象。

---

[11]　民國五十九年祖聖里信徒代表 12 名、旱溪里 14 名、樂成里 11 名、東門里 11 名、泉源里 8 名、十甲里 10 名、干城里 8 名與文化里 4 名，8 里外信徒 10 名，總計 88 名。到民國九十五年信徒代表人數增加，旱溪里信徒代表 28 名、樂成里 21 名、東門里 20 名、泉源里 20 名、東信里 20 名、十甲里 20 名、東英里 19 名、干城里 19 名，總計 167 名。（洪敏麟，2011：413-415）

## 二、樂成宮管理階層自籌財務

當樂成宮擁有獨立的管理組織制度，管理階層嘗試擴張廟宇的財務收入，強化廟宇財務自主性，管理階層乃決議將過去與樂成宮相關的土地資產進行整理；並增設廟宇光明燈座，讓信徒來廟點燈，滿足信徒的需求，也可挹注樂成宮的財務。

在土地資產的整理，第二屆與第三屆的管理委會，已納入原有神明會的組織成員到管理階層中。媽祖廟土地管理人林源泉、龔顯柴亡故，其土地乃得以變更為樂成宮管理。民國五十五年聖母會擁有的土地，也在管理委員會決議變更成財團法人後，順利的讓聖母會土地資產成為樂成宮所擁有。（洪敏麟，2011：423）在民國六十四至六十五年間，第二屆董事會管理階層將樂成宮坐落於太平鄉的土地再一次進行處分，與佃農協調，分得六成五的土地資產，而且將此土地資產與建商合作，又分得三成的房屋資產。（洪敏麟，2011：434）這三次的土地順利移轉，使樂成宮將少數人的神明會原有的土地「私產」，及為佃農佔有樂成宮的土地，收回成為樂成宮的「公產」，豐富樂成宮的整體廟產。

在光明燈座的設立，民國六十七年第三屆董事會，管理階層初次決議在廟中神殿置放光明燈座，讓信徒到廟宇祈福求壽時，可以點亮「本命元辰」。董事會當時的決定開啟樂成宮為信徒點燈服務，也在服務的過程中，獲得金錢利益。根據董事會的決議，光明燈每燈 100 元，每增加一層加收 20 元，最高每燈 500 元，也可讓信徒隨意樂捐。（洪敏麟，2011：

438）這種點燈服務，使樂成宮開闢一項新的財源。到了第四屆董事會，原有的光明燈座已不敷使用，乃又決議增設一對光明燈座。（洪敏麟，2011：443）由於台灣人口集中於都市，居住環境改變原有的家庭宗教活動，台灣信徒對到廟點燈與安太歲的需求越來越強，樂成宮在此時代需求結構下，擴張這兩項宗教科儀的服務[12]。第五屆董事會乃決議，隨著物價水準的攀升，將安太歲的功德金每人 40 元，安奉光明燈的功德金提升為最底層為 200 元，每增加一層增加 100 元，最高層為 600 元。（洪敏麟，2011：446）到了第六屆董事會安太歲功德金再度調升為每人 50 元，光明燈則下降為 100 元到 600 元不等。到了 2012 年，約有十萬名信徒到廟點燈，燈的收入變成廟的主要財源之一。燈與斗的種類繁多，其中約 280 個文昌斗，420 個財神斗，如果全家參與立斗，全家最多寫 10 人，酌收功德金 3600 元。在各種點燈科儀中，點光明燈者，依位置高低，有 300 元、500 元、800 元、1000 元等 4 種價位供信徒選擇。點太歲燈者，則有 300 元、500 元兩種價位。來廟安太歲，每人酌收 100 元功德金。而文昌燈、財神燈、姻緣燈與華佗燈，每盞 500 元。由點燈、立斗、安太歲三個項目，可知樂成宮的信徒規模早已超越旱溪 8 里的里民。而此宗教服務的收入，為樂成宮財務自主跨出重要的一步。（2012.12.8 社會調查）

---

[12]　根據瞿海源的《台灣社會變遷》資料調查，發現台灣百姓最喜歡參與的宗教儀式是安太歲，從 1985 年之後逐年攀升，由 20% 提升到 55% 的民眾，曾到廟宇安太歲。（瞿海源，2002：68）事實上，瞿海源的調查沒有包含點燈，如果把點燈服務列入調查，可能會與安太歲的民眾百分比大同小異。

## 三、停收丁口錢與祭祀圈的變革

　　當樂成宮財務逐漸自主，在第十一屆董事會於民國九十年四月三日決議，停止向里民收取丁口錢，財務完全由樂成宮管理階層自行籌措。

　　此後，樂成宮只有在管理組織的型態，屬於旱溪地區 8 里居民的自治型的宗教組織，具有「祭祀圈」傳統「地域」的意涵；當樂成宮自籌財務後，里民就不用繳交丁口錢，此時，樂成宮的祭祀圈就不具有祭祀圈中居民共同承擔廟宇費用的「財務」意涵。

　　現在的樂成宮只有在組織管理系統上保留祭祀圈的地域意涵，旱溪地區 8 里里民的「信徒代表」共同擁有樂成宮；至於其他里民則沒有任何責任或權利介入樂成宮的管理，或承擔樂成宮的祭祀費用。此外，樂成宮只有在舉行重大的「醮典」時，會把醮場設在祭祀圈的範圍中；旱溪媽祖遶境會巡安 8 里；在這兩項宗教活動才可看出旱溪媽祖的傳統祭祀圈範圍。因此，我們用傳統祭祀圈的概念，來看待樂成宮祭典財務的籌措，似乎有些「格格不入」；祭祀圈已經形同「名存實亡」的組織。


# 肆、廟宇擴張職工與志工組織

## 一、建立常態職工組織及其活動

　　廟宇宗教團體的組織建構，除了原有的管理階層組織外，涵蓋職工及志工等兩類組織，樂成宮在建構廟宇的董監

事組織後，為了使廟務順利推動，逐漸聘請有給職的職工，擴張無給職的志工組織，使廟宇擁有豐沛的人力資源辦理各項廟宇活動。

　　早期的職工組織相當簡單，只有總幹事 1 名，總務、財務、祭務與清潔人員 1 名，合計 5 名有給職職工。現在（2013 年）則擴張為 9 名，分別為總幹事、總務組長、祭務組長、財務組長各 1 名，幹事與技工各 2 名，清潔工 1 名。這些職工奉董事會之命，處理廟內常態與臨時交辦的各項世俗事務或宗教事務。

　　世俗事務大部分由廟宇的總幹事總其成，總務與財務負責廟宇的相關財務、帳務報表及採購事宜。祭典組組長則常態型的「收驚改運」、「米卦」及「車輛過火」等三項宗教儀式及重要祭典科儀。

　　祭典組長用太上老君符咒，對信徒帶來的衣服收驚。以 2012 年為例，每個月約有 500~600 名的信徒來廟收驚改運。組長也為信徒作「米卦」服務，從米的樣式來理解信徒的身體病狀或是否犯沖，再準備蓮花、壽金、補運金，進行蓮花轉運儀式，最後由信徒向媽祖擲筊確認是否完成儀式；每個月約有 60 人前來廟宇參加此項儀式。第三項為各種車輛過火，信徒需購買媽祖金與大壽金，組長在天公爐前的廣場用太上老君手勢，為車輛過火，讓信徒的車輛得以「行車平安」。每個月約 150 輛，摩托車每輛 200 元、轎車每輛為 500 元以上。這些收入也成為廟宇獨立運作的財源之一。（2012.12.8 社會調查）

## 二、組成志工組織及其活動

　　為了使廟宇的活動有豐沛的人力資源，台灣地區諸多廟宇皆培訓自己所屬的志工。樂成宮也不例外，董事會為了強化樂成宮的服務能力，並且應該擁有強有力的人力資源，來推動宗教事務的前提下，樂成宮董事會決議，於民國八十八年起，到民國九十五年為止，分別依時間成立下列志工組織。

表 1　樂成宮志工組類型及成立時間表

| 志工組織 | 成立時間（民國） | 服務內容 | 人數 |
|---|---|---|---|
| 長青委員會 | 82 年 | 弘揚我國敬老精神，強化里內居民老人的福利 | 1266 名 |
| 佛經團 | 88-89 年 | 負責農曆每月出一、十五支消災誦經法會 | 25 名 |
| 炊事組 | 88-89 年 | 負責友宮進香及宗教活動餐飲統籌 | 12 名 |
| 神轎組 | 90 年 | 培訓哨角班與神轎組，負責宗教活動抬鑾轎 | 26 名 |
| 道經團 | 92 年 | 負責神明聖誕誦經祝壽法典 | 22 名 |
| 導覽組 | 92 年 | 推動鄉土文化及古蹟導覽解說 | 20 名 |
| 國樂團 | 92 年 | 慶典展演及受理政府機關及公 | 25 名 |

| | | 益團體申請演出 | |
|---|---|---|---|
| 接待組 | 92 年 | 負責一切活動接待事宜 | 10 名 |
| 南管樂團 | 94-95 年 | 慶典展演及受理政府機關及公益團體申請演出 | 22 名 |
| 合唱團 | 94-95 年 | 慶典展演及受理政府機關及公益團體申請演出 | 30 名 |
| 宗教活動組 | 時間待考 | 負責大鼓、神將等陣頭 | 30 名 |
| 顧問團 | 時間待考 | 聘請德高望重、樂善好施者為顧問，提升樂成宮聲望與財源籌措 | 18 名 |

資料來源：1. 洪敏麟，2011：491-501；2.2013.3.18 電話訪問。

　　眾多志工組織中，佛經組與道經組的誦經團扮演重要的角色，她們處理大部分廟宇內部的宗教法事。由於信徒參與廟宇的點燈、安斗、安太歲的宗教儀式，廟方管理階層並未外聘專業宗教神職人員前來處理這些科儀，而是由該廟的道經組負責。她們分別於農曆正月十五點燈及安置禮斗、安太歲；於農曆十二月十五謝太歲、謝燈。佛經團每逢農曆初一、十五早天唸誦《天上聖母經》、《北斗經》，晚上由道經團唸誦

《道德經》，為來廟點燈與安太歲的信徒祈福消災。

　　華人廟宇除了主神之外，經常安奉諸多配祀神明。樂成宮諸多神明聖誕時，皆有誦經團負責誦經祝聖，使得廟宇一年四季的宗教儀式永不間斷。依該廟的行事曆來看，從農曆正月初九玉皇大帝、正月十五天官、二月初二福德正神、二月初三文昌帝君、二月十九觀音菩薩、三月初三玄天上帝、三月十五中路財神趙公明、三月二十註生娘娘、三月二十二天上聖母、四月十八華陀、六月十九觀音菩薩得道、六月二十四關聖帝君、七月十五地官、八月十五月老、九月初九天上聖母飛昇、九月十九觀音成道、十月十五水官等神明聖誕；到年底十二月十六福德正神的尾牙，都由道經組負責唸誦該神明相關經典，為神明祝聖。

　　董事會參與重要的宗教活動也是與誦經團的誦經活動相互搭配，如正月初一董事會集體團拜，天官、地官與水官聖誕都是在前一天晚上 11 時舉行，由廟方執事設立「置天台」，俗稱三界公桌，預備牲禮或豬公，由董事會帶領信徒祭拜眾神，誦經團負責誦經祈福。

　　其餘的志工組織如導覽組負責接待外地參訪團體，為其解說樂成宮的古蹟與眾神、宗教科儀的故事。國樂組、南管團與合唱團則在神明聖誕與樂成宮重要祭典時，配合廟方管理階層的需求，為信眾演出；或是受理政府機關、公益團體的邀請，參與慈善公益型的演出。宗教活動組負責大鼓陣及神將兩尊，神轎組擁有媽祖神轎 1 頂，接待組負責接待外賓，他們在十八庄遶境或廟際交流，經常代表廟方到外地進行宗教交陪。炊事組則在友宮廟宇進香或年節重要宗教節慶活

動，統籌信徒所需餐飲。

## 三、有限人力資源卻創造巨大宗教利益

　　樂成宮廟宇組織得以擴張，主要原因在於樂成宮的領導
階層為一個獨立的組織運作體，在結合其悠久歷史古蹟的宗
教建築條件，位於台中都市發展過程中的重要地段，帶來都
會人口集中，導致樂成宮香火鼎盛；並促使樂成宮的領導階
層對既有的組織逐步擴張。

　　樂成宮擁有悠久的歷史，在全台地區只有 20 間一、二、
三級國家認定媽祖廟，它是其中的一間，於民國七十四年被
國家內政部認定為第三級古蹟。再加上樂成宮領導階層將其
組織轉型為財團法人宗教團體，所有廟宇的不動產、法器、
動產皆得到法院登記，向宗教主管機關立案後，屬於社會所
共有；它具有國家體系保證的「公廟」性格，為社會所認可。
另外，它位於都會交通要衝，當台中市區都市發展的地利之
便，吸引諸多新移入居民，這些原有居民與新移入居民，成
為樂成宮潛在信徒的人力資源基礎，導致樂成宮香火鼎盛。
這些因素，造成樂成宮變為台灣地區少數都會型、香火鼎盛
的媽祖廟宇。

　　樂成宮領導階層為了管理日趨繁忙的廟務，就得逐步發
展其組織。除了建構常態職工組織外，也發展志工組織。建
構董事會下屬的常態組織，及常態組織帶領志工組織，建立
完整廟宇管理階層體系。就廟宇產生的組織效能來看，樂成
宮只有 9 名職工的人事成本，每年創造高效益的宗教產值，

這歸功於領導階層的管理理念，及廣大志工發揮其組織效能。

## 伍、廟宇對外組織的連結

### 一、樂成宮與傳統神明會、村廟的組織連結

　　台中樂成宮的組織，可從廟宇內部與外部兩個層次來看。樂成宮的外部組織是指該宮與外部的結合，又可以分為旱溪媽祖遶境、十八庄往來的宮廟及參與台灣媽祖廟聯誼會兩個系統作說明。

　　十八庄遶境淵源於道光三年（1823），相傳當時稻作罹患烏龜仔蟲害，庄民請旱溪媽祖遶境驅蟲，產生效果後[13]，乃決定每年農曆三月一日到二十日，供請媽祖鑾駕遶境，至今仍然保留此傳統儀式[14]。遶境的範圍涵蓋現今大台中地區的大里、霧峰、烏日、太平、東區、南區、南屯區、西區、北

---

[13]　旱溪媽祖遶境除了驅除烏龜仔蟲外，另外一個傳說為「抓水路」。據十八庄居民的說法，過去常有水患，只要迎媽祖到十八庄，陣頭經過溪底，香插到那裡，大水就跟到那裡，成為溪流而不會淹到村庄。（林正珍，2007：11；林美容，2006：112）

[14]　由於旱溪媽祖遶境從道光三年至今每年農曆三月初一到三月二十日，舉辦長達 20 天的遶境祈福活動，是台中市重要的文化資產。於 2008 年被台中市第二屆「傳統藝能、民俗有關文物審議委員會」登入為台中市民俗類文化資產。（林正珍，2011）

屯區、北區等。[15]

　　旱溪媽祖遶境時間長達 20 日到 23 日，媽祖鑾駕必須在
十八庄各庄頭駐駕。除了傳統的各地區的媽祖會會供迎媽祖
鑾駕外，樂成宮執事必須協調各地區宮廟，讓媽祖鑾駕可以
停駕、入廟、安座與駐駕[16]。其中媽祖會包含位於台中烏日
的五媽會、烏日錦埔媽祖會、東勢園媽祖會，會恭迎旱溪媽
祖停輦[17]。

---

[15]　旱溪媽祖十八庄遶境的時間與範圍包括初一下哩仔、初二阿密哩、初三五
　　張犁（上列三庄皆屬台中烏日）、初四瓦磘仔、初五詹厝園、初六大塗寮、
　　初七田寮仔、初八涼傘樹、初九內新庄、初十車籠埔、十一塗城、十二草
　　埔（以上皆屬台中大里）、十三阿罩霧、十四柳樹楠、十五吳厝庄、十六丁
　　台（以上皆屬台中霧峰）、十七石螺潭、十八喀哩、十九溪心埧、二十前竹、
　　仁德、九德（以上屬台中烏日）、半屏厝、樹仔腳（南區）、東勢仔（東區）、
　　麻糍埔、南屯、土庫（南屯區）、二十一新坪（太平區）、二十二北屯、北
　　區、下廍仔、二十三東區、番仔路。（財團法人台灣省台中旱溪樂成宮，2013：
　　23-32）

[16]　停駕是指媽祖神明及其鑾轎在某一地點短暫停留；駐駕是指媽祖神轎進入
　　某宮廟殿內，做長時間的過夜停留；入廟是指將媽祖從神轎中請出，進入
　　某廟門；坐殿意指將媽祖請入某廟正殿，供信徒祭拜。（林正珍，2007：9）

[17]　根據林美容的研究指出，旱溪媽祖十八庄遶境另一說法為「東保十八庄」
　　迎媽祖，每個庄頭幾乎都保留南瑤宮分香的媽祖會，會投入迎媽祖的盛會。
　　在這十八庄中的阿密哩、五張犁、瓦磘仔、詹厝園、涼傘樹、草埔、阿罩
　　霧、坑口、墩溪、柳樹楠、吳厝庄、萬斗六、舊社等庄頭有老五媽會；內
　　新庄、車籠埔、塗城、旱溪等庄頭有老六媽；溪心埧、四塊厝則有聖三媽
　　與老五媽；丁台、喀哩兩庄頭有聖三媽；石螺潭有興二媽、聖三媽、老五
　　媽等媽祖會。（林美容，2006：113）然而根據樂成宮2013年旱溪媽祖十八
　　庄遶境的預定行程表，接待媽祖停駕、駐駕的十八庄宮廟與媽祖會，並沒
　　有像先前研究，諸多媽祖會參與恭迎媽祖鑾駕，反而新增許多宮廟提供媽
　　祖遶境時的停駕與駐駕。

　　樂成宮在 2013 年，預計遶境時間從農曆三月一日到三月二十三日為止，從原來的 20 天，擴張成為 23 天。該宮執事者在遶境之前，必須協調十八庄原有的「村廟」與新建的廟宇友宮，迎媽祖神轎恭駕。

　　樂成宮執事至今保留原有遶境時十八庄的村廟關係，如阿嗹哩的永興宮、涼傘樹的萬安宮、內新庄的新興宮、車籠埔廣興宮、塗城聖明宮、草湖太子宮、阿罩霧南天宮、柳樹楠、新柳宮、吳厝庄福成宮、四塊厝新德宮、丁台新登宮、喀哩新南宮、石螺潭順天宮、溪心埧南興宮等「村廟」，至今仍然恭迎媽祖鸞駕。（林美容，2006：113；財團法人台灣省台中旱溪樂成宮，2013：24-32）

## 二、遶境組織擴張至十八庄的新興廟宇

　　最近幾年，樂成宮擴張既有「村廟」的廟際關係，與十八庄中「新建」的廟宇，遶境時建立「友宮」關係。這些友宮包括下哩仔的東女慈聖宮、新龍宮、聖興宮；五張犁的福德宮、福源堂；瓦磘仔的福德宮；詹厝園的八天宮；大突寮的聖恩宮；田寮仔的三興宮與白雲宮；東勢尾的永隆宮；內新庄的福德宮與池王宮；車籠埔的德隆宮；番仔寮的振坤宮；塗城的瑞和宮、奉聖宮、福德宮；草湖的三天殿、慈天宮、三太子壇；阿罩霧的萊園里福德宮、本堂里福德宮、進興宮、靈聖宮、天顯宮、福天宮、福德廟；吳厝庄的四德福德宮；丁台的慈天宮；石螺潭的同興宮；溪心埧的福德祠；台中新庄里新福宮；振興里福成宮、福德祠；東橋里大智聖母宮；

仁德里的仁德宮；麻糬埔的福德廟；犁頭店的萬和宮與福德廟；南屯的田心福德廟、北田心福德宮、大興宮、土庫的福順宮；半屏厝的福興宮、合興宮；下橋仔的福興宮、尊天宮；公館的慈聖宮、福德祠、上公館福德宮及奉順宮；上溪洲的樂安宮；新坪的福德祠、聖母宮、大新坪福德祠；下溪洲的樂後宮；太平的順興宮；水景頭的廣天道院、福隆宮；軍功寮的福順宮、軍福宮；北屯的慈後宮、九龍宮、下廍仔福德祠；番仔路的朝天宮、新福宮；大里的福興宮等宮廟。（財團法人台灣省台中旱溪樂成宮，2013：24-32；參見附表1）

　　由此可見，樂成宮旱溪媽祖遶境的廟際往來宮廟的規模，早已比原有的村廟數量超越許多，這些新的廟宇不見得以天上聖母為主神，但是廟宇的負責人也願意接納旱溪媽祖遶境時來此參訪，維持傳統媽祖遶境的「祈安」功能。當然廟際關係能夠擴張，與樂成宮執事於遶境前，努力事先作廟際協調有密切關聯，才能使媽祖神轎到十八庄中的各新、舊廟宇「出巡」。

## 三、樂成宮動員大台中地區的里長

　　樂成宮的執事深知除了動員傳統的村廟、媽祖會之外，也要建立新建廟宇的友好關係；不僅如此，他們熟悉遶境要從基層動員，就得拜訪具基層動員實力的「里長」。幾乎大台中地區的東區、南區、南屯區、大里、霧峰、烏日、西區、太平、北屯、北區等十八庄行政區域涵蓋範圍下的里長，幾乎都參與此項活動。

投入旱溪媽祖十八庄遶境的里長包含：烏日區的東園里、光明里、五光里、北里里、南里里、螺潭里、溪埧里、前竹里、仁德里、九德里；大里區的大里里、新里里、國光里、樹王里、東興里、大明里、永隆里、東昇里、日新里、西榮里、長榮里、內新里、中新里、仁化里、仁德里、塗城、瑞城里、新仁里、立仁里、立德里、東湖里、西湖里；太平區的光隆里、興隆里、福隆里、永隆里、德隆里、新坪里、新城里、新吉里、宜昌里、宜欣里、宜佳里、豐年里、中山里、永平里、新興里、新光里、新高里、新福里；霧峰區的萊園里、吉豐里、甲寅里、本鄉里、中正里、錦榮里、本堂里、坑口里、桐林里、北柳里、南柳里、五福里、福成里、四德里、丁台里等；東區的新庄里、振興里、東橋里、東興里、東南里、東勢里、合作里；南區的常春里、樹義里、工學里、樹德里、西川里、崇倫里、福興里、福平里、福順里、和平里、平和里、南和里；南屯區的豐樂里、犁頭里、南屯里、田心里、大同里、大興里、大誠里、文心里；西區的藍興里、公館里；北屯區的和平里、軍功里、水景里、東光里、三光里、北興里、北京里、三和里；北區的錦村里、錦洲里、建成里、建德里。（財團法人台灣省台中旱溪樂成宮，2013：24-32；參閱附表 2）

　　從原來參與樂成宮旱溪媽祖十八庄遶境「傳統村廟」與神明會，可以看出既有的村廟至今仍然保留迎接媽祖的傳統，但是神明會的組織已有萎縮的現象。另外兩個新興現像是樂成宮執事與在十八庄中「新建廟宇」產生遶境時緊密關聯，及尊重在地基層民意代表－里長，邀請他們參與遶境活

動。這種新興現象是否可以持續，有待日後的關注，但也說明瞭當前十八庄遶境活動，已經超越傳統的廟際關係。而樂成宮執事正是主導此廟際關係連結，與里長關係建構的主要角色。

由此可知，台中樂成宮除了維持傳統十八庄遶境廟際往來，在此遶境科儀中，保留媽祖出巡十八庄及所屬村廟外，也擴張了十八庄新建的宮廟；配合地方基層組織的發展，十八庄遶境過程時，大量動員基層里長參與迎媽祖活動。

## 四、樂成宮參與台灣媽祖聯誼會

樂成宮年度盛事為旱溪媽祖十八庄遶境長達 23 天的盛會。此外，樂成宮的執事在民國九十五年參與台灣媽祖聯誼會，投入台灣媽祖聯誼會宮廟間的交流。

樂成宮參與台灣媽祖聯誼會的主要活動包括：

1.常態型會員聚會：會員大會每隔一年召開；理監事每隔半年召開。

2.參與大甲鎮瀾宮遶境進香：派遣陣頭在大甲媽祖往南出巡到新港奉天宮，再折返大甲的十天九夜遶境活動時，都會出陣頭蒞臨大甲媽參拜，並供送媽祖起駕。

3.參與友宮慶典：台灣媽祖聯誼會的會員宮，如松山慈祐宮、竹南慈裕宮、埤頭合興宮、花蓮港天宮、蘇澳南天宮、西螺福興宮、南投慈善宮等。當這些友宮舉辦創廟紀念、媽祖遶境或海巡、媽祖文化季及建醮等活動時，樂成宮也會出陣頭參與。（黃晨淳，2006：28-29）

4.急難賑災：民國九十七年前往中國四川災區蓋台灣媽祖小學，捐贈新台幣 20 萬元。（洪敏麟，2011：484）

台灣在解嚴後，才同意民間社團組織自由化發展，以媽祖為名義，就屬台灣媽祖聯誼會最早向政府申請成立。樂成宮在此歷史結構變遷的情況下，也加入了台灣媽祖聯誼會，參與其組織。

# 陸、樂成宮組織變遷的結構性因素

## 一、國家宗教政策有利樂成宮的管理組織建構

樂成宮能夠成為一獨立完整的宗教組織，主要原因在於國家宗教政策的輔導與獎勵。國府來台，採取戒嚴體制的管理，對台灣地區各寺廟的管理依據為〈監督寺廟條例〉、〈寺廟登記規則〉兩項行政命令。（黃慶生，2000）根據寺廟登記規則，華人信仰的廟宇大部分向宗教主管官署登記，依法成立「信徒大會」，在由信徒大會選拔「管理委員會委員」或「財團法人董監事」。另外，國家也會尊重佛教寺廟的傳統，由法師擔任管理人，而非由信徒大會來決定法師的去留。（蔡秀菁，2013）

樂成宮由過去神明會主導管理的型式，轉型為管理委員會管理，再由管理委員會轉型為財團法人董監事管理，最主要的背景在於國家宗教政策的影響。成立財團法人台中樂成宮的組織型態後，國家承認其「法人」資格，給予樂成宮諸多宗教利益，當國家給廟宇各項租稅減免，廟宇就有發展的

利基。樂成宮得到國家依法租稅減免的項目包括，所得稅、地價稅、房屋稅、土地增值稅、遺產稅、贈與稅、營業稅、印花稅、牌照稅等，對樂成宮的財務支出減輕不少。

　　樂成宮從事各項宗教儀式服務的所得也都免稅，包括點燈、拜斗、收驚、卜卦、車輛過火等科儀，信徒得到樂成宮服務後，交給該宮的費用，完全免稅。而且信徒隨喜佈施的香油錢，國家也免徵其所得稅。當然樂成宮的所得必須將其年度所得 70％用之於其財團法人章程中的目的事業與活動上，就享有國家免稅「權利」。信徒捐款也不得超過其中總所得的20％，此時樂成宮可以開給信徒捐款收據，抵免其個人綜合所得稅。至於信徒捐贈營利所得時，也只能在其所得的10％為限。

　　當國家的宗教政策視廟宇為一「特殊法人」，給予廟宇諸多租稅減免，廟宇乃有獨立發展的寬廣空間。尤其在威權體制時代，國家管制各種人民團體，過去清季與日據時代的神明會，無法向國家主管機關「合法登記」，只能潛藏於民間社會。再加上神明會並不像廟宇，擁有國家給予租稅減免，因此，神明會的成員只有轉型加入廟宇的信徒大會，或許才能

對廟宇產生主導的效果[18]。

## 二、都市化衝擊祭祀圈

　　由於樂成宮位於台中旱溪地區，在清季與日據時期為旱溪村落的公廟，隨著社會的轉型，由農業社會步入工業社會，甚至轉型到後工業社會。台中旱溪地區的農業土地，逐漸被台中市區擴張之後，納為大台中的都市計劃用地。此時樂成宮乃由傳統農業社會的跨數庄頭的廟宇，轉化為都會型廟宇。

　　在民國九十年以前，樂成宮尚保留經由鄰里長向旱溪所屬的 8 個里鄰居民，徵收丁口錢。然而樂成宮面臨旱溪地區人口快速流動的事實，里長向外來里民徵收丁口錢，有一定的難度。再加上樂成宮管理階層得到國家宗教政策減免的挹注，其財務自主能力越趨改善，已經不用向其傳統 8 里里民徵收丁口錢，也可辦理各項宗教儀式活動，甚至尚有經費投入台中地區的社會公益與慈善活動。

　　樂成宮已經逐漸轉型為大台中地區的公廟，其信徒來源早已超越 8 里的里民。樂成宮管理階層運用其管理能力與理念，為來自各地信徒作各項宗教服務，也從未侷限於原有的

---

18　神明會在日據大正十二年（1923）日本政府公佈的 406、407 號法規認定，就決定了神明會走向委縮的命運。根據該項法規，神明會財產雖然為共有，但是會員可以主張其權利，要求分割其財產。在加上日本政府的皇民化政策，欲拆毀華人廟宇，瓦解神明會組織，就有部分神明會變更私人名義所有，導致神明會的財產被私吞。光復後，民國四十二年實行耕者有其田政策，神明會的耕地也在放領之列，促使神明會的土地資產為佃農所領有。（周宗賢，1980.6：148-149）

旱溪地區的 8 里里民。

　　簡言之，台灣社會快速轉型，成為以服務業為主的後工業社會，在此結構下樂成宮已經不是傳統旱溪的庄頭廟。旱溪地區的住民除了維持傳統祭拜媽祖外，都市化的結果也帶來諸多外來人口，他們不見得同意繳交丁口錢。樂成宮的管理階層面對此社會結構的轉變，而在國家宗教政策協助下，走出自己的獨立經營樂成宮的「道路」。傳統祭祀圈在樂成宮執事的經營理念、國家宗教政策的引導，及都市化帶來的人口變遷等因素衝擊下，已經瀕臨「瓦解」。

## 三、資本主義社會下廟宇的商品化與組織效能

　　由於國家宗教政策給予台灣地區的廟宇諸多租稅優惠，因此許多廟宇的管理階層乃思考如何創造廟宇的儀式服務，而得以增加廟宇的財務資源。廟宇的獨立性格在過去台灣史的研究往往被低估，經常認為廟宇只是社會發展的反映或表徵。（康豹，2000：97）事實上，廟宇在過去鄉紳階級主導的年代中，可能「獨力性格」不強，而在國家宗教政策給予「法人」地位及「租稅利益」後，廟宇管理階層的獨立性格就容易出現。因為廟宇有了自己的財物基礎後，就可以成為完成的獨立體，對外運作。台灣許多佛教山頭或華人宗教的寺廟，皆有完整的獨立性的組織體系。

　　對台灣地區的漢人宗教廟宇而言，只要位於人口集中、交通便利的「都會型廟宇」，管理階層稍加用心思考華人對宗教儀式的需求，以及運用宗教儀式滿足華人宗教心理與情

感，經常可以創造巨額的宗教儀式服務收入。而此收入也得到國家的租稅優惠，只要其收入的 7 成用於目的事業上，國家完全免稅。因此許多廟宇的管理階層想方設法從傳統的科儀中，「創造」新儀式，為信徒服務[19]。

樂成宮管理階層也深諳此道理，期待運用宗教儀式增加廟宇的財源收入。早在民國六十七年就運用華人祈福、求壽的宗教心理，設立光明燈座，讓信徒來廟點燈或安太歲。點燈與安太歲的信徒人數逐年擴張，到民國一〇二年，已經有約十萬餘名的信眾來廟接受樂成宮的服務。這些信眾的隨喜功德款，已經成為廟宇年度的重要收入。

在過去農業社會的村廟，幾乎不可能出現這種的現象。當廟方有獨立的管理組織，且在思考如何在既有的資本主義社會下，讓廟宇持續發展，就必須讓其多宗教儀式「商品化」。既然國家給予廟宇的宗教儀式服務免稅，在此利基下，廟方的管理階層就有發揮的空間。他們懂得運用有限的人力資源與廣大的志工，開創各項宗教儀式服務。對樂成宮而言，它是台灣地區都會型廟宇的縮影，管理階層在此社會結構下，發揮了其常態組織與志工組織的效能，為樂成宮建構豐沛的財務基礎。

---

[19]　大甲鎮瀾宮一年一度八天七夜的遶境，得到信徒約 5.8 億的功德金。(張家麟，2012) 另外板橋慈雲宮春季的安太歲科儀，與紫微斗數命盤結合，幾乎各個生肖都得前來安太歲，擴張安太歲信徒範圍，每年的宗教科儀服務，也有上億元的功德金。(2013.2 社會調查)

## 四、華人宗教思想提供廟宇豐沛的人力資源

　　台灣廟宇另外一項人力與物力資源的來源是「志工」，宗教志工占台灣地區所有志工的 35.35％，是各類志工人數最多者。對台灣地區百姓而言，他們願意投入的宗教志工活動，遠超過其餘類別的志工，原因相當複雜，包括個人心理成長、家人與朋友的影響、宗教信仰、宗教功利心理、利他道德的實踐、地緣便利、個人人際關係的成長、新知追求與受廣告的影響等多重因素。（張家麟，2008：1-35）

　　樂成宮管理階層得以組織龐大的志工群，應該與上述因素有關。華人投入宗教志工，往往有其宗教信仰與功利思想，他們對媽祖的認同，也期待從媽祖身上庇護。簡言之，樂成宮的志工，除了擁有地利的便利性，住在旱溪地區的信徒為主以外，他們更期待媽祖看得到他們對樂成宮的付出，而給予合理的回報。

　　華人的宗教信仰事實上存在功利與道德兩大類，前者期待人神互動過程中，神明給予諸多庇護。不但庇護當事人，也可擴其家人或子孫。後者的人神互動則不一定此有現實的功利關係，而是希望在投入宗教活動之際，實踐個人所信仰的各項儒、釋、道三教的道德。

　　對樂成宮的志工而言，前者功利性多，或是後者道德修行成分為主，筆者並未深入探究，留待後文有機會討論。但是，華人這兩類宗教思想價值觀，提供樂成宮志工來源的重要「利基」。

## 五、地方菁英的社會聲望追求

　　樂成宮的管理階層在事業有成之際，願意無怨無悔投入其活動，應該與華人地方菁英社會聲望追求有密切關聯。

　　從樂成宮管理階層董事長的背景來看，在政治上，都是旱溪地區的里長、省議員。在經濟上，他們自己擁有獨立的事業，形同經商有成的在地菁英。從這兩項政治、經濟背景，可以得知樂成宮的管理階層是擁有中、上階層的社、經地位。他們尚有參與公共事務的企圖心，而樂成宮就是在地菁英參與地方事務的舞台。

　　台灣人的「在地主義」性格甚強，樂成宮的管理階層與在地主義的連結也不例外。從樂成宮董監事會的組織章程就可得知，並非一般人可以進入董監事會。而是旱溪地區的政治、經濟地方領袖，才可以拿到入門票。旱溪 8 里的里長是樂成宮董監事的當然成員，但是 8 里里長尚得得到其他里長或信徒代表的認可，才可成為樂成宮最高領袖，來管理樂成宮。

　　這些擁有資格進入董監事會的成員，其人格特質異於一般獨善其身的百姓。他願意經由公共事務的投入，博得名聲。這是傳統漢人社會鄉紳階級管理公共事務的傳承，過去清季時代地方鄉紳介入廟宇的建廟、修廟工作與宗教儀式費用承擔，贏得社會大眾的認可。在日據時代這些鄉紳階級擁有日本政府給予的「保正」職位，持續投入樂成宮的修建與管理工作。國府來台之後，樂成宮的管理階層在國家宗教政策的協助下，更有揮灑的空間。他們可以將樂成宮變成一個獨立

事業體，投入其中，傳承地方菁英服務公廟的良好傳統；如果辦理廟務成功，對他而言，他也從中得到高度的社會聲望。

# 柒、結論

　　從樂成宮的個案可以得知，台灣地區部分媽祖廟宇擁有財務上的獨立性格與組織運作體。在組織擴張上，樂成宮管理階層在財務逐漸獨立後，逐步建構常態組織與志工組織，這可能是台灣地區大部分媽祖廟宇的共同特色。但是台灣媽祖廟間可能仍然存在不同的組織規及模類型，其於地域的結合情形，容有不同的程度，值得後續關注。

　　本研究也顯現出另外一個意涵是台灣地區宗教組織的類型，過去強調神明會、祭祀圈等概念，而忽略了廟宇本身在國府宗教政策的挹注下，已經成為一個自主性格頗強的宗教組織。它不但擁有國家賦予的法人資格，也得到國家諸多租稅優惠，讓廟宇的管理階層擁有法律與財務的法治基礎，樂成宮的個案是財團法人廟宇類型的縮影。當廟宇香火鼎盛，其管理階層就容易擴張組織，運用管理理念及華人宗教信仰的心理，建立常態與志工組織，發揮組織效能，服務信徒。至於管理委員會類型，筆者估計與樂成宮的財團法人類型大同小異。

　　就組織建構來看，樂成宮從旱溪地區的「祭祀圈」居民發展而來，其中神明會的萎縮是否可以成為其他媽祖廟的共同現象，仍然有待觀察。而國家宗教政策要求成立的信徒大會，已經使得信徒大會成員與祭祀圈做某種程度的地域連

結，包括董監事的產生，可能都與祭祀圈的傳統地方菁英產
生連結。此連結現象是否為台灣地區媽祖廟的通盤現象，筆
者調查 37 間的廟宇已經顯現部分相同，也有部分存在重大差
異，這仍待留著下文分解。至於祭祀圈的實質內涵，筆者大
膽揣測，當媽祖廟宇財務基礎強化，而得以讓其成為獨立組
織時，過去祭祀圈的概念可能已經無法解釋這些媽祖廟管理
階層組織的獨立性，它自籌財務辦理廟宇相關活動的現象，
已使傳統祭祀圈產生質變。至於神明會與廟宇之間的互動，
又是一重要觀察廟宇組織變遷的切入點。樂成宮的董事會順
利將神明會資產合理且合法的融入成為廟宇資產，是個難得
的個案。其他廟宇的組織與神明會的互動，是否「無縫接軌」，
亦或是存在不同的互動類型，仍值得後續為文討論。

# 參考書目

Yang C. K，1991，Religion in Chinese Society：A Study of Contemporary Social Functions of Religion and Some of Their Historical Factors， University of California Press。

王世慶，1972.9，〈民間信仰在不同組籍移民的鄉村之歷史〉，《台灣文獻》第二十三卷第三期，頁 1-38。

王志宇，2011.6，〈彰南田中地區的媽祖信仰與地域社會－以乾德宮為中心〉，《逢甲人文社會學報》第二十二期，頁 139-159。

何鴻明、王業立，2010.9，〈地方派系如何操控寺廟的管理權？

　　　－以大甲鎮瀾宮的人事選舉爲例〉，《台灣民主季刊》
　　　第七卷，頁 123-86。

李燕如，2007，《民間信仰與地方派系的關係-以台中縣大甲
　　　鎮瀾宮為例》，東海大學公共事務碩士學程在職進修專
　　　班碩士論文。

周宗賢，1980.6，〈台灣的神明會-傳統中國的民間組織之
　　　一〉，《幼獅學誌》第十六卷第一期，頁 133-152。

周　璽，1993，《彰化縣志》第 5 卷〈祀典志〉，南投：台灣
　　　文獻委員會。

岡田謙，陳乃蘗譯，1960，〈台灣北部村落隻祭祀範圍〉，《台
　　　灣風物》第九卷第四期，頁 14-29。

林本炫，2005，〈試論「宗教法人」的屬性和定位〉，《宗教論
　　　述專輯第七輯-宗教組織與管理篇》，台北：內政部。

林正珍，2007，《台中市樂成宮旱溪媽祖遶境十八庄》，財團
　　　人台灣省樂成宮。

林正珍，2011，《旱溪媽祖遶境的儀式與祭典》，財團人台灣
　　　省樂成宮。

林全進，2008，《地方權力與宗教-以台北天母三玉宮為例》，
　　　東吳大學社會學系碩士論文。

林美容，2006，〈台灣地區性劑四組織的社會空間與文化意
　　　涵〉，《媽祖信仰與台灣社會》，台北：博楊文化。

林美容，2006，〈彰化媽祖的信仰圈〉，《媽祖信仰與台灣社
　　　會》，台北：博楊文化。

邱冠斌，2006.6，〈台灣神廟管理法令與組織之探討〉，《中華
　　　行政學報》第三期，頁 155-172。

施振民，1973，〈艋舺吉社團續述〉，《台灣風物》第九卷第四期，頁 30-35。

洪敏麟，2011，《台中旱溪媽祖廟-樂成宮誌》，財團法人台灣省台中旱溪樂成宮。

財團法人台灣省台中旱溪樂成宮編印，2008，《樂成宮風華-從旱溪大屯地區茁壯並與台中市一同成長》，財團人台灣省樂成宮。

財團法人台灣省台中旱溪樂成宮編印，1997，《台中樂成宮誌稿》，財團法人台灣省台中旱溪樂成宮。

財團法人台灣省台中旱溪樂成宮編印，2013，《樂成宮誌農民曆》，財團法人台灣省台中旱溪樂成宮。

張家麟，2008，《社會、政治結構與宗教現象》，台北：蘭台出版社。

張　珣，1988.05，〈大甲鎮鎮瀾宮進香團內部的神明會團體〉，《民俗曲藝》第五十三期，頁 47-64。

黃依萍，2009，《北港朝天宮神明會的組織與運作：「哨角團」和「莊儀團」之比較》，元智大學資訊社會學研究所碩士論文。

黃晨淳，2006，《追隨媽祖婆的足跡~悠遊全台 36 座媽祖勝境》，台灣媽祖聯會。

黃慶生，2000，《寺廟經營與管理》，台北：永然出版社。

鈴木清一郎著、高賢治，馮作民譯，1981，《台灣舊慣習俗信仰》，台北眾文圖書公司。

趙金抱，1999.5，〈神明會、寺廟之探討〉，《現代地政》第十九卷第五期，頁 48-52

蔡秀菁，2013，《「政教互動與宗教團體自由權限-『宗教團體
　　　法草案』個案研究（1997-2012）」》，台灣師範大學政
　　　治學研究所博士論文。

蔡武晃，2006.5〈同質性神明會之結合與發展-以觀音佛祖六
　　　股媽為例〉，《民俗與文化》第二期，頁39-66。

蔡碧峰，2010，《神明會與台灣民俗文化傳承關係研究－以北
　　　港朝天宮為例》，中正大學台灣文學所碩士論文。

鄭志明，1990，〈北港朝天宮附設神明會的組織模式〉，《宗教
　　　與非營利事業》，頁165-206，嘉義：南華大學宗教文
　　　化研究中心。

鄭志明、孔建中，1998，《北港朝天宮的組織》，嘉義：南華
　　　大學宗教文化研究中心。

謝文賢，2008，《樂成宮傳統建築之美 II》，財團法人台灣省
　　　台中旱溪樂成宮。

鍾秀雋，2010，〈「公所媽」-彰化南瑤宮管理制度之更迭與效
　　　能初探〉，《「傳統宗教與新興宗教學術會議論文集
　　　下」》，玄奘大學宗教學系，235-262。

瞿海源，2002，《宗教與社會》，台北：台灣大學。

# 附表 1. 2013 年台中樂成宮旱溪媽祖十八庄遶境各村廟資料表

| 時間 | 村庄 | 所屬行政村里名 | | 村廟名 | 主祀神 |
|---|---|---|---|---|---|
| 初一 | 下哩仔 | 烏日 | 東園里 | 東女慈聖宮 | 天上聖母 |
| | | | | 新龍宮 | 三府王爺 |
| | | | | 聖興宮 | 開漳聖王 |
| 初二 | 阿密里 | 烏日 | 東園里 | *永興宮*[20] | 輔順將軍 |
| 初三 | 五張犁 | 烏日 | 五光里 | 福德宮 | 福德正神 |
| | | | | 福源堂 | 觀音佛祖 |
| 初四 | 瓦磘仔 | 大里 | 大里里 | 福德宮 | 福德正神 |
| 初五 | 詹厝園 | 大里 | 夏田里 | 八天宮 | 南極仙翁 |
| 初六 | 大突寮 | 大里 | 大元里 | 聖恩宮 | 天上聖母 |
| 初七 | 田寮仔 | 大里 | 國光里 | 三興宮 | 三府王爺 |
| | | | | 白雲宮 | |
| 初八 | 涼傘樹 | 大里 | 大樹里 | *萬安宮* | 玄天上帝 |
| | 東勢尾 | | 東興里 | 永隆宮 | 林太師公 |
| 初九 | 內新庄 | 大里 | 東昇里 | *新興宮* | 天上聖母 |
| | | | 中興里 | 合歡福德宮 | 福德正神 |

---

[20] 斜體字的村廟名為林美容教授的調查，傳統漢溪媽祖遶境時的東保十八庄迎媽祖各村廟。其餘村廟為 2010 年或 2013 年樂成宮執事主持媽祖遶境新協調的宮廟。

| | | | | 池王宮 | 池府王爺 |
|---|---|---|---|---|---|
| 初十 | 車籠埔 | 太平 | 興隆里 | *廣興宮* | 三府王爺 |
| | | | | 德隆宮 | 天上聖母 |
| 十一 | 番仔寮 | 大里 | 仁化里 | 振坤宮 | 天上聖母 |
| 十二 | 塗城 | 大里 | 塗城里 | *聖明宮* | 三府王爺 |
| | | | 瑞城里 | 瑞和宮 | 天上聖母 |
| | | | 新仁里 | 奉聖宮 | 天上聖母 |
| | | | 立德里 | 福德宮 | 福德正神 |
| 十二 | 草湖 | 大里 | 東湖里 | *太子宮* | 太子元帥 |
| | | | | 三天殿 | 三清道祖 |
| | | | 西湖里 | 慈天宮 | 天上聖母 |
| | | | | 三太子壇 | 三太子 |
| 十三 | 阿罩霧 | 霧峰 | 萊園里 | *南天宮* | 天上聖母 |
| | | | 萊園里 | 福德宮 | 福德正神 |
| | | | 萊園里 | 福德廟 | 福德正神 |
| | | | 本堂里 | 福德宮 | 福德正神 |
| | | | 吉豐里 | 進興宮 | 太子元帥 |
| | | | | 靈聖宮 | 天上聖母 |
| | | | | 天顯宮 | 五顯大帝 |
| | | | 桐林里 | 福天宮 | 天上聖母 |
| 十四 | 柳樹楠 | 霧峰 | 南柳里 | *新柳宮* | 天上聖母 |
| 十五 | 吳厝庄 | 霧峰 | | *福成宮* | 神農大帝 |
| | 四塊厝 | | 四塊厝 | *新德宮* | 太子元帥 |
| | | | | 四德福德 | 福德正神 |

| | | | | 宮 | |
|---|---|---|---|---|---|
| 十六 | 丁台 | 霧峰 | 丁台里 | *新登宮* | 天上聖母 |
| | | | | 慈天宮 | 天上聖母 |
| 十七 | 喀哩 | 烏日 | 北里里 | *新南宮* | 天上聖母 |
| | 石螺潭 | | 螺潭里 | *順天宮* | 三府王爺 |
| | | | | 同興宮 | 飛天大聖 |
| | 溪心垻 | | 溪垻里 | *南興宮* | 三官大帝 |
| | | | | 福德祠 | 福德正神 |
| 十九 | 台中新庄 | 東區 | 新庄里 | 新福宮 | 三府王爺 |
| | 台中振興 | | 振興里 | 福成宮 | 高府千歲 |
| | | | | 福德祠 | 福德正神 |
| | 台中東橋 | | 東橋里 | 大智聖母宮 | 天上聖母 |
| 二十 | 仁德村 | 烏日區 | 仁德里 | 仁德宮 | 天上聖母 |
| | 麻糍埔 | 南屯區 | | 福德廟 | 福德正神 |
| | 犁頭店 | | | 萬和宮 | 天上聖母 |
| | | | | 福德廟 | 福德正神 |
| | 南屯 | | | 田心福德廟 | 福德正神 |
| | | | | 北田心福德宮 | 福德正神 |
| | | | | 大興宮 | 福德正神 |
| | 土庫 | | | 福順宮 | 三府王爺 |

| | 半屏厝 | 南區 | | 合興宮 | 三官大帝 |
|---|---|---|---|---|---|
| | 下橋仔 | | 福星里 | 福興宮 | 三府王爺 |
| | | | | 尊天宮 | |
| | 公館 | 西區 | | 慈聖宮 | 張府王爺 |
| | | | | 福德祠 | 福德正神 |
| | | | | 上公館福德宮 | 福德正神 |
| | | | 公館里 | 奉順宮 | 九天玄女 |
| 廿一 | 上溪洲 | 太平區 | 新坪里 | 樂安宮 | 天上聖母 |
| | | | | 福德祠 | 福德正神 |
| | 新坪 | | | 聖武宮 | 關勝帝君 |
| | | | 新吉里 | 大新坪福德祠 | 福德正神 |
| 廿二 | 下溪洲 | 北屯區 | 宜昌里 | 樂後宮 | 天上聖母 |
| | 太平社區 | | 中山里 | 順興宮 | 太子元帥 |
| | 水景頭 | | 水景里 | 廣天道院 | 五路財神 |
| | | | | 福隆宮 | 三府王爺 |
| | 軍功寮 | | 和平里 | 福順宮 | 三府王爺 |
| | | | 軍功里 | 軍福宮 | 三府王爺 |
| | 北屯 | | 東光里 | 慈後宮 | 天上聖母 |
| | | | 三光里 | 九龍宮 | 九聖帝 |
| | 下廍仔 | 太平區 | 中興里 | 福德祠 | |
| | 番仔路 | | 新興里 | 朝天宮 | 天上聖母 |

| | | | 新福里 | 新福宮 | 三官大帝 |
|---|---|---|---|---|---|
| | 大里 | 大里區 | 新里里 | 福興宮 | 天上聖母 |
| 廿三 | 東區旱溪 | 東區 | 旱溪里 | 樂成宮 | 天上聖母 |

資料來源：1.財團法人台灣省台中旱溪樂成宮，2013：24-32；2.林美容，2006：113；3.林正珍，2007：17。

## 附表 2. 2013 年台中旱溪媽祖遶境十八庄各村里資料表

| 時間 | 庄名 | 所屬行政村里名 | | 里長 |
|------|------|------|------|------|
| 初一 | 下哩仔 | 烏日區 | 東園里 | 廖春田 |
| 初二 | 阿密里 | 烏日區 | 光明里 | 葉良春 |
| 初三 | 五張犁 | 烏日區 | 五光里 | 林榮源 |
| 初四 | 瓦磘仔 | 大里區 | 大里里 | 周水波 |
| 初五 | 詹厝園 | 大里區 | 夏田里 | 胡金鍊 |
| 初六 | 大突寮 | 大里區 | 大元里 | 林乾正 |
| 初七 | 田寮仔 | 大里區 | 新里里 | 何世琦 |
| | | | 國光里 | 魏益川 |
| 初八 | 涼傘樹 | 大里區 | 樹王里 | 石炳南 |
| | 東勢尾 | | 東興里 | 陳進生 |
| | | | 大明里 | 黃顯堂 |
| | | | 永隆里 | 林士元 |
| 初九 | 內新庄 | 大里區 | 東昇里 | 陳進發 |
| | | | 日新里 | 朱福田 |
| | | | 西榮里 | 蔡尚諭 |
| | | | 內新里 | 林清池 |
| | | | 中新里 | 張崇宜 |
| 初十 | 車籠埔 | 太平區 | 光隆里 | 黃秋勇 |
| | | | 興隆里 | 官靜英 |

| | | | 福隆里 | 陳長庚 |
|---|---|---|---|---|
| | | | 永隆里 | 連保欽 |
| | | | 德隆里 | 吳燕明 |
| 十一 | 番仔寮 | 大里區 | 仁化里 | 陳宗興 |
| | | | 仁德里 | 林龍水 |
| | 塗城 | | 塗城里 | 黃仁耀 |
| | | | 瑞城里 | 蔡昭奮 |
| | | | 新仁里 | 陳正恭 |
| | | | 立仁里 | 陳慶元 |
| | | | 立德里 | 葉清秀 |
| 十二 | 草湖 | 大里區 | 東湖里 | 賴樹清 |
| | | | 西湖里 | 林益生 |
| 十三 | 阿罩霧 | 霧峰區 | 萊園里 | 黃松義 |
| | | | 吉豐里 | 劉孟弦 |
| | | | 甲寅里 | 林文卿 |
| | | | 本鄉里 | 曾元宏 |
| | | | 中正里 | 楊連雄 |
| | | | 錦榮里 | 江漢德 |
| | | | 本堂里 | 曾元志 |
| | | | 桐林里 | 呂玉山 |
| 十四 | 柳樹楠 | 霧峰區 | 北柳里 | 陳宗旺 |
| | | | 南柳里 | 陳清溪 |
| 十五 | 吳厝庄 | 霧峰區 | 五福里 | 陳嶽斌 |
| | 四塊厝 | | 四德里 | 林清峰 |

| 十六 | 丁台 | 霧峰區 | 丁台里 | 林正亮 |
|---|---|---|---|---|
| 十七 十八 | 喀哩 | 屋日區 | 北里里 | 魏周森 |
| | | | 南里里 | 蔡敏陽 |
| | 石螺潭 | | 螺潭里 | 盧獎陸 |
| | 溪心壩 | | 溪壩村 | 陳登正 |
| 十九 | 台中新庄 | 東區 | 新庄里 | 許良吉 |
| | 台中振興 | | 振興里 | 劉作文 |
| | 台中東橋 | | 東橋里 | 邱森春 |
| | 台中東興 | | 東興里 | 宋茂榮 |
| | 台中長春 | 南區 | 長春里 | 梁何碧嬌 |
| 二十 | 前竹村 | 烏日區 | 前竹里 | 林東潭 |
| | 仁德村 | | 仁德里 | 洪炳煌 |
| | 九德村 | | 九德里 | 林明輝 |
| | 樹仔腳 | 南區 | 樹義里 | 廖國銘 |
| | | | 工學里 | 周阿筆 |
| | | | 樹德里 | 餘銘記 |
| | 麻糬埔 | 南屯區 | 豐樂里 | 簡坤榮 |
| | 犁頭店 | | 南屯里 | 林秋潭 |
| | 南屯 | | 田心里 | 吳碧珣 |
| | | | 大同里 | 遊月珠 |
| | | | 大興里 | 李富堂 |
| | | | 大誠里 | 賴清福 |
| | | | 文心里 | 王國在 |
| | 半屏厝 | 南區 | 西川里 | 葉家宏 |

| | | | 崇倫里 | 曾素貞 |
|---|---|---|---|---|
| | 下橋仔 | | 福興里 | 林葉蕉妹 |
| | | | 福平里 | 張啟龍 |
| | | | 福順里 | 庄茂得 |
| | | | 和平里 | 魏柏滄 |
| | | | 平和里 | 柯瑞洲 |
| | | | 南和里 | 蕭良材 |
| | 公館 | 西區 | 藍興里 | 蔡垂峰 |
| | | | 公館里 | 謝錫宏 |
| | 東勢仔 | 東南區 | 東南里 | 王瑞發 |
| | | | 東勢里 | 張財發 |
| | | | 合作里 | 曾建成 |
| 廿一 | 上溪洲（新坪） | 太平區 | 新坪里 | 紀進豐 |
| | | | 新城里 | 胡錩宏 |
| | | | 新吉里 | 蔡新福 |
| 廿二 | 下溪洲（宜欣） | 太平區 | 宜昌里 | 林進發 |
| | | | 宜欣里 | 楊登圳 |
| | | | 宜佳里 | 塗聰賢 |
| | 太平社區 | | 豐年里 | 林錦輝 |
| | | | 中山里 | 閻泰利 |
| | 軍功寮 | 北屯區 | 和平里 | 林標權 |
| | | | 軍功里 | 黃銘河 |
| | 水景頭 | | 水景里 | 何明坤 |
| | 北屯 | | 東光里 | 賴文章 |

| | | | 三光里 | 林瑞芳 |
|---|---|---|---|---|
| | | | 北興里 | 陳長勳 |
| | | | 北京里 | 陳秋三 |
| | | | 三和里 | 吳美蓁 |
| | 台中北區 | 北區 | 錦村里 | 吳榮益 |
| | | | 錦洲里 | 吳昌隆 |
| | | | 建成里 | 林文吉 |
| | | | 建德里 | 鄭凱鶴 |
| 廿三 | 下廍仔 | 太平區 | 永平里 | 陳和 |
| | 番仔路 | | 新興里 | 鄭慧鋒 |
| | | | 新光里 | 遊癸龍 |
| | | | 新高里 | 江姿樺 |
| | | | 新福里 | 賴長正 |

資料來源：1.財團法人台灣省台中旱溪樂成宮，2013：24-32；2.林美容，2006：113；3.林正珍，2007：17。

# 第七章 宗教儀式融合：以 2012 淡水清水祖師暗訪及遶境為例[1]

## 壹、前言

佛教來到中土，受中土既有的儒、道與民間薩滿（shaman）「巫風」的影響，部分宗教活動產生質變；同時，佛教也與中土的各宗教互動，影響了既有教派；尤其以儒為

---

1  本文於 2012 年「普陀山佛教學術會議」發表。

宗，釋、道為輔，三教融合的「華人宗教」[2]最具代表性。華人宗教廣泛散佈於中土，包含官方正祀與民間供奉兩個系絡，其中官方肯定的神祇也會滲入到民間信仰中。

　　華人宗教的官方正祀的神明，如孔子、關聖帝君、玄天上帝，隨著明鄭王朝來台，官方為之立廟；而民間信仰的媽祖神明，也由移民與部隊引入台灣。滿清治理台灣期間，再次掀起移民潮，先民從福建、廣東等地移民至台灣，也將具華人宗教特質的家鄉守護神，如土地公、王爺、媽祖、保生大帝、保儀尊王、開漳聖王、三山國王等神祇，再次迎入台灣，於屯墾的庄頭奉祀；具有佛教色彩的釋迦牟尼佛、觀世音菩薩、地藏王菩薩、文殊菩薩、菩賢菩薩、鄧公古佛、慚愧祖師、清水祖師等神明，也被恭迎來台。

　　台灣諸多廟宇幾乎都有儒、釋、道及巫色彩的「宗教融合」現象（syncretism of religion）。（張家麟，2010）以神明崇拜而言，廟宇供奉主神外，配侍神則涵蓋儒、釋、道三教神明；以宗教儀式而言，儒、釋、道三教的科儀，雜揉於神明的聖誕與超度、祈福的陰陽法會中；以宗教經典而言，三教經典都可在廟宇的宗教儀式中展現，而非獨厚某一宗教的

---

2　學界對華人的宗教活動，抽離出「民間信仰」或「民間宗教」的概念，用之描述華人地區的居民對儒、釋、道三教混合的宗教現象與崇拜活動。此概念被 C.K.Yang 稱之為「混合型宗教」。（diffused religion），用之比對於西方基督教、伊斯蘭教與東方的佛、道兩教，稱之為「制度型宗教」（institutional religion）。至於「華人宗教」這項概念，是學界反思西方學者研究華人居民的信仰現象，認為以耶穌會傳教士用「民間信仰」描述中土的宗教活動，具有貶抑中國宗教的企圖；因此，應該將中國居民的宗教活動重新正名，回歸為「華人宗教」。

經典；以宗教儀式的主法神職人員來看，具有儒性質的禮生、道教背景的道士、佛教法師及具巫師性格的乩童，皆可能被延聘到廟宇中主法。這種跨宗教融合的現象，使台灣廟宇出現亦佛、亦道、亦儒，甚至不排除巫色彩的樣貌，形成華人宗教的「宗教融合」特殊現象。

　　學界對佛教與儒、道、民間宗教中的薩滿巫風間互動，早有做整體的觀察與描述[3]；例如有些學者著重道教對佛教的經典、科儀產生影響，認為佛教的經典與科儀可能「萃取」道教的經典與科儀，轉化成為佛教的宗教文化。（李世偉，2008；蕭登福，1994）也有部分學者認為道教的神譜會援引佛教的神祇，將之轉化成為道教神明，像元朝之後道教禮斗法會出現了眾星斗之母，稱之為「斗姥元君」，然而考證其神的根源，應該是佛教的神祇。（蕭進銘，2011：5-28）也有民間信仰的關聖帝君，在唐代被佛教的天台宗與禪宗將之納為釋迦牟尼佛的保護神，稱之為伽藍尊者。

　　其中，佛教徒在家修行，來台灣後，獨立成為一個教派，稱之為「巖仔」，又可稱為「齋教」；（林美容、張崑振，2000.9：203-235）另外一派佛教，可用佛教的科儀為亡者從事喪葬或超度，此派法師可以結婚，在台灣稱之為「黑頭師公」，也可叫他們為「香花和尚」[4]。（楊士賢，2011）也有學者關注到佛教高僧往生後，其在世的修行涵養很難被後人察覺，反而

---

[3]　道教與民間信仰相互交融的情形相當繁複，在崇拜神祇、教義、神話、崇拜科儀及巫術間的活動，皆產生緊密的影響。（劉仲宇，2003）

[4]　筆者曾對台北保安宮牽狀科儀從事調查，發現香花和尚用佛教經典、神祇為亡者超度。主法者為許章錦法師。（張家麟，2012.5）

得道升天的奇異行徑，與種種神話故事所展現的神通，反而深入民間，成為華人宗教的崇拜神明。（李世偉，2006：15）

　　事實上，在台灣諸多佛教的神明，被信眾立廟，供奉於神殿中；然而祂們幾乎已經「華人宗教化」。以比較著名的台北龍山寺、蘆洲湧蓮寺、林口竹林山觀音寺、三峽祖師廟、淡水清水祖師廟為例，幾乎在寺廟中看不見僧侶，只見鄉紳階級管理廟宇。不只如此，佛教的觀音菩薩或是清水祖師，祂們與儒教、道教、巫等眾神，共同供奉於眾神殿中。採取的祭拜佛、與為信眾消災解厄的科儀，也經常與佛教的科儀無關。其中，三峽祖師廟、林口竹林山觀音寺主事者尚且運用儒教的「豬公祭典」祭拜清水祖師與觀音菩薩。這是佛教神明在鄉紳階級主導下，接納了儒教傳統，也屬佛教華人宗教化的現象。

　　台灣地區佛教與華人宗教融合現象，學界鮮少關注，值得後續討論。筆者想先針對淡水清水祖師廟的遶境儀式的現象作個案研究。於 2012 年農曆四月底先行訪問清水祖師廟總幹事白志烈副主委李宗燦，再於農曆 5 月 5 日至 7 日 3 天帶領研究生與大學部學生 10 名，分 3 組人馬同時作參與觀察記錄。初步發現這尊閩台居民共同尊奉的佛教清水祖師，其「遶境」儀式充滿了形同佛教神明與華人宗教的「迎神賽會」儀式產生連結現象，筆者想從「遶境儀式」、「遶境儀式的宗教融合」與「清水祖師遶境的功能與轉化」等三個面向分析。

# 貳、暗訪及遶境的過程與內容

台灣淡水清水巖以福建省泉州府安溪縣清水巖的清水祖師（俗名：陳普足[5]）為主神，左、右神殿分別配祀保生大帝與地藏王菩薩，及陪祀蕭府王爺與西秦王爺。其餘神殿，也恭奉儒、釋、道三教眾神。

它以座東朝西的格局，位於新北市淡水區老街的丘陵山坡地上，背倚沿著大屯山脈而下的「五虎崗」的虎背上，往前（朝西）200 公尺可眺望淡水河，遠眺觀音山；往北為台灣海峽，往南則可進入台北盆地。（附件 1）

淡水清水巖建於日據時期昭和 12 年（1937），屬於「年

---

5　歷史學者考證，清水祖師俗名為陳普足，福建永春縣小姑鄉人，生於北宋仁宗景祐四年（1037），圓寂於建中靖國元年（1101）。（林國平，1993：294-309）另外，根據台灣淡水清水巖的神明介紹，將清水祖師的俗名記載為陳榮祖，法號普足，於南宋隆興 2 年（1164）被皇帝敕封為「昭應大師」，在淳熙 11 年（1184），第二次被加封為「昭應慈濟大師」。第三次敕封是在嘉泰元年（1201），加封為「昭應廣惠慈濟大師」，最後一次敕封是在嘉定 3 年（1210），被加封為「昭應廣惠慈濟善利大師」。這四次被地方官去請朝廷敕封清水祖師都是因為地方乾旱不雨，乃迎請清水祖師禱雨，結果天降甘霖，朝廷查核屬實後，決定加封祖師爺。（淡水清水巖，2012）從此來看，清水祖師爺在福建的顯靈幾乎都是祈雨、求神而獲得證實，祂變成「禱雨之神」，從宋朝開始，到清朝跨越到民國 15 年以前，總共有 17 次的祈雨於清水祖師獲得靈驗的歷史記錄。（彭美琴，2007：48-51）除此之外，也有三則與清水祖師驅趕女鬼、驅虎、驅蟲、驅瘟有關的靈驗傳說，使清水祖師的功能增加，變成跨越禱雨之神的神格，轉型為多功能的神明。在台灣淡水的清水祖師遶境的淵源，在於驅瘟。日據時期鼠疫橫行，日本政府用西方醫學的觀點防疫，淡水居民則迎請祖師爺遶境驅瘟，這種醫學與宗教遶境靈療的對付鼠疫方式，日本官方並未反對，也促使清水祖師成為淡水居民的驅瘟大神。

輕」的廟宇，不像淡水地區的福佑宮、文昌祠、上帝公廟、文武尊王廟、蕭府王爺廟、鄞山寺、晉德宮、興建宮、金福宮、和衷宮、龍山寺歷史悠久。但是，它目前已成為淡水地區重要的廟宇；因為祖師爺的遶境儀式從日據時期明治 31年（1898）起，在未建廟之前，就被信眾請出來遶境，藉此「驅疫」或「逐穢」，而提升了衪的地位。（王怡茹，2012：122-124）雖然淡水已沒有鼠疫，但是在日據祖師爺驅瘟遶境之後，年年上演此儀式，到了國府統治，未曾稍歇，至今已有 115 年的歷史。淡水清水巖的遶境儀式，整合了淡水居民、各宮廟、神明會、軒社與社團，讓它成為領導型廟宇。

　　2012 年清水祖師依往例，被信眾迎請出來遶境，於農曆 5 月 5 日起先行「暗訪」，5 月 6 日再行遶境，5 月 7 日犒軍圓滿，完成整個儀式。茲將儀式的過程及其意涵說明如下：

# 一、儀式準備

　　淡水清水巖清水祖師的遶境活動是台灣地區遶境儀式的一項個案，對淡水區的信眾與居民而言，這是年度最重要的宗教聖會。從日據時期到現在為止，淡水區的鄉紳階級、官府與居民，皆為了此項儀式的順利舉行，必需事先從事儀式的進行前準備工作。

## （一）官方封街形成遶境神聖空間

　　鄉紳階級主持淡水清水巖，它必須和官方先行協調，安排遶境路線的交通管制與遶境陣頭的疏導。從日據時代至

今，淡水清水巖遶境的「神聖空間」[6]並未改變。（附件 1-1）
以「淡水街市」的範圍，包括現在的淡水（現在的中興里、
民安里、福德里、清文里、草東里、協元里、永吉里、文化
里）、水碓仔（水碓里、新興里、新春里、新民里、新義里、
正德里）及庄仔內（中興里、長庚里、鄧公里、幸福里及學
府里）三個「角頭」[7]。（王怡茹，2008：210；張家麟，2013）
官方將這些地區進行交通管制，使所有外縣市的車輛不能進
入淡水街市，古老的淡水街市變成一完整的宗教活動的「神
聖空間」，只保留台北、淡水往返捷運當作出入口。

在遶境期間，官方配合廟方做全方面的交通管制，汽車
只能在淡水街市的外圍，而不能進入遶境的相關街道。[8]（附

---

6　過去學者用「祭祀圈」形容淡水清水巖的遶境，但是筆者調查發現，現在淡
　　水清水巖自籌遶境費用，並未向淡水街市居民收「丁口錢」。而是由信眾樂
　　捐，廟方基金提撥。（2012.6. 社會調查資料）因此，筆者以為「祭祀圈」
　　已不適合用來描述淡水清水巖的遶境。

7　筆者比對淡水古地圖與現今淡水行政區域地圖，可以得知，清水祖師原本遶
　　境的範圍只有涵蓋淡水、水碓仔與庄仔內三個庄頭。淡水是指現在的老街，
　　人口最為集中，目前已經擴張為：中興里、民安里、福德里、清文里、草
　　東里、協元里、永吉里、文化里等里，而水碓仔也擴張成：水碓里、新興
　　里、新春里、新民里、新義里、正德里；庄仔內則擴張為：中興里、長庚
　　里、鄧公里、幸福里及學府里。（2012 年 6 月淡水清水巖社會調查）

8　現在淡水地區遶境的神明：包括清水巖清水祖師、淡水八庄輪祀大道公、義
　　山集應廟與坪頂集應廟九年輪祀保儀尊王與福佑宮媽祖。解嚴前，只有官
　　方會配合清水巖祖師爺遶境；解嚴後，只要向官方提出遶境申請的廟宇，
　　官方也都會協助交通管制。其它神明遶境只做局部的交通管制，但是清水
　　祖師爺的遶境時，官方將古老的淡水街市城區封瑣，不讓車輛進入，使淡
　　水成為一完整的遶境神聖空間，這是官方對清水祖師爺遶境傳統，從日據
　　時期至今的高度尊重，形同祖師爺得到官方的「特別待遇」。

件 2：交通管制圖）此時，公車也都配合遶境做路線調整。（附件 3：公車改道圖）官方配合的傳統淵源於日據時期，清水祖師遶境期間得到官方高度的肯定。在官方的支持下，淡水街市陷入了每年一次的週期性「宗教狂熱現象」。到了晚上，變成不夜城與鞭炮城，熱鬧的情景，勝過其他華人的節慶。其他廟宇的節慶，只要向官方提出申請，也可能得到官方有限度的協助。絕對不像清水祖師廟的遶境，官方於節慶期間將整個老淡水城區封瑣，讓淡水人可以熱情地迎接清水祖師，這是祖師爺得到的特殊待遇。

## （二）廟方主導陣頭與信眾參與暗訪、遶境事宜

### 1.陣頭順序

5 月 5 日暗訪與 6 日的遶境，陣頭綿延約 3 至 4 公里，參與宮廟、神明會、軒社、社團計有 35 個，每個宮廟陣頭多寡不一，多者約 10 餘陣，少者也有 3 到 5 陣，因此，兩天的陣頭規模甚為龐大。

為了使遶境陣頭井然有序，由淡水清水巖管理階層事先邀請各宮廟、神明會、軒社與信眾共同協調。除了由淡水清水巖負責第一個陣頭（包括：報馬、路關牌、頭旗、托燈、長腳牌、三祖花轎車及管理委員會車輛）與最後蓬萊祖、蓬萊老祖神轎、蓬萊老祖神轎與「隨香」陣頭外；其餘陣頭則用抽籤的方式，決定其遶境的順序。

分為 5 月 5 日暗訪與 5 月 6 日遶境兩天，部分、神明會、軒社、社團的陣頭參與二天的活動，部分只參與其中一天。第一天暗訪約有 19 個團體，第二天遶境有 27 個團體及分靈

的花轎車參與，陣頭數量比第一天還多。

　　5 月 5 日參與的宮廟、軒社、神明會的陣頭順序，依序為：淡水清水巖、興建宮、淡水南北軒、布埔頭福德宮、助順大將軍爺廟、淡水和義軒、清水龍、淡水魯班宮、荷葉先師會、水碓福德宮、淡水金福宮、保生大帝、蓬萊二祖會、淡水區農會、淡水清昭誠祖師會、真武廟、天福宮、蓬萊祖、蓬萊大祖、蓬萊老祖及隨香（善男信女）。（淡水清水巖，2012）

　　5 月 6 日參與的的宮廟、軒社、神明會的陣頭順序，依序為：淡水清水巖、淡水福佑宮、興建宮、二十祖（花轎車）、十六祖（花轎車）、鄧公里福德宮、新二祖（花轎車）、十七祖（花轎車）、淡水南北軒、十八祖（花轎車）、淡水平安獅、布埔頭福德宮、蓬萊六祖（花轎車）、蓬萊八祖（花轎車）、助順大將軍爺廟、七十二祖（花轎車）、淡水渡誠宮、蓬萊三祖（花轎車）、八十八祖（花轎車）、淡水和義軒、蓬萊五祖（花轎車）、蓬萊二祖（花轎車）、淡水祖師會、大陸五祖（花轎車）、二十八祖（花轎車）、安溪神明會、新一祖（花轎車）、七十七祖（花轎車）、淡水魯班宮、荷葉先師會、十二祖（花轎車）、淡水金福宮、八十五祖（花轎車）、淡水北投鎮天宮、和衷宮、大陸三祖（花轎車）、保生大帝、蓬萊二祖會、米市福德宮、大陸祖（花轎車）、十三祖（花轎車）、淡水區農會、蓬萊七祖（花轎車）、淡水清昭誠祖師會、淡水龍山寺、蓬萊十祖（花轎車）、大陸二祖、金順發、淡水新興獅、蓬萊祖、蓬萊大祖、蓬萊老祖及隨香（善男信女）。（淡水清水巖，2012）

　　2.集合時間、地點與路線

　　淡水清水巖廟方與各宮廟、神明會、軒社頭人共同協調

5月5日暗訪，於下午6點在淡水紅毛城街道集合整隊；下午7點開始暗訪。5月6日遶境，則於同地點上午10點集合，11點開始遶境。由前導車淡水清水巖帶領，其餘陣頭依序加入，並要求各陣頭不得任意插隊。

遶境隊伍的路線，事先規劃遶著淡水街市老城區，從紅毛城中正路集合開始，進入文化路左轉中山北路，到大仁街轉左進入大忠街，遊行隊伍進入到中山北路右轉水碓街，進入水碓仔美滿社區，再左轉回來中山北路，於肯德雞旁的空地做陣頭定點表演。表演結束後的陣頭，再沿著中山北路進入重建街；到文化路時，左轉遶到中山北路右轉清水街，沿著清水街跨越竹高厝，再進入到中山路，在中山路底的經過淡水捷運站，再左轉英專路，碰及清水街時左轉清水街，再從清水街右轉中山路，碰及原德路時右轉，進入原德路水源街，再回到英專路，碰到仁愛街時左轉進入，直到學府路右轉，再從學府路直行往淡水捷運站前的中正路，中正路捷運站前廣場做第二次定點表演。表演結束後，沿著中正路淡水老街直行，於福佑宮前右轉三民街，再上山右轉文化路，進入淡水清水巖祖師廟，整個遶境儀式的陣頭至此結束。（附件4：蓬萊老祖與老三祖遶境遊街路關圖）

廟方與官方，廟方與各宮廟、軒社、神明會間的事先協商，才能確保龐大遶境陣頭順利推動，參與清水祖師遶境的陣頭，幾乎都是以淡水地區在地的軒社、神明會與宮廟為主軸，輔以這些團體交陪的友宮及團體的陣頭，而淡水清水巖領導管理階層則扮演關鍵性的主導角色。

只是，過去在日據時期，清水巖未建廟前，是由具地方

保正頭銜的淡水鄉紳階級主導遶境儀式；（王怡茹，2012：183-188）建廟後，他們仍然是遶境儀式動員的根源。到了國府時期，這些鄉紳階級進入到廟宇成為管理階級。（2012.6.23-24 社會調查）他們仍然根據傳統，使淡水清水巖清水祖師遶境，成為年復一年的重要宗教活動。

## （三）會場佈置與出陣

　　5 月 5 日當天早上廟方帶領服務人員與志工在清水巖祖師廟內、外，進行祖師爺暗訪前的準備工作。將供奉在正殿的眾多祖師爺神像更換新的佛衣，這些佛衣都是由信眾奉獻。隨香的信眾也準備各項供品放在竹籃中，而將竹籃供奉於正殿神桌上。

　　廟裡信眾與志工為祖師爺做最後裝扮；而廟埕廣場戲台氣氛異常熱鬧。由信眾奉獻延聘歌仔戲班，正在為清水祖師遶境演出「祝壽」[9]的戲碼。淡水地區各宮廟、軒社、神明會的陣頭，也輪流來到廟埕中央向祖師爺禮敬。在祖師廟旁的文化樓，廟方鳩合許多志工，準備餐飲供給出陣的志工。而在淡水街市，祖師爺遶境路線的商家與住家，他們已經準備好大小不一的香案，迎接祖師爺蒞臨。

　　部分陣頭已經在各中正路、新民街、大仁街、清水街中

---

9　清水祖師聖誕為農曆正月 6 日，升天日農曆為 5 月 13 日；而淡水清水巖祖師爺遶境並非祖師爺聖誕，也非其升天日，那是因為日據時期，淡水地區發生鼠疫，地方頭人商議，乃決定在端午節當天與隔天遶境。（淡水清水巖，2012；彭美琴，2007：120-125）歌仔戲班演戲祝賀清水祖師聖誕，是不明白這項歷史典故。

山路口等馬路邊整隊，大部分的陣頭則依先前協調約定集合點，在中正路紅毛城邊整隊。只等待老三祖（8吋的祖師爺神像）撐轎出巡後，他們就由紅毛城出發，再依先前安排的陣頭順序，沿途加入遶境陣頭。（2012.6.23社會調查）

## 二、儀式啓動

5月5日下午5點起，由道教的道士、具巫師性格的乩童與桌頭共同合作，開啟暗訪儀式。

在清水祖師爺正殿中，由郭道士主持灑淨、召集五營神將兵馬的工作，乩童（呂清河）與桌頭（新生里里長洪正宗）則扮演將老三祖與中壇元帥迎請到撐轎的角色。

整個儀式是在神殿中的外殿神桌周圍進行，開始是由道士負責唸誦淨水咒、焚香咒、請神咒之後，左手中指內彎，豎起其餘四指，將碗置於四指中間，碗中裝著淨水；右手以榕樹枝沾著左手碗中的淨水，在神殿周圍，邊灑淨水邊吟唱淨水咒。

灑淨之後，道士再行迎請五營令旗，由廟內志工將五營令旗從內殿請出，轉交給道士安置於外殿神桌上。此時道士右手拿黑色中壇元帥令旗，用左手依序拿東西南北中五營的旗子，兩手交叉揮舞旗子，口中唸誦召集五營神將的咒語[10]。

---

[10]　法師或道士召請五營兵馬，依照正常的順序，先行「喝鞭」、「召營」、「轄營」、「犒賞」與「放營」。放營之後，再行收營，收營後再行犒賞五營神將。（高怡萍，1998：141-144）但是部分的儀式會被簡化，以清水巖祖師爺遶境的召營儀式來看，就有此現象，並未見到道士喝鞭與轄營，只有看到道士直接召營、放營與犒賞的科儀。（2012.6.23-6.25社會查調）

（2012.6-23-6.25 社會調查）

召集五營後，再由志工將老三祖與中壇元帥從神殿中請出，交給桌頭負責將兩尊神明安置於攆轎上。桌頭先將老三祖繫於攆轎的左側，用紅色繩索繫緊老三祖後；如法炮製，再安置中壇元帥於老三祖的右側，和祂平行並坐。

由於此儀式是在開放空間進行，此時，外殿神桌周遭佇立許多觀看的信眾與觀光客，而由廟方志工將神桌周圍圈起一神聖空間，信眾與觀光客只能在此圈外觀看。桌頭在圈內發號各種命令，讓整個安置老三祖與中壇元帥的工作順利進行。

當老三祖與中壇元帥被安置妥當後，乩童抬起老三祖與中壇元帥乘坐的攆轎開始起乩，突然間攆轎激烈的搖晃。

站在攆轎前的乩童，抬起攆轎，發出：

「呼～呼～呼～」

此時象徵老三祖已經附體在乩童身上。乩童將攆轎右傾，在神桌上開始畫圈圈；在旁的桌頭就詢問老三祖：

「今年暗訪的時間何時出發？」

扛著老三祖攆轎的乩童回應：

「酉時。」

確定出發的時間後，老三祖要求劃平安符送給信眾。老三祖附身的乩童抬起攆轎，由道士在旁準備符令，乩童代表老三祖用攆轎畫符，乩童畫好約數百張的符令，由道士轉交

給在旁的桌頭。當儀式進行至此，已經完成老三祖攆轎出發前的所有工作，象徵整個暗訪儀式可以啟動。

## 三、雙軌遶境

淡水清水巖祖師爺遶境採取「雙軌遶境」方式進行：第一軌遶境是由老三祖和中壇元帥的攆轎帶領；第二軌遶境則是由清水巖及各宮廟、軒社、神明會、信眾組成的陣頭，也是由清水巖執事所領導的陣頭帶領進行遶境。

### （一）老三祖攆轎暗訪及遶境

農曆五月初五與初六兩天，老三祖攆轎暗訪及遶境的路徑大同小異，且與傳統日據時期的路線雷同。只是第一天老三祖與中壇元帥共乘的攆轎，必需驅瘟與安營。而第二天只有由老三祖搭乘攆轎，從事巡安。

初五晚上 5 時 45 分，由道士、乩童與桌頭帶領攆轎老三祖與中壇元帥的攆轎隊伍約 16 人，負責進入淡水街市的大街小巷中「驅瘟」，在淡水街市的北方水碓、東方鄧公里、南方淡水河邊與西方紅毛城旁的家畜實驗所，四周圍安插東、西、南、北四營[11]。（附件 5）

老三祖與中壇元帥的攆轎，以清水祖師廟為中心點，視它為中營所在地；一行人抬著攆轎，離開祖師廟後沿著清水街，再到中山北路，往大智街，接大仁街，再進入中山北路，

---

[11]　淡水街市與淡水山區兩個區域組成「淡水」，清水祖師的「祭祀圈」只有淡水街市；而淡水山區則有八庄頭共同輪祀保生大帝。（謝德錫，2005）

走向水碓街到北新路正德國中附近，在此空間上是傳統淡水街市的北方，安置「北營」。

安置妥當北營兵馬後，再由北新路進入中山北路巷弄間，接上重建街，再遶至中山北路、原德路，在原德路休息15 分鐘。再起撐轎往長興街、英專路進入水源街、學府路，進入鄧公里大腳印餐廳巷弄間的空地安置「東營」。

安置東營後，從學府路出來，進入淡水地區自來水營運所，撐轎稍適休息，供信眾膜拜。之後再進入仁愛街、博愛街，進入平遠街稍事休息，再次供信眾膜拜。短暫停留後，進入淡水社區大學，靠近淡水河邊捷運站的空地安置「南營」。

南營安置妥當後，從淡水捷運站前中正路出發，往淡水老街行進，進入公民街巷弄間，再從巷弄間回到老街往福佑宮前進，一路往西行，於新生里里長家前作短暫停留，供信眾膜拜。之後再進入淡水紅毛城旁的家畜實驗所旁邊空地，安置「西營」，這也是古老淡水街市的最西邊。

在西營所在地往下斜坡邊處，撐轎第五度休息，一樣供信眾前來膜拜。之後再由道士、桌頭與乩童帶領的老三祖撐轎往回程清水巖祖師廟的方向行進，沿著中正路進入真理街，撐轎在真理街 3 巷作最後停留，供信眾膜拜。再進入新民街、新生街、文化路、馬階街、三民街轉入清水街祖師廟中，此時已經是接近晚上 10 點 30 分。

根據調查團隊統計，老三祖撐轎入經街道以淡水街市的「巷弄」為主，擺設香案約 136 個。撐轎在遶境途中，信眾於自家門口擺設香案，上面備有香、燭、紙錢、鮮花、素果

或小三牲供品，在攆轎經過時，信眾虔誠膜拜老三祖與中壇
元帥。攆轎行經巷弄時，由桌頭發送祭拜過老三祖的餅乾給
信眾，由志工發放老三祖的靈符。

　　信眾為了慰勞老三祖攆轎一行人，在六處休息點準備飲
料、食物供隨行者享用。攆轎路經宮廟時，攆轎會在廟前對
神殿主神行三進三出的禮節。安置東、西、南、北四個營的
地點，由廟方志工在空地上堆滿金紙，先由道士執法，唸誦
召請五營神將的簡單咒語，唸誦咒語過程由廟方兩名志工，
一名敲鑼、一名打鼓，搭配道士唸誦的經咒，再由其餘志工
在點燃金紙和銀紙，一堆金紙是送給五營兵馬神將享用；一
堆銀紙則請孤魂野鬼使用。讓淡水街內遶境範圍的三個角頭
有五營兵馬保護，孤魂野鬼不得進入擾亂，五營界限外的孤
魂野鬼則可自由行動。

## （二）蓬萊老祖與眾神遶境

　　清水巖祖師爺遶境，分為兩軌同時並進，一組為老三祖
攆轎，另外一組為清水巖蓬萊老祖帶領陣頭。蓬萊老祖的陣
頭規模遠比老三祖攆轎龐大，它涵蓋淡水地區各宮廟、軒社、
神明會、社團與信眾所組成的陣頭。

　　為了使蓬萊老祖的陣頭順利遶境，清水巖祖師廟由總幹
事帶領報馬、路關牌、頭旗、托燈、長腳牌及三祖的花轎車
當前導，由清水巖管理委員會主任委員呂子昌掛名擔任清水
巖整體陣頭的領導，事先於農曆五月初五下午 5 點在紅毛城
集合點整隊。於此同時，各宮廟、軒社、神明會部分陣頭，
會跟在清水巖祖師廟陣頭後面。也有部分陣頭就沿著淡水街

市的文化路、中山北路、大忠街、大仁街、新生街旁等待。

　　當老三祖的攆轎從神殿出發後，約下午 6 時穿越古淡水街市的北邊「水碓」，前導的清水巖祖師廟陣頭也已從紅毛城北邊行動。根據過去傳統，老三祖攆轎行經大忠街後，所有陣頭才可以依照事先協調的順序，逐一加入清水巖祖師廟前導陣頭的後方。由前導陣頭率領，整個龐大的遶境隊伍，開始啟動。此時，老三祖攆轎小規模團隊與蓬萊老祖大陣仗的陣頭同時於淡水街市遶境。只不過老三祖走的巷弄路線，是蓬萊老祖不走的路線。蓬萊老祖從淡水水碓中山北路往南行進，經過重建街（原有淡水老街）再轉到文化路，轉進清水街，再從清水街東行轉入中山路，到淡水捷運站。此地已經是古淡水街市的南邊，在由捷運站前的英專路進入清水街遶中山路右轉源德路、水源街、仁愛路、學府路，此範圍為古淡水街市的「庄仔內」。再從學府路出來碰到淡水捷運站後，往西行，延著淡水河岸的中正路一直到福祐宮前右轉三民路，回到文化路與清水街的淡水清水祖師廟，此範圍為「淡水街」。

　　蓬萊老祖遶境的陣頭規模龐大，淡水地區主要宮廟的眾神都加入了遶境的範疇，像福祐宮媽祖、興建宮王爺、渡成宮祖師爺分靈、魯班公的魯班、金福宮的池府王爺、鎮天宮張李莫千歲、助順大將軍爺廟的助順大將軍、真武廟的玄天上帝、天福宮、和衷宮的朱府三王爺、保生大帝、福德宮的土地神、龍山寺觀音菩薩等眾神，都組遶境陣頭加入清水巖祖師廟的年度盛會。

　　除了淡水本地宮廟外，淡水的軒社如南北軒、和義軒也

組陣頭參與祖師爺遶境；也有清水龍保生大帝神明會、荷葉仙師會、蓬萊二祖會、清昭誠清水祖師會（蓬萊十七祖）、蓬萊二祖會（農機隊）、安溪神明會、淡水祖師會等神明會，組織陣頭參與此盛會；獅陣則有平安獅與新興獅參與，其中平安獅在淡水水碓空地架設該年度遶境規模最大型祭台與表演舞台。傳統的肉商與米商組織也加入祖師爺遶境，肉商以「金順發」名義，米商則用「淡水區農會」名義參與遶境隊伍。

　　淡水清水巖能夠組成龐大遶境陣頭的另一個因素，是信眾分靈清水祖師神尊，捐獻「花轎車」遶境。根據廟方統計，蓬萊老祖的分靈已達 100 餘尊，這些信眾為了感謝報答神恩，在遶境時，會出資委託祖師廟為他們準備花轎車，投入遶境隊伍。以 2012 年為例，參與遶境的分靈祖師爺有三祖、二十祖、十六祖、興二祖、十七祖、十八祖、蓬萊六祖、蓬萊八祖、七十二祖、蓬萊三祖、八十八祖、蓬萊五祖、二祖、大陸五祖、二十八祖、新一祖、七十七祖、十二祖、八十五祖、大陸三祖、大陸祖、十三祖、蓬萊七祖、蓬萊十祖與大陸二祖等 25 個分靈；另外，蓬萊祖、蓬萊大祖、蓬萊老祖的花轎車也由信眾認捐。祖師廟的執事者則將這些花車穿插在各宮廟、軒社、神明會與社團的陣頭中，讓整個遶境隊伍隨時有清水祖師的分身，方便信眾頂禮。

　　淡水清水巖除了在前導陣頭外，也將神殿中的蓬萊祖、蓬萊大祖與蓬萊老祖三尊神像請上花轎車，當作最後陣頭。

在蓬萊老祖花轎車後則是約上百名的「隨香」虔誠信眾[12]，他們負責於廟內恭營蓬萊老祖啟程，並跟隨蓬萊老祖的神轎後方，隨著遶境隊伍走完全程。

## （三）信眾對暗訪及遶境陣頭的回應

信眾為了恭迎老三祖或蓬萊老祖，會在自家門口擺設香案等待，在祖師爺蒞臨時，放鞭炮祝福。在兩天遶境，信眾供奉的香案數，根據統計農曆五月初五有 181 個，初六有 252 個香案。以第一天為例，信眾於淡水街市各主要幹道與巷弄擺設香案，既有中正路 25 個、清水街 33 個、水源街與原德路 19 個、重建街 26 個、仁愛街 7 個、學府路 9 個、英專路 8 個、大仁街與大忠街 10 個、中山北路 27 個、文化路與三民街 6 個、水碓街 5 個與中山路 6 個等街道上。第二天為例，中正路 26 個、清水街 31 個、水源街與原德路 30 個、重建街 28 個、仁愛街 20 個、學府路 7 個、英專路 16 個、大仁街與大忠街 10 個、中山北路 41 個、文化路 3 個、水碓街 18 個、中山路 22 個等街道上。

這些幹道與巷弄在清季與日據時期屬於古淡水街市範圍，部分街市如重建街、水碓街、大忠街、大仁街、中正路、清水街、原德路、水源街、仁愛路維持原貌，部分街市，如中山北路、中山路、英專路、學府路、文化路，現已闢為主要幹道。

---

[12]　過去隨香信眾尚有「拿枷」遊街，象徵信眾還願解罪。（彭美琴，2007：121）不過，2012 年的調查顯示，此作為在 2008 年起已經未見此光景。（2012.6.23-24 社會調查）

這些擺設香案的信眾大都屬於為在地的老淡水人，他們對清水祖師的信仰較為虔誠。這種宗教傳統習俗除了代代相傳外，也有對祖師爺祈求庇護平安的情感。

他們不見得記得當年祖師爺巡安的目的在於驅除鼠疫，祖師爺巡安的區域範圍並沒有因為鼠疫停止而改變。因此，當祖師爺遶境經過居民住家或商家前面時，他們也擺起香案，祈求平安。

當蓬萊老祖與各宮廟、神明會、軒社、社團組成的龐大陣頭路經香案時，香案主人已備妥鞭炮供迎陣頭蒞臨，神轎眾神則會暫停，供香案主人膜拜。頂禮後，主人會送涼水、飲料與紅包給陣頭。

在兩天遶境的陣頭中，可看到鑼鼓陣、神將、八家將、花轎車、南北管、八音、熱舞辣妹、乩童跳乩、清水祖師神轎、犁炮、舞龍與舞獅等陣頭。這些陣頭會在中山北路旁與華南銀行前的兩處空地表演。在遶境的途中經過宮廟前，除了花轎以外，其餘陣頭皆會向其行三進三退的禮節；有些陣頭也會向商家或其擺設的香案行禮，表示對其友好。

初五的暗訪參與遶境的宮廟、軒社、神明會與社團有 21 個之多，陣頭約有 200 餘陣，人員約有 2,625 人參與遶境。由於隊伍龐大，初五下午開始的暗訪，從晚上 6 時啟動，到最後前導陣頭回到祖師廟，已經接近晚上 11 時，最後一個陣頭返抵祖師廟，已經到午夜凌晨 2 時。

至於初六的遶境，隊伍更為龐大，參與遶境的宮廟、軒社、神明會有 27 個之多，另外尚有祖師爺分靈的花轎車 22 台，陣頭約有 400 餘陣，人員約有 7145 人參與遶境。五月六

日的遶境從早上 11 時啟動，路線與五月五日相同，但是陣頭規模龐大，遶境前導隊伍約於下午 4 時回到祖師廟，而壓軸的蓬萊老祖神轎花車返回廟宇，已經接近子夜。

　　當遶境儀式在第二天進入尾聲時，淡水地區部分居民準備酒席宴請親朋好友，也象徵著遶境儀式告一段落。然而，對淡水清水巖而言，遶境儀式結束，尚有後續犒軍、收兵與普施的儀式有待完成。

表 1　兩軌遶境比較表

| 清水祖師<br>遶境內容 | 老三祖 | 蓬萊老祖 |
|---|---|---|
| 轎子 | 小型攆轎 | 大型花轎 |
| 陣頭 | 1 陣 | 約 600 多陣 |
| 人數 | 少/16 人 | 多/農曆 5 月 5 日-2,625 人<br>多/農曆 5 月 6 日-7,145 人 |
| 路線 | 巷弄 | 主幹道 |
| 參與團體/<br>個人 | 清水巖/信眾 | 清水巖、淡水宮廟、軒社、神明會、社團及外地陣頭/信眾、觀光客 |
| 任務 | 安營、遶境巡安 | 遶境巡安、表演 |
| 宗教人士 | 道士、乩童、桌頭 | 各宮廟領袖、軒社、神明會、乩童 |

資料來源：本研究整理

## 四、犒軍、普施與儀式圓滿

依照初六老三祖降乩的指示，在初七下午二時犒軍與普施，同時指示要準備天金 3 大百、大百壽金 12 百、壽金 1 件、刈金 1 件、福金 1 件、兵馬錢 10 斤、甲馬 10 斤與馬草，普施時要準備小銀 1 件、更衣 10 斤、白錢 10 斤、金錢 10 金。

當天下午在淡水清水巖祖師廟旁的文化樓一樓志工準備食物犒軍，廟方人員準備犒軍與普施的祭品。當一切準備完成後，在下午二時，由道士先行舉行犒軍儀式。

首先，廟方由總幹事與廟方人員代表祭拜，接著道士於前殿與廟埕「收兵」。他口中唸著咒語，先行灑淨；灑淨後，左手拿著令旗，右手擲法索，在廟宇前殿與廟埕來回走動，召回五營兵馬。為了犒賞五營兵馬於遶境時駐守淡水街市四周及清水巖的辛勞，在廟埕擺放著馬草與一卡車的白米糧，供其享用。當道士犒軍後，廟方人員協助將紙錢焚化。

約下午 3 時，道士重新穿著正式道衣，於廟宇外殿進行普施孤魂野鬼。他口持咒語，右手搖著鈴鐺法器，左手時而放置桌上，時而以樹枝沾碗中的淨水灑淨。他來回繞著普施供桌唸誦咒語，唸畢後，由廟方人員協助焚化紙錢，此時儀式已經圓滿。

約晚上 6 時，廟方為了慰勞廟方執事人員與志工，依例辦理「福宴」感謝餐會，整遶境活動也隨之落幕。

# 參、暗訪及遶境的宗教融合

淡水清水巖祖師廟的清水祖師在中國大陸早已是華人宗教化的佛教神祇，來到台灣後，其遶境儀式更是與華人宗教諸多活動融入，而具有「華人宗教化」的濃厚色彩，可以從對儀式選擇、神職人員、儀式主持、儀式內容等角度分析。

## 一、佛教祖師與華人宗教遶境儀式的結合

淡水清水祖師是由福建泉州地區的安溪清水巖一位僧人攜帶來台，供奉於翁姓家中，直到日據昭和六年（1931），才被淡水鄉紳共同鳩資立廟。至今，淡水清水巖的管理階層仍然傳承這項習慣，由淡水地區具民意基礎的里長、市議員、地方頭人進入廟宇，擔任無給職的管理委員，它儼然成為地方共有的「公廟」。

台灣地區先民來台建立的廟宇，經常由鄉紳階級管理，他們採取具儒、釋、道及巫色彩的宗教儀式傳統處理廟宇神聖或世俗事務。日本治理台灣，殖民地政府相當尊重當年淡水鄉紳階級於農曆七月迎清水祖師出來遶境的漢人社會傳統。[13]1931-1935 年鼠疫大肆橫行於淡水時，鄉紳階級不但持續這項傳統，而且相信祖師爺遶境得以驅瘟。

---

13　根據日據時期《台灣日日新報》的報導，1898 年 8 月 24 日、1899 年 3 月
　　24 日、1900 年 7 月 10 日、1914 年 8 月 14 日等四次報導，淡水皆有迎祖
　　師爺遶境驅瘟的活動，這幾次報導說明了祖師爺遶境大部分在農曆七月舉
　　行；而在 1918 年之後，淡水迎祖師爺遶境就固定於 5 月 5 日、5 月 6 日兩
　　天。（王怡茹，2010：122-125）

　　原本祖師爺在福建原鄉是以「祈雨」之神的功能得到鄉民肯定，及報請朝廷敕封，而成為官方核可的「正祀」祈雨之神。但是當祖師爺被先民攜入來台，淡水鄉紳卻視之為「驅瘟」之神。這種神格功能的急遽變遷，淵源於福建清水巖鄉紳階級曾把祖師爺迎起出來驅瘟的經驗[14]，而先民來到台灣後，淡水鄉紳階級仍有此歷史記憶，因此當淡水發生瘟疫後，鄉紳階級用原鄉的記憶持續「操作」祖師爺遶境，擴張了祖師爺神格功能。

　　事實上，淡水街市早已有「王爺」宮廟[15]，但淡水鄉紳階級並未選擇驅瘟神格的王爺，而選祈雨之神的祖師爺，應與祖師爺的「公共性格」有關。淡水清水巖是淡水主要鄉紳共同膜拜的神祇，而王爺宮廟只是少數淡水人的信仰。雖然先民曾請王爺驅瘟，只是為個別染病信眾作消災解厄科儀。

　　由於鄉紳階級擁有殷實的經濟實力、豐沛的人脈網絡與

---

[14]　有關清水祖師爺被先民迎起出來祈雨的記錄，從宋朝開始，歷經元、明、清與民國五個朝代，計有 17 次之多，因此，祖師爺在信仰者的內心期待，是一尊具有禱雨功能的大神。當然福建先民碰到「瘟疫」、「病痛」、「蟲害」、「虎患」及「厄鬼」的生活困境，也會迎請祖師爺遶境，但這只是少數例外。（彭美琴，2007：48-56）然而祖師爺來到了淡水，反而祈雨的需求降低，因為淡水地區位於台灣北部河港出海口，甚少發生旱災。卻因淡水鼠疫流行，祂被迎請出來遶境驅瘟。

[15]　在清朝年間的淡水街市具有王爺神格的廟宇有嘉慶十九年（1814）文武尊王廟（主神為張巡）、嘉慶道光年間的蕭府王爺廟（主神為蕭府王爺）、道光二十一年（1841）的晉德宮（主神為黃府三將軍）、咸豐四年（1854）的興建宮（主神為劉朱池王爺）、咸豐六年（1856）的金福宮（主神為池府王爺）、咸豐七年（1857）的和衷宮（主神為朱刑李王爺）等廟宇。（王怡茹，2012：59-71）

良好的政商關係，乃有動員能力將祖師爺迎請出來於淡水街市作大規模的遶境。儘管淡水鄉紳階級並未像台灣南部東港人一樣，作迎瘟神、送王船、送瘟疫離境的儀式，（李豐楙，1988）但是他們卻創造了全台少見的迎佛教祖師爺遶境驅瘟的宗教科儀。

　　在農業社會的清季與日據時期，台灣先民對原鄉帶來的神明經常有溢出其原有功能的宗教心靈期待。台南鹽水地區的關聖帝君原本是武人崇拜的「武成王」，及文人敬拜的「文衡聖帝」，在清季的鹽水瘟疫流行時，也被請出來遶境，現在變成鹽水元宵節流行的「蜂炮」[16]；大台北盆地福建安溪移民，當蝗蟲肆虐茶園、菜園與農田，忠義之神張巡（保儀尊王）也被迎請出來驅蟲；（張家麟，2012）台中區「烏龜仔」蟲侵犯稻田時，媽祖也由海上平安神，轉化為陸地驅蟲大神，至今已成為台中樂成宮旱溪媽每年上演遶境 21 天的戲碼，而被台中市府選為「文化資產」。（張家麟，2013）

　　淡水清水巖祖師爺每年遶境淡水街市，也是在同樣的思維邏輯下，被淡水鄉紳迎請出來驅瘟。包括當年鼠疫橫行於農曆五月，淡水鄉紳乃在日本官方核可下，從傳統七月迎祖師驅瘟，提前改為五月初五、初六驅瘟。因此，佛教的祖師爺乃與華人宗教流行於民間社會的遶境儀式結合，在鄉紳階級的操作下「無縫接軌」。佛教祖師爺成為華人宗教遶境儀式的主神，遠離了佛教科儀，與傳統佛教徒對佛祖的期待。因

---

16　資料來源：台南市鹽水區武廟網站，http://www.wumiao.idv.tw/#，2013.5.2　下載。

化，清水祖師與信眾的互動，反而具濃厚的華人宗教「功利」
與「靈驗」的性格；而非「修佛」的思想。

## 二、祖師爺與眾神上神轎暗訪、遶境

　　清水巖祖師爺遶境尚有兩個重要的華人宗教化現象，一
為老三祖與中壇元帥坐上攑轎，共同驅瘟安營；另一為淡水
地區各宮廟的儒、釋、道三教眾神，皆會同佛教祖師爺遶境。

　　中壇元帥為台灣地區華人廟宇的「護法神」，信眾相信祂
統領五營兵馬，又是中營的指揮官。農曆五月初五的「暗訪」，
迎請老三祖坐上攑轎，身旁也有中壇元帥；佛教與華人宗教
兩尊神明共乘一頂攑轎遶境，這種現象在台灣地區應屬少
見，也是閩台地區「絕無僅有」之事。

　　不僅如此，淡水鄉紳階級以佛教清水祖師為主神的遶境
儀式，跨越了儒、釋、道與巫的宗教藩籬，由清水巖主事者
邀請淡水地區福佑宮（媽祖）、興建宮、金福宮、和衷宮、助
順大將軍廟（王爺）、魯班宮（公孫般）、鎮天宮（張李莫千
歲）、鄧公里福德宮、布埔頭福德宮、米市福德宮（土地公）、
真武廟（玄天上帝）、天福宮、龍山寺（觀音菩薩）的頭人，
讓儒、釋、道與巫等眾神，皆參與了遶境。

　　具儒教色彩的地祇神「土地公」，忠義之神「張、李、莫
千歲[17]」，擁有天后神格的「媽祖」，具民間乩手封神的池府、
黃府、朱府、劉府、蕭府等「王爺」，道教的「玄天上帝」及

---

17　在台灣地區「張、李、莫千歲」幾乎皆是從雲林五條港安西府分香而來，
　　信眾祭拜張巡、李沁、莫英等三位唐朝的武將與賢臣。

佛教的「觀音菩薩」等眾神；皆與祖師爺出來遶境驅瘟，這是由清水祖師主導，而華人宗教眾神配合的情景。當然，也是淡水鄉紳操作的結果。

從清水巖祖師爺遶境的眾神來看，可以得知下列幾項意涵：

首先，這是祖師爺主導的遶境陣頭。走在最前頭的前導車為清水巖陣頭，中間陣頭有各宮廟眾神神轎陣頭，殿後押陣的陣頭，也是清水巖的蓬萊祖、蓬萊大祖、蓬萊老祖三頂神轎，及在神轎後的祖師爺「隨香」信眾。

其次，此遶境活動幾乎全淡水街市的宮廟街參與，而且它們不在乎由祖師廟主導，也願和祖師廟的陣頭一起「巡安」，展現出全淡水街市眾神「有志一同」驅瘟的傳統，至今仍然延續。

第三，祖師爺遶境隊伍的順序，為了公平起見，由祖師廟頭人邀請各廟宇頭人協商，以各宮廟可接受的「抽籤」方式決定先後順序。祖師爺啟動遶境後，各宮廟陣頭依照協商依序加入陣頭行列。就淡水清水巖每年的祖師爺遶境儀式來看，它不只是清水巖的活動，也是淡水街市各宮廟、神明會、軒社與社團的共同慶典。

## 三、暗訪、遶境與華人宗教陣頭結合

祖師爺暗訪、遶境與華人宗教廟會迎神的陣頭緊密連結，是其華人宗教化的另一現象。在華人宗教廟會迎神的陣頭相當多元，「文陣」與「武陣」皆出現在祖師爺遶境陣頭中。

　　由於淡水信眾與居民相信祖師爺具有「驅瘟」的功能，因此，在陣頭中可見到類似驅鬼的「八家將」與「官將首」。這兩類陣頭，手執「金白錢」，沿街跳「八家將」與「官將首」的舞步時，一邊將「金白錢」往天空灑，象徵送給鬼魂使用，不再干擾淡水信眾與居民。

　　除了「八家將」與「官將首」會同祖師爺「驅瘟」外，尚有諸多「神將」，祂們與其「主神」，會同祖師爺一起遶境。計有 48 尊「神將」與 8 對「范、謝將軍」出巡，祂們皆是神明的「護法神」。像「范、謝將軍」，「中壇元帥」、「金吒」、「木吒」、「龜、蛇將軍」、「文、武判官」、「王爺」、「托塔天王楊戩」等，皆在其主神神轎之前。祂們既可壯大陣頭的聲勢，也象徵護衛眾神及祖師爺出巡。

　　在諸多陣頭中，「乩」也參雜其中。淡水地區部分宮廟尚保留「武乩」，他們在祖師爺出巡時，也會參與遶境。乩被神附體後，象徵神降臨在陣頭中。大部分的「武乩」是由「護法神」附體，如果在「乩」背部，穿插五營旗，則象徵「中壇元帥」附體。祂們皆與祖師爺的神轎一起遶境，祖師爺並未排斥充滿「巫」性格的「跳乩」活動。

## 四、道長、乩童主導暗訪及遶境

　　每年五月的淡水巖祖師爺遶境已經變成淡水居民的年度盛會共同記憶，自從日據時期，淡水鄉紳主導遶境驅瘟的迎神活動至今，這項傳統並未因政權的更迭而停止。

　　然而，這尊閩、台的佛教大神[18]，到台灣淡水後的遶境
儀式，卻未見佛教的法師參與其中，而是由華人宗教的道士、
乩童與桌頭主導，這現象尤應值得關注。清水祖師為佛教的
修行者，往生後成神，理應屬於佛教的「佛」，以祂的神像造
型來看，頭帶佛冠，身穿佛衣，是標準的「佛」裝扮。但由
於淡水清水巖是鄉紳階級鳩資立廟，且由鄉紳階級選擇遶境
儀式驅瘟，因此，鄉紳階級進一步決定由「誰」來主導、啟
動遶境科儀。

　　在台灣地區華人宗教廟宇中，由道士或乩童為信眾服務
的現象隨時可見；至今，清水巖仍有幾名道士常態駐廟，為
信眾舉行「祭解」儀式，消災解厄。筆者以為，當年鄉紳階
級選擇道士、乩童與桌頭搭配處理遶境儀式的作為，是在既
有華人宗教文化資源「脈絡」（context）中的選擇，也展現出
華人宗教廟宇的「融合」特質。

　　道士、桌頭與乩童的搭配，開啟遶境儀式。其中，道士
負責灑淨及迎請五營令旗；桌頭負責將神龕中請出的老三
祖、中壇元帥繫於撢轎上。當撢轎上的神祇就緒後，乩童「起
乩」，桌頭則與乩童配合，一問一答的方式，乩童以撢轎在神
桌書寫遶境的時辰。決定時辰後，乩童再以撢轎畫平安符，

---

[18]　也有人將祖師爺當作釋、道兩教之神，（林曙光，1990：78-83）事實上，
在道教的神譜中並無法找到清水祖師爺這尊神，比較合理論述清水祖師的宗
教歸屬，祂應該是佛教的神，而被朝廷皇帝正式封神，在閩、台地區鄉紳
階級為之立廟，祂轉型成為華人宗教化的神明。這種現象不僅只於清水祖
師，應該涵蓋二祖師顯應祖師、三坪祖師三坪祖師、慚愧祖師等，皆具有佛
教祖師爺華人宗教化的現象。當然，這仍待為文探索、論述。

道士則在一旁協助。簡言之，祖師爺遶境儀式的啟動，完全操之在這三者的搭配。

不僅如此，道士、桌頭與乩童尚得在兩天遶境科儀中，帶領攆轎這一組人馬作相關的科儀。

第一天「暗訪」，這三位神職人員帶領老三祖與中壇元帥乘坐的攆轎於淡水街市的「巷弄」間遶境，並在淡水四個角落安東、西、南、北營。第二天「遶境」，則只有老三祖攆轎巡安，走原來的路線，再次慰藉信眾對祖師爺的祈求。第三天，由道士主導在廟埕，將東、西、南、北營兵馬請回的「收營」與「犒軍」科儀，最後再作「普施」，圓滿整個遶境儀式。

在此可以看出：道士、桌頭與乩童的配合，老三祖攆轎就可以順利完成清水巖祖師廟「兩軌遶境」中的其中「一軌」。而此過程中，未見佛教法師主導，反而是由廟方鄉紳階級主導，依傳統習俗選擇道士、桌頭與乩童的搭配，完成祖師爺遶境。

此外，將清水祖師驅瘟巡安的活動，緊密連結華人宗教的的「安營」、「收營」、「犒軍」與「普施」科儀，使遶境儀式完全未見任何佛教的儀軌，更突顯出濃厚的華人宗教化的象徵意涵。

## 肆、暗訪及遶境的功能與轉化

淡水清水巖祖師爺被信眾迎請出來於淡水街市遶境，展現出「佛」的華人宗教化緊密關係。而清水祖師遶境淡水街市，至今保留「巡安」、「驅瘟」的傳統功能，但是，淡水街

市已沒有「瘟疫」，因此，此功能或許已有轉化。

　　其次，經由遶境也可展現出祖師廟如何整合信眾、淡水街市宮廟、軒社的功能；各宮廟、軒社、神明會，經由遶境也各自整合其轄下的信眾功能。另外，就廟際間及人與人之間的往來互動來看，遶境儀式展現出來的人情網絡的凝聚與交陪互挺功能。最後，整個遶境儀式讓淡水街市白天熱鬧非凡，晚上變成不夜城。諸多觀光客與居民抱著看熱鬧的心情來觀賞祖師爺遶境眾多陣頭，儀式展現出休閒娛樂嘉年華會功能。茲將這些功能分析如下：

## 一、驅瘟轉化爲祈福與還願

　　淡水清水祖師遶境淵源於日據時代，淡水地區的鼠疫橫行，信眾認為祖師爺具有驅瘟的功能，才把祂請出來巡安遶境。如今鼠疫不在，但是清水巖執事仍然請出祖師爺遶境，最主要是在滿足信眾祈求祖師爺庇護的內在情感。

　　信眾參與遶境，大都是向祖師爺祈福；他們在蓬萊祖師遶境時，備妥香案於自家門口，向其禮敬。他們內心的宗教情感，也是在於祈求祖師爺巡安遶境，帶來整年的庇護平安。或是在老三祖撐轎在淡水街市空地停駕時，前來膜拜祈福。也有信眾跟隨蓬萊老祖的花車後面隨香，目的也是在祈求祖師爺庇護闔家平安。

　　也有部分信眾平時向祖師爺許願，而在願望達成後，對祖師爺還願。他們以捐助「佛衣」給祖師爺穿；或捐助「花轎車」給祖師爺乘座；或是隨香於蓬萊老祖後，全程走完遶

境的路途等方式「還願」，感謝祖師爺的恩典。過去尚有信眾
經由遶境儀式，戴上「枷鎖」遊街，以表懺悔「還願」；如今
已不復見此光景。

## 二、強化信眾、居民、神明會對祖師廟的認同

　　就廟宇與信眾的關係，淡水清水巖祖師爺採兩軌遶境，
透過此科儀，可強化信眾、淡水居民與神明會對祖師廟的認
同。淡水清水巖每年皆將撐轎上的三太子與祖師爺並坐，於
淡水街市巷弄巡安與安營；蓬萊老祖則與各宮廟、軒社、神
明會各陣頭於淡水街市的主要幹道遶境；變成淡水人的共同
歷史記憶與文化資產。

　　淡水清水巖這種將神明請出遶境、安營，整個淡水街市
已經成為妖魔魑魅無法入侵的空間，是得到祖師爺及眾神庇
祐的「福地」，把廟的神聖空間擴張到整個淡水街市。在居民
居家前面或附近供他們膜拜，形同神明「到府服務」。

　　透過遶境儀式的舉辦，讓淡水地區信眾、居民與神明會
共同參與迎請、膜拜祖師爺的活動。而淡水清水巖將信眾、
神明會，迎請清水巖祖師分靈的花車陣頭，摻雜在各宮廟、
軒社、社團的陣頭中，既壯大整個遶境的聲勢；也宣示信眾、
神明會對祖師廟的認同，而且，信眾與神明會可在參與過程
中，獲得其社會聲望。

　　因比，當信眾、居民、神明會願意投入遶境活動，最主
要的原因在於認同清水祖師的靈驗與社會聲望的取得。就清
水巖廟方而言，它經由祖師爺遶境可以強化信眾及分靈的神

明會再次對祖師廟的信仰認同。

## 三、組織及組織成員整合與認同

祖師爺遶境的傳統，已經長達 115 年，這項宗教傳統是淡水人的集體記憶，也是淡水街市各宮廟、軒社、神明會與社團的共同文化資產。因此，當清水巖發動年例遶境活動時，就容易喚醒這項記憶，達到整合各團體及各團體整合其會員的效果。

祖師爺兩天的暗訪與遶境，投入的陣頭達 600 餘陣，參與的人數約 9,770 人。這麼龐大的遶境隊伍綿延約 3-4 公里，幾乎塞滿了整個淡水街市。祖師廟經由過去參與遶境儀式的陣頭，發函邀請各宮廟、軒社、神明會代表前來參加協調會。由於擁有共同的「宗教傳統」、「歷史記憶」與維繫自己團體的「社會聲望」，這些團體領袖皆表明，願意出陣頭共襄盛舉，形同祖師廟整合了淡水街市的宗教團體，共同參與遶境。

因比，祖師廟也運用此活動，號召信眾及其分靈的神明會，返回廟宇，參與各項遶境相關活動，而可整合其組織成員，認同淡水清水巖。而且，淡水街市各宮廟、軒社、神明會與社團，也可利用祖師爺遶境的活動，將其會員召集參與遶境過程中，既整合其會員，又強化會員對自己團體的認同。

## 四、交陪與相挺

部分華人宗教的迎神遶境陣頭規模相當龐大，背後隱含組織動員能力的表現。並非像宗教學者所言，華人宗教是屬

於不具組織性的「擴散型宗教」（diffused religion）。相較於西方宗教組織，華人宗教不具西方「制度型宗教」（institutional religion）的組織類型，而是具有「任務型」、「互動型」的組織特色。（張珣，1988；張家麟，2013）

　　為了使遶境儀式此「任務」順利舉行，主導儀式的廟宇領袖，他必須與在地友宮、軒社、神明會彼此於平時相互交陪「互動」。當發動遶境活動時，才可能讓這些團體前來「相挺」。平時的交陪，對方友宮需要您的支援，您必須前往幫忙；而自己宮廟發動遶境時，對方才可能前來相挺。

　　這種廟際間的互動往來，建構出「非制度型宗教」的組織模型，它以交陪「互動」及「任務」導向為內涵，是華人宗教可以在廟會大量動員的主要原因。而且，這些動員都具有為了神明遶境的共同任務而建構臨時性的組織，在遶境結束後，此臨時性組織解散，各宮廟組織歸建，恢復平時常態的組織。年復一年的遶境活動，也使得這類的「組織模型」運作相當順暢。

　　發動遶境的淡水清水巖，儼然成為淡水街市的龍頭廟宇，而支持龍頭廟宇遶境活動的各宮廟、軒社、神明會與社團，他們在過去曾為了「面子」，而組織龐大的陣頭相互拼比排場，現在這種現象已經比較少見。（2012.6.20 社會調查）淡水清水巖對各宮廟、軒社、神明會與社團給予些微補助，依人頭計，每人新台幣 80 元。然而，這些補助只屬「杯水車

薪」，根本無法支付聘請陣頭的費用[19]。因此，不能以淡水清水巖「經濟補助」因素，來解釋龐大陣頭組成。反而，應該思考淡水街市各宮廟、軒社、神明會、社團與清水巖祖師廟的交陪、相挺的「社會互動」，及遶境已成淡水重要的「宗教傳統」因素，這才是大規模陣頭出現的動力。

不僅如此，淡水街市各宮廟、軒社、神明會、社團除了自行出錢聘請陣頭外，另外一個模式是與其友宮、友社的「交陪」，請其出陣支持淡水清水祖師爺的遶境。這種廟際間的互動，經常跨越縣市範圍，因此，祖師爺遶境的陣頭除了本地宮廟、軒社、神明會、社團的陣頭外，也包括外來的陣頭。因這些廟際往來而出陣的人情債，形同彼此之間的「交陪」與「相挺」，未來友宮需要淡水地區宮廟出陣時，他們也會「禮尚往來」支持，形成另一種交陪與相挺。

## 五、嘉年華會

清水巖祖師爺的暗訪及遶境已經形成淡水人的共同活動，甚至是吸引觀光客前來淡水觀光旅遊的嘉年華會。

政府對清水巖祖師爺的遶境傳統相當尊重，也肯定遶境儀式是華人宗教的文化資產[20]。配合清水巖祖師爺遶境，將淡水城交通管制，農曆五月初五、初六兩天，整個淡水街市

---

[19] 清水巖補助淡水區各宮廟、軒社、神明會、社團的涼水費為每名新台幣80元，2012年共約補助9,650人，支付772,000元。其中只有淡水福佑宮自付金錢，聘請陣頭參與遶境，未接受清水巖的補助。（2012.6.20社會調查）

[20] 清水祖師遶境淡水街市的活動於2012年12月被新北市政府認定核可為「宗教文化資產」。

既是一完整的宗教「神聖空間」，也是一個非常適合當作居民、觀光客雅俗共賞嘉年華會表演的「世俗空間」。

約 600 個不同類型的陣頭，融合了傳統與現代文化因素，傳統陣頭包括眾神神轎、南北管、花車、神將、獅陣、龍陣、鼓陣、車陣、蜈蚣鼓、鼓吹隊、撐轎、乩童、八家將等陣頭，現代的陣頭則有電音三太子、犁炮、歌劇團、勁歌熱舞、電子花車、電動花車等。

他們在行進中表演，也在淡水街市的水碓與捷運站前廣場兩處定點表演。整個淡水街市擠滿了看表演的居民與觀光客。到了晚間，鞭炮聲不斷，淡水變成了不夜城，跨越午夜仍未稍歇。遶境變成淡水居民及觀光客的嘉年華會，他們不會因為鞭炮聲與電子音樂響徹雲霄，而抗議遶境隊伍過於喧囂。反而，將之視為淡水特殊的宗教人文景觀而加以包容。

# 伍、結語

佛教進入中國與既有的儒、道、薩滿巫風的融合，產生和原始佛教諸多差異。其中，佛教清水祖師在福建成佛後，也變成華人宗教化的神明。福建安溪先民來到淡水，也把清水祖師攜入淡水，在地鄉紳階級於日據鼠疫橫行時期，憑著對原鄉的經驗，將清水祖師迎出來遶境、巡安，希望達到驅瘟的效果。在歷史的因緣巧合下，祖師爺遶境後的淡水，瘟疫也逐漸平息。原鄉的祖師爺本來是具祈雨靈驗的大神，到了淡水卻變成具強大驅瘟疫的大佛。

從日據時期祖師爺遶境於淡水街市，至今已達 115 年，

這項遶境活動變成淡水街市著名共同的歷史情感與宗教記憶，然而，在過去及現在鄉紳階級操作遶境儀式的結果，祖師爺年度的遶境儀式變成濃厚的「華人宗教化」的宗教融合現象。

換言之，在整個宗教儀式進行過程中，出現傳統華人宗教的融合現象。展現具儒家性格的鄉紳階級，選擇非佛教的遶境儀式，使祖師爺和華人宗教迎神驅瘟儀式產生緊密連結，在佛教的神譜現象中，諸天神佛甚少走出神殿遶境，而清水祖師是卻走出了神殿，為淡水居民遶境祈福。

其次，在整個遶境儀式內涵中，隨時可見佛教的華人宗教化現象。例如祖師爺和中壇元帥共乘撣轎遶境，或是蓬萊老祖與淡水街市的儒、釋、道三教眾神，共組花轎車與陣頭遶境。

第三個華人宗教化現像是整個遶境儀式，並非由佛教神職人員主持，而是由儒教的鄉紳階級主導儀式的規劃與進行，細部的儀式內容則由道教的道士、與具巫師性格的乩童、桌頭共同搭配完成。像儀式啟動由乩童跳乩，桌頭迎請祖師爺和中壇元帥後，再由道士召喚五營兵馬來到現場。乩童、桌頭與道長啟動儀式後，負責老三祖撣轎到淡水街市四個角落安營與巡安。最後一天儀式終結，則由道士負責犒軍和普施。

淡水清水巖祖師爺遶境儀式是台灣地區「佛教的華人宗教化」一項個案，如果要建構此命題成為理論，未來尚得投入相關的現象研究，像三峽祖師廟與林口竹林山觀音寺、蘆洲湧蓮寺，前者祭拜清水祖師，後者祭拜觀音菩薩，非採用

佛教科儀，而是用豬公祭典慶祝其聖誕。這些佛教諸佛、菩薩，用華人宗教儀式祭典的現象，也屬「佛教的華人宗教化」研究的範疇。除了佛教神譜外，我們可以再擴大範圍來看，整個佛教經典、組織、儀式、神職人員等面向，在台灣都有出現不少佛教的「華人宗教化」個案，而這些個案皆有待後續研究、探索。

# 參考書目

王怡茹，2008，〈淡水清水巖祖師廟遶境儀式建構下的信仰空間〉，《北市教大社教學報》，第七期，頁 201-216。

王怡茹，2012，《淡水地方社會之信仰重構與發展－以清水祖師信仰為論述中感（1945 年以前）》，國立台灣師範大學地理學系博士論文。

李豐楙，1988，《東港迎王：東港東隆宮丁丑正科平安祭典》，東港東隆宮。

李世偉，2008，《台灣佛教、儒教與民間信仰：李世偉自選集》，台北蘆洲：博揚文化出版。

林美容、張崑振，2000.9，〈台灣地區齋堂的調查與研究〉，《台灣文獻》，51 卷 3 期，頁 203-235。

林國平，1993，〈佛教俗神崇拜〉，收錄於林國平、彭文宇合著，《福建民間信仰》，福建：福建人民出版社。

林渭洲，1992，《台灣地區清水祖師信仰研究-以台北、台南地區為中心》，成功大學歷史語言研究所碩士論文。

林曙光，1990，〈祖師爺是釋道二教之神〉，《關係我》第 7

期，頁 78-83。

高怡萍，1998，《澎湖群島的聚落、村廟與犒軍儀式》，澎湖
　　縣立文化中心。

張家麟，2010，《台灣宗教融合與在地化》，台北：蘭台出版
　　社。

張家麟，2012.5，〈功德、責任與超拔、懷念─論台北保安宮
　　牽儀式的宗教信仰基礎〉，《宗教人類學》第 3 輯。

張家麟，2013，〈社會志〉，《淡水鎮誌》，淡水區公所。

張家麟，2013.4，〈自主與擴張─論旱溪媽祖廟的組織建構與
　　變遷〉，《海峽兩岸媽祖信仰學術會議論文集》，財團法
　　人大甲鎮瀾宮。

張　珣，1988.05，〈大甲鎮鎮瀾宮進香團內部的神明會團
　　體〉，《民俗曲藝》第五十三期，頁 47-64。

淡水清水巖，2012，《北台灣的信仰中心－淡水清水巖》，台
　　北：淡水清水巖。

彭美琴，2007，《清水祖師傳說故事與信仰研究》，國立花蓮
　　教育大學民間文學碩士論文。

楊士賢，2011，《台灣閩南喪禮文化與民間文學》，博揚文化。

蕭登福，1994，《道教術儀與密教典籍》，新文豐出版社。

蕭進銘，2011，〈從星斗之母到慈悲救度女神──鬥姆信仰源
　　流考察〉，台北保安宮，《道教神祇學術研討會論文集》
　　（Ⅳ），頁 5-28。

謝德錫，2005，《百年祭典巡禮－八庄大道公的世紀拜拜》，
　　財團法人淡水文化基經會。

社會調查：

1.2012.5.5-7 參與觀察紀錄。

2.2012.4.27 深度訪談清水祖師廟副主委李宗燦，總幹事白志烈。

# 附件 1.淡水區行政區域圖

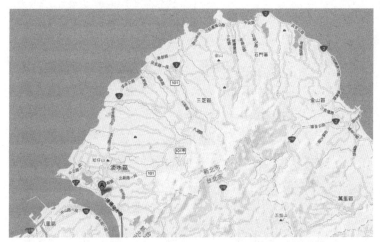

　　說明：紅色 A 點為淡水清水巖位置，它位於台灣北部淡水鎮的河口山坡地上，西側濱臨淡水河，往東南走可進入台北市，往北為三芝，在三芝與淡水西北邊為台灣海峽。

　　資料來源：摘引自 google 地圖。

# 附件 1-1.日據時期台北州淡水郡行政區域圖

說明：1.圖中顯示日據時期的淡水郡的行政區範圍。
2.清水祖師廟遶境的範圍只有淡水街市的三個角頭，分別為淡水、水碓子與庄仔內。

資料來源：1.王怡如，2012：198；2.本研究整理。

附件 2. 交通管制圖

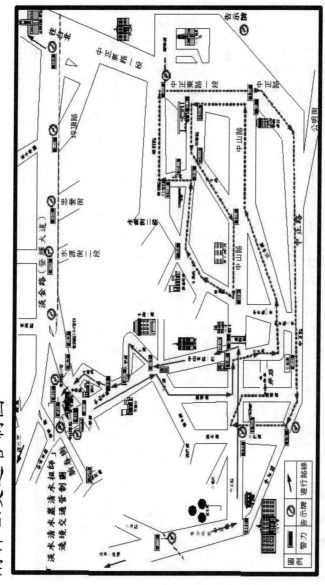

資料來源：新北市淡水區公所網站，http://www.tamsui.ntpc.gov.tw/web/News？command=showDetail&postId=251295&groupId=，2012.6.22 下載。

附件 3. 公車改道圖

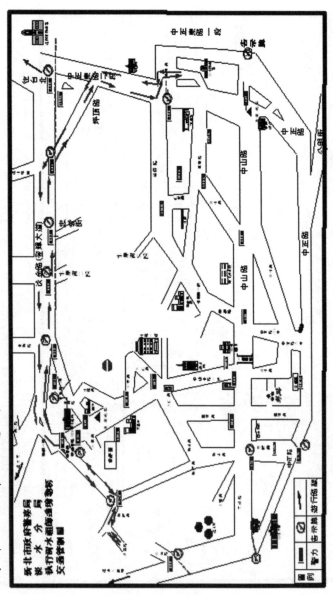

資料來源：新北市市政府警察局 公所網站，http://www.tamsui.ntpc.gov.tw/web/News？command=showDetail&postId=251295&groupId＝，2012.6.22 下載。

# 附件 4.清水祖師遶境米祖遶境遊街路關圖

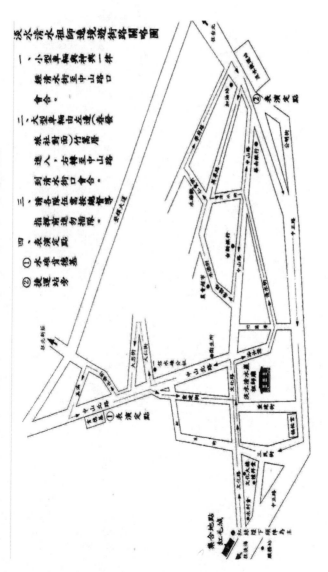

資料來源：淡水清水巖 淡水清水巖提供。

附件 5.清水祖師來三祖遶境遊街路關圖

資料來源：本研究整理。

# 附件 6. 2012 淡水清水巖祖師廟暗訪、遶境流程表

## 1. 6 月 23 日（農五月初五）老三祖暗訪

| 時刻 | 科儀 | 地點 | 活動 | 主持者 | 參與者 | 其他 |
|------|------|------|------|--------|--------|------|
| 14：00 | 佈置會場 | 正殿<br>廟埕<br>戲台<br>淡水街道 | 1.將供奉在正殿的清水祖師神像更換新佛衣<br>2.信眾帶著竹籃供奉在正殿神桌上<br>3.軒社、廟宇團體、神明會至廟埕打招呼<br>4.在戲台上演歌仔戲，為清水祖師祝壽<br>5.商家與住家準備香案，陣頭在請水接至中山路口等待 | 總幹事 | 淡水清水巖服務人員 | |
| 17：00 | 安座召營 | 正殿 | 1.由道士灑淨<br>2.桌頭與服務人員負責將老三祖、中壇元帥安座在攆轎 | 道士、桌頭、乩童各1名 | 淡水清水巖服務人員、信眾 | |

| | | | 上<br>3.道士召請五營兵馬<br>4.乩童下旨指示出發時間、畫平安符 | | | |
|---|---|---|---|---|---|---|
| 17：45 | 起駕遶暗訪 | 淡水街道 | 1.老三祖起駕，先至廟埕過火，再到淡水鎮四方安營<br>2.行經中山北路與清水街的路口焚燒金紙，由道士拿著法索、撐轎繞圈，祈求平安 | | 淡水清水巖服務人員、圍觀民眾 | 鑼、鼓、旗各1名 |
| 18：15<br>18：20 | 安北營 | 水碓（正德國中後面空地） | 由服務人員在空地上灑金紙堆，並點燃焚化，由道士值法索安營 | | 淡水清水巖服務人員 | |
| 18：50<br>19：10 | 休息 | 原德路 | 1.住家提供西瓜，供撐轎隨行人員享用<br>2.信眾祭拜老三祖與中壇元帥 | | 淡水清水巖服務人員、信眾 | |

| 時間 | | 地點 | 內容 | | 人員 | |
|---|---|---|---|---|---|---|
| 19：30 | 安東營 | 庄仔內（大腳印餐廳旁空地） | 由服務人員在空地上灑兩堆金紙，並點燃焚化，由道士拿著法索安營 | | 淡水清水巖服務人員 | |
| 19：40 | 休息 | 淡水區自來水廠旁福德宮 | 1.附近居民提供魚丸湯，供擡轎隨行人員享用 2.信眾祭拜老三祖與中壇元帥 | | 淡水清水巖服務人員、信眾 | |
| 20：00 | 休息 | 平遠街4號 | 1.附近居民提供飲料，供擡轎隨行人員享用 2.信眾祭拜老三祖與中壇元帥 | | | |
| 20：13 20：18 | 安南營 | 淡水街市南側（淡水捷運站 | 由服務人員在空地上灑兩堆金紙，並點燃焚化，由道士安營 | | 淡水清水巖服務人員 | |

| | | 右側河口） | | | |
|---|---|---|---|---|---|
| 20：50<br>21：00 | 休息 | 新生里里長家 | 1.店家提供包子、飲料，供攪轎隨行人員享用<br>2.信眾祭拜老三祖與中壇元帥 | | 淡水清水巖服務人員、信眾 |
| 21：20<br>21：25 | 安西營 | 淡水街市西側（家畜實驗所附近空地） | 由服務人員在空地上灑兩堆金紙，並點燃焚化，由道士安營 | | 淡水清水巖服務人員 |
| 21：30<br>21：35 | 休息 | 家畜實驗所與中正路口斜坡 | 1.住家提供飲料，供攪轎隨行人員享用<br>2.信眾祭拜老三祖與中壇元帥 | | 淡水清水巖服務人員、信眾<br>淡水清水巖服務人員 |
| 21：50 | 休 | 真理 | 1.住家提供飲料， | | |

| 10：00 | 息 | 街三巷 | 供擡轎隨行人員享用<br>2.信眾祭拜老三祖與中壇元帥 | | | |
| 10：30 | 回廟 | 淡水清水巖 | 1.擡轎指示初六遶境時間<br>2.將老三祖、中壇元帥迎回正殿神桌 | | 淡水清水巖服務人員、信眾 | |

## 2. 6 月 24 日（農五月初六）老三祖遶境

| 時刻 | 科儀 | 地點 | 活動 | 主持者 | 參與者 | 其他 |
|---|---|---|---|---|---|---|
| 08：00 | 佈置會場 | 正殿、淡水區公所後面河畔、淡水街道 | 1.信眾帶著竹籃供奉在正殿神桌上<br>2.軒社、廟宇團體、神明會至廟埕打招呼<br>3.信眾從廟宇將遶境的清水祖師分靈，請至發財車上，等待遶境<br>4.商家與住家準備香案，陣頭在清水街至中山路口等待 | 總幹事 | 淡水清水巖服務人員 | |

| 10：30 | 準備工作 | 正殿 | 1.由道士灑淨<br>2.桌頭與服務人員負責將老三祖安座在攢轎上<br>3.乩童下旨指示出發時間、畫平安符 | | | 鑼、鼓各1名 |
| 10：50 | 遶境 | 淡水街道 | 1.老三祖起駕，先至廟埕過火<br>2.行經中山北路與清水街的路口 | | | |
| 11：40<br>11：50 | 休息 | 原德路 | 1.住家提供西瓜，供攢轎隨行人員享用 | 道士、桌頭、乩童各1名 | 淡水清水巖服務人員、信眾 | |
| 12：10<br>12：15 | 休息 | 淡水區自來水廠旁福德宮 | 1.附近居民提供魚丸湯，供攢轎隨行人員享用<br>2.信眾祭拜老三祖與中壇元帥 | | | 鑼、鼓、旗各1名 |
| 12：35<br>12：45 | 休息 | 英專路 | 1.附近居民提供飲料，供攢轎隨行人員享用<br>2.信眾祭拜老三祖與中壇元帥 | | | |

| | | | | | | |
|---|---|---|---|---|---|---|
| 13：20<br>13：30 | 休息 | 新生里里長家 | 1.店家提供包子、飲料，供撐轎隨行人員享用<br>2.信眾祭拜老三祖與中壇元帥 | | | |
| 13：55<br>14：15 | 休息 | 家畜實驗所與中正路口斜坡 | 1.住家提供飲料，供撐轎隨行人員享用<br>2.信眾祭拜老三祖與中壇元帥 | | | |
| 14：25<br>14：40 | 休息 | 真理街三巷 | 1.住家提供飲料，供撐轎隨行人員享用<br>2.信眾祭拜老三祖與中壇元帥 | | | |
| 15：05 | | 回廟 | 1.撐轎指示初七犒軍時間<br>2.將老三祖迎回正殿神桌 | | | |

## 3. 6 月 23 日（農五月初五）蓬萊老祖暗訪

| 時間<br>6/23 | 科儀 | 地點 | 活動 | 主持者 | 參與者 |
|---|---|---|---|---|---|
| 17:00 | 整隊 | 紅毛城 | 1.由於紅毛城整隊，等待老三祖撐轎出巡<br>2.各宮廟、神明會、社團與軒社陣頭準備 | 主任委員、總幹事 | 淡水清水巖服務人員、宮廟、神明會、社團與軒社陣頭 |
| 18:30 | 啟動 | 淡水區街道 | 1.清水巖頭前組開始遶境 | 清水巖 | 淡水清水巖服務人員 |
| 19:00<br>23:00 | 遶境與陣頭表演 | 淡水區街道 | 1.陣頭遊街遶境<br>2.陣頭在肯德基旁、華南銀行前空地表演 | 清水巖 | 各宮廟、陣頭、神明會與社團、信眾、居民、觀光客 |
| 23:00 | 返回 | 清水巖祖師廟 | 淡水清水巖前導陣頭回至廟宇 | 清水巖 | 淡水清水巖服務人員 |

| 6/23 6/24 23：00 02：00 | 返回 | 清水巖祖師廟 | 1.各宮廟陣頭依序返回廟宇 2.蓬萊老祖花轎車殿後返回廟宇 | 清水巖 | 各宮廟、陣頭、神明會與社團 |
|---|---|---|---|---|---|

## 4. 6 月 24 日（農五月初六）蓬萊老祖遶境

| 時間 6/24 | 科儀 | 地點 | 活動 | 主持者 | 參與者 |
|---|---|---|---|---|---|
| 09：00 | 整隊 | 紅毛城 | 1.由於紅毛城整隊，等待老三祖撢轎出巡 2.各宮廟、神明會、社團與軒社陣頭準備 | 清水巖 | 淡水清水巖服務人員、宮廟、神明會、社團與軒社陣頭 |
| 11：00 | 官員致詞 | 清水巖祖師廟 | 由新北市副市長、市議員鄭戴麗香、淡水區區長蔡葉偉、主任委員呂子昌致詞 | 主任委員 | 淡水清水巖服務人員、信眾、觀光客 |
| | 啟動 | 淡水區街道 | 清水巖頭前組開始遶境 | 清水巖 | 各宮廟、神明會、軒社與社團 |

| 11：30 24：00 | 遶境與陣頭表演 | 淡水區街道 | 1.陣頭遊街遶境 2.陣頭在肯德基旁、華南銀行前空地表演 | 清水巖 | 各宮廟、陣頭、神明會與社團、信眾、居民、觀光客 |
|---|---|---|---|---|---|
| 16：00 | 回廟 | 清水巖祖師廟 | 淡水清水巖前導陣頭回至廟宇 | 清水巖 | 淡水清水巖服務人員 |
| 02：00 | 回廟 | 清水巖祖師廟 | 1.各宮廟陣頭依序返回廟宇 2.蓬萊老祖花轎車殿後返回廟宇 | 清水巖 | 各宮廟、陣頭、神明會與社團 |
| 白天 | 演戲 | 祖師廟戲台 | 1.信眾贊助歌仔戲酬神 | 戲班 | 信眾與觀光客 |

## 5. 6 月 25 日（農五月初七）犒軍、普施科儀

| 時刻 | 科儀 | 地點 | 活動 | 主持者 | 參與者 |
|---|---|---|---|---|---|
| 13：00 | 準備 | 正殿 | 1.準備紙錢、供品於正殿神桌 | 總幹事 | 淡水清水巖服務人員 |
| | | 文化樓 | 1.準備食物 | | |

| | | 一樓 | | | |
|---|---|---|---|---|---|
| 14：00 | 犒軍 | 正殿廟埕 | 1.由總幹事與廟方人員祭拜<br>2.道士負責收營、犒軍 | 道士 | |
| 14：40 | | 金爐 | 1.焚燒紙錢<br>2.收拾供品 | | |
| 15：00 | 普施 | 正殿 | 1.道士舉行普施 | | |
| 15：30 | | 金爐 | 1.焚燒紙錢<br>2.收拾供品 | | |
| 18：00 | 福宴 | 文化樓 | 廟方人員與志工聚餐 | 主任委員 | |

# 附件 7. 2012 年 6 月 23-25 日淡水清水巖遶境儀式照片

## 6 月 23 日清水祖師與中壇元帥暗訪、遶境

淡水清水巖外觀

淡水清水巖的前導車陣頭在路邊等待

遶境準備：將遶境所需的物品上車

淡水農會（米商）參與淡水清水巖遶境

遶境準備：號角隊前來清水
巖廟埕致敬

遶境第一天請歌仔戲班向清
水祖師祝聖

遶境準備：廟宇提供餐飲

信眾供奉香案祭拜清水祖師

遶境準備：攆轎供老三祖與
中壇元帥乘坐

報馬仔帶領主委、遶境陣頭
開路

信眾供奉的隨香竹籃

廟方為中壇元帥換新裝

遶境啟動：道士於前殿灑淨

請中壇元帥、老三祖上攆轎

道士召五營

乩童被清水祖師附體後敕的符咒

老三祖攆轎與道士在淡水路
口作法，祈求行車平安

老三祖攆轎於水碓安北營

老三祖攆轎於淡水街市西側
安西營

桌頭發送平安餅給信眾

廟方發送清水祖師平安符給
信眾

平安獅在中山北路上設立大
型祭壇

在淡水街道貼上清水祖師遶境封條

清昭誠祖師會在福佑宮前施放犁砲

遶境陣頭－花車

遶境陣頭－鑼鼓陣

遶境陣頭-八家將陣頭

遶境陣頭-乩童

# 6 月 24 日清水祖師遶境

陣頭於路邊等待遶境的開始

設立祭壇，慶祝清水祖師聖誕

信眾從廟宇請清水祖師分靈

將清水祖師請至車上，等待遶境

將發送給信眾的餅乾過爐

遶境前主委與新北市首長致詞

住家辦桌，宴請親友吃飯

老三祖在原德路停駕時，信眾提
供隨行人員飲品，並祭拜老三祖

信眾提供魚丸湯給攑轎隨行
人員食用

和義軒為神將裝上繼光餅，
準備遶境

神轎向店家香案行三進三退禮

遶境陣頭-八家將表演

遶境陣頭-車鼓陣

遶境陣頭-七爺、八爺神將

遶境陣頭-機車隊

遶境陣頭-鼓吹隊

遶境陣頭-八音

遶境陣頭-鼓陣

遶境陣頭-八人神轎

遶境陣頭-辣妹坐在車上一
同參與遶境

遶境陣頭-傳統與現代的鼓鑼隊

遶境陣頭-電音三太子

遶境陣頭-舞獅隊

遶境陣頭-當街插針的乩童

遶境陣頭-乩童背部插著五營令旗

遶境陣頭-濟公與乩童

店家提供飲料，供遶境陣頭

遶境陣頭-八人神轎

乩童降乩指示隔天（6.25）犒
軍、普施時間與準備的祭品

遶境陣頭-城隍爺、七爺與八
爺神轎

民間宗教眾神與清水祖師共
同遶境

遶境陣頭-蓬萊老祖花轎車

清水祖師分靈神像

清水祖師蓬萊大祖神像

# 6 月 25 日犒軍、普施圓滿

犒軍、普施所需的紙錢

普施供品

犒軍、普施所需的紙錢

犒軍前總幹事與廟方人員上香祭拜

道士主持普施儀式

遶境結束，送祖師爺分靈回
祖師廟安奉

道士主持收營與犒軍儀式

道士犒賞五營兵馬的糧草

# 第八章　典範建構與挑戰：從科學哲學論華人宗教研究[1]

## 壹、前言

　　宗教學門的建構，從繆勒（Friedrich Max Muller,1823-1900）對宗教學的命名為科學的宗教研究（Science of Religion Research）後，就可得知它是在西方自然科學衝擊下的產物。繆勒從比較宗教的途徑切入，運用「語言學」探討、分析跨民族間的宗教現象，提出「只知其一，一無所知」的比較思維立場，（繆勒，1989：10-11）只有從比較宗教的途徑出發，才是宗教研究的圭臬。

　　在繆勒之後，人類學、社會學與心理學三個學門先後投入了西方與非西方世界的宗教研究，既豐富了原有的宗教學

[1]　本文刊載於《宗教哲學》第 65.66 期。

內容，也把宗教學分枝成為宗教人類學、宗教社會學與宗教心理學三個社會科學領域的學門。

由宗教學的歷史發展可以得知，它既有自然科學方法論的驗證，也有社會科學理論家的研究成果。這些學說由西方發展後傳播於全世界，成為非西方社會宗教學者研究宗教的主要內涵。形同西方社會的宗教學者，在研究宗教現象採用的方法論及理論建構等面向，都是在其學術脈絡下逐漸開展。非西方社會學者在此領域遠落後於西方宗教學者，因此，非西方社會的宗教研究勢必學習或模仿西方的宗教學理論，形成「學術殖民」的現象。

然而在西方自然科學與社會科學發展之際，另外一門學科「科學哲學」也逐漸開展，哲學家對自然科學與社會科學的歷史發展現象與知識建構，提出反思。認為經由方法學所建構的知識，在不同角度的思維下，對知識的本質提出了深刻的討論。這些討論可以分為「實證主義」、「後實證主義」、「詮釋主義」、「批判主義」與「建構實在論」[2]等幾個學派。

---

[2]　根據黃光國的研究，科學哲學的學派包含「實證主義」、「後實證主義」、「詮釋主義」、「結構主義」、「批判主義」與「建構實在論」。（黃光國，2008：26-27）前兩者為自然科學在人文學、社會科學的影響。詮釋主義、結構主義、批判主義則為傳統人文學的思想，反對自然科學的研究方法與理論模式，認為社會科學應該保存傳統豐富的人文與社會複雜的現象所帶來的各種「詮釋」與「批判」的立場。然而筆者認為結構主義固然為人文學者提出的一組詮釋人文、社會現象的「概念群」，它比較接近「研究途徑」，而非「科學哲學」。因為結構主義只有討論運用結構的概念來解讀人文及社會現象；而沒有科學哲學中的研究設計思維、理論建構模型（知識論）、資料收集方法（方法論）。因此，在本文就割捨結構主義的論述。

　　在不同科學哲學的學派，它們對自然科學、社會科學及人文學進行反思，思考科學哲學的學派與其間的關聯，是否科學哲學的學派接受自然科學的論述與影響，或是科學哲學的學派對自然科學保留一定的距離，堅持人文、社會學科應有的特質。它們也會對「知識」從事建構，論述「知識本質」與真理的關係。它們對人文與社會現象轉化成資料，運用不同的「方法論」思維，決定了方法的選擇與研究者對資料的收集是否應存在客觀性或主觀性，存在不同的立場。如果將上述三個面向，與宗教研究連結，可顯現出宗教學理論的多元建構，宗教學應該會有另外一種活潑的光景。

　　在本文就是要對上述科學哲學的諸多學派論述，依照它們與自然科學的關係、知識論、方法論等三個層次，說明與分析它們對「華人宗教」[3]研究的衝擊。其次，作為華人宗教學者，應該如何看待科學哲學對華人宗教研究的影響。第三，

---

[3]　由於台灣地區「華人宗教研究」經常將之視為「民間信仰研究」，教授對民間信仰的內容解讀不一，造成民間信仰定義的多元與分歧現象。有的將之視為道教，(劉枝萬，1983)有得則視為其源流包含儒、釋、道與新興教派，是存綷的民間信仰，而異於儒、釋、道的信仰體系。(林美容，1911)有的則把民間宗教視為綜合型的宗教，包含了儒家倫理、佛家哲學、道家思想及傳統的原始巫術信仰，是屬於我國特有的「中國教」。(阮昌銳，1985：132)也有把民間信仰用信仰內容與儀式活動來定義，包括祖先崇拜(含牌位與墳墓崇拜)、神靈崇拜 (含自然崇拜與精靈崇拜)、歲時祭儀、農業儀式、占卜風水與符咒法術。(李亦園，1985：2)筆者認為西方傳教士最早對華人宗教定義為民間信仰，從此就被學界大量引用。事實上，民間信仰相對於官方信仰，形同民間信仰是比較低下的信仰，而官方信仰才是正確的信仰。因此，用民間信仰形容華人社會的信仰，存在偏見。為了正本清源，本文採用華人宗教取代民間信仰的概念。

我們在理解當前華人宗教研究的相關理論後，又如何運用宗教哲學的方法論與知識論來加以檢視，建構適合解釋華人宗教現象的本土宗教學的典範。在這些問題思維下，我們將在下文逐一開展。

# 貳、實證主義與華人宗教態度、宗教行為研究的反思

## 一、實證主義與自然科學的關係

　　實證主義學派是自然科學的產物，它們深信唯有採用自然科學的研究思維，將之引入社會科學，才可能建構合理的社會科學。

　　自然科學的思維是研究者對被研究對象－「自然物」採取「價值中立」的立場，去除研究者的主觀好惡，讓「自然物」的事實「實然」（to be）呈現。對實證主義學派的研究者而言，他們企圖拋棄傳統的「應然」研究（ought to be），不再對人類的理想社會建構，或是人倫間的道德律、禁忌作「規範研究」。他們只是將研究對象從自然科學研究的「自然物」改為「人與社會行為」，其餘的研究思維完全接受自然科學家的思維。例如以價值中立呈現被研究對象的行為，盡可能客觀呈現人與社會的常態、異態或變態行為，將之視為「事實」而加以描述，雷同於自然科學家對自然界的研究。

## 二、實證主義的方法論

實證學派研究者採用的方法論也深受自然科學方法論的影響，他們一如自然科學家運用的觀察法、實驗法，對人與社會現象進行觀察和實驗。只不過他們研究的對象為人與社會的行為，不同於自然科學研究的對象為物的行為。因此，社會科學家在進行觀察紀錄時，可能會採用社會調查或田野調查的深度訪談、問卷調查方法來收集資料。因為研究者及被研究者都是人，所以實證學派的社會科學家可以對他們進行訪談或請他們填寫問卷。

實證主義認同量化研究法，當自然科學家用數字描述物的現象時，社會科學家接受此概念，希望對人及社會現象也用數字顯現。讓「數字說話」的方法表現，

是實證學派社會科學家的共同理想之一，他們企圖用量化的方式來表現人類的種種外顯或內在的行為與活動，因為數字的特質也具有客觀的性質。在此概念下，實證學派社會科學家如經濟學者、心理學者、政治學者、社會學者都採用統計學的方法論當作其處理、分析、歸納資料的依據。

## 三、實證主義的知識論

當實證主義的社會科學家採用上述的方法論思維，企圖建構與自然科學相似的理論（theory）或法則（law）時，說明瞭實證主義的「知識論」基本立場。

實證學派的社會科學理論建構，採用雷同於自然科學的建構方式，他們運用「變項」（variables）的概念，表達並等

同人或社會內在與外在的行為、現象、活動。他們相信「因果律」（causal relation law），認為沒有憑空而降的自然現象，就像沒有憑空而降的人或社會現象一樣，凡是「事出必有因」的思維，是其基本的研究信念。

因此，知識的建構在此立場與信念中出發，他們在探索人或社會行為的因果律，運用研究者的直覺（intuition），勾連兩個或兩個以上變項的關聯，建構假設（hypothesis），並證實其存在，就建構了「理論」或「法則」。這些變項可能來自於不同類型的人或社會行為，當變項間得到肯定，就建構了雷同與自然科學的理論；當此關聯被否證實，社會科學家就得另起爐灶，思考或尋找其他可能的關聯性解答。

社會科學家認為其建構的理論就等同發現了真理，換言之，真理是可透過研究，而「垂手可得」。此思維和自然科學家人定勝天的想法相似，就知識的本質來看，實證學派社會科學家所建構的理論如同「真理」。

將實證主義的思維用在宗教研究時，就可以理解宗教研究可能可以用量化的研究方法來收集宗教活動間的彼此關聯的資料，或是收集宗教活動與人類社會、政治、經濟、文化、藝術、法律、科學、哲學、文學、民族、歷史等種種活動間的關聯。（張志剛，2003：9）就研究的設計來看，以實證主義的思維方式來設計宗教研究，應該屬於「開放性」、「探索型」的研究類型。因為研究者在觀察宗教活動時，他必須雷同於自然科學家，運用敏銳的直覺觀察宗教以外的人類現象，思考哪一類的現象與所觀察的宗教現象可以產生合理的關聯，並將這些現象轉化為資料，再用資料來證明他的想像

得到合理的解答。

## 四、實證主義與華人宗教「量化研究」的開創

研究來看，可以將宗教的內容切割成神或神聖物、教主、神職人員、宗教儀式、宗教經典教育或思想、宗教組織、信徒與宗教場所等八個面向。也有學者將宗教切割為宗教思想、宗教經驗、宗教儀式與宗教組織活動等四個面向。這兩類的說法各有不同著重點，但都是肯定宗教為「人類行為」，而非莫測高深且不可檢證的「神祕活動」。因此，實證主義的宗教學者可以將其研究的需求把上述的概念讓它彼此產生關聯，建構合理的「假設」，運用數量化的資料證明這些假設的存在，而得以建構「理論」。

不僅如此，人類的宗教活動必須在整個人類的「社會脈絡」下進行，社會脈絡又可以切割成為政治、經濟、文化、法律、心理、文學、藝術、族群等面向。因此，當宗教與社會脈絡互為影響時，就可採用實證主義的研究想像，將觀察的宗教現象視為主要研究問題，我們就必須思考此宗教現象既是一個或是一連串的人類行為，也是一個或一連串待解決的宗教議題。此時，我們已經確認了研究問題的主軸與範圍，在確認之後，必須採取「問題取向」的研究思維。對這些問題的可能答案，作全面式及開放式的探索，在上述的宗教面向或社會脈絡面向尋求最可能的合理解答，並將此合理解答當作「解釋變項」，用此解釋變項解決研究者對宗教問題的提問。

　　從這個角度來看，實證主義的研究思維對宗教研究的關聯，可以發現它類似於以「問題」為起始點的研究循環模式。研究者先將宗教活動轉化為「研究問題」，再根據自己的思維或直覺的觀察，尋找其他宗教活動或社會脈絡活動，當作研究問題的可能答案。此時他已經建構了宗教研究的「假設」，這種建構方式完全雷同於自然科學的研究。再來，就是在此假設的指引下，收集真實世界中的現象資料，用這些資料來證明所建構假設的變項，確證變項間存在關聯，而在證實之後，此宗教研究也就達到了理論建構的目的。

　　過去台灣宗教學術界採取實證主義的立場，從事的宗教研究。以中央研究院每隔五年對台灣社會進行調查最具代表性，由於它每隔五年做一次量化調查，把時間變數串連在調查資料中，就可理解台灣地區人民的社會變遷現象，其中有一部分是屬於宗教變遷的調查。

　　此實證主義調查以全台兩千三百萬人口為母體，依隨機抽樣方式抽取三千多份樣本數，來理解台灣地區人民的「宗教信仰教派別」、「宗教態度」與「宗教行為」等三個主要概念。這項調查被部分學者採用，將時間的變數貫穿這些資料，用來描述台灣百姓的宗教變遷現象。也有部分學者使用統計學「交叉分析」的概念，用人口的性別、教育程度、年齡層、教派、職業別等為獨立變項，來理解這些概念下的不同類型的宗教態度與宗教行為是否存在顯著差異。（瞿海源，2002；瞿海源，1999.10：1-45）至於宗教態度與宗教行為間是否存在關聯，或是宗教態度、宗教行為與其他社會脈絡的相關概念是否存在「多變項」間的關聯，至今為止甚少學者投入研

究，是值得開發的華人宗教研究的「處女地」。

# 參、後實證主義與華人宗教研究理論的挑戰

## 一、後實證主義與自然科學的關係

後實證主義又稱為「精緻的實證主義」或「否證主義」，它以巴柏（Karl Popper，1902-1994）、孔恩（Thomas Kuhn，1922-1996）、拉卡托斯（Imre Lakatos，1922-1974）、法依阿本德（Paul Karl Feyerabend，1924-1994）等科學哲學家較為著名。其中，孔恩《科學革命》的「典範」（paradigm），是從自然科學史中歸納而來。（Thomas Kuhn，1996：）其弟子拉卡托斯（Lakatos）、法依阿本德（Paul Feyerabend）兩人提出的「科學綱領」（拉卡托斯，1987）、「無政府主義」（法依阿本德，1990），及勞登（Larry Laudan，1992）的「研究傳統」，他們對典範採取既批判又繼承的立場，脈絡相似，都屬於後實證學派的主張。

由於巴柏、孔恩等人皆服膺自然科學的理想，因此，此學派與實證主義學派相同，同意知識的建構應該採取自然科學科學的方法和理論模型，並且將此思維用在社會科學研究立場上。從此論點來看，後實證主義和實證主義一樣，完全接受自然科學的洗禮，將自然科學的思維與研究想像，平行移轉套用在社會科學的研究。

## 二、後實證主義的方法論

如果說實證主義是問題取向的研究方法，後實證主義則持相反的思維，它採取「理論假設」取向的研究方法。

在社會科學研究中，除了可以用問題取向當作研究起點外，也可以用理論假設當作研究起點。當我們採用第二個研究策略時，事實上已經接受了後實證主義的研究立場。根據理論推演出假設，再根據假設當作資料收集的指引和範疇，經常與「個案研究」（case study）或「多個個案研究」（large-n cases study）連結，用之比對於假設，檢證假設的合理性。在「個案研究」或「多個個案研究」的資料收集方法論上，則與實證主義雷同，採用價值中立的立場，視被研究對象為客觀存在的「事實」或「經驗」，研究者不得主觀臆斷，用自己好惡取捨資料。對一般剛入門的科學家而言，後實證主義的思維所建構的研究設計，他以既有的理論為前提，用之當作研究假設，再從真實人、社會現象中尋找合理的個案，挑戰此假設，就可能在挑戰成功後修正既有理論。

## 三、後實證主義的知識論

巴柏為後實證主義的先鋒，他的知識論立場，強調人類知識建構的本質藏有「知識易誤」的性質。（Karl Popper，1979）此論調是指自然科學沒有完美無瑕的知識，在人類既存的自然科學知識，都隱含瑕疵。將之比擬於社會科學研究所獲得的知識，同樣也隱含錯誤，知識的不完美性格，是社會科學家挑戰既有知識的初衷。

　　知識的追求只有在研究者不斷挑戰舊有的知識，才能獲得相對精緻的知識。只有不斷精進知識的過程，後實證主義科學家才得以獲得相對完美的知識。換言之，如果將知識視為真理時，科學家是不可能得到亙古不變的知識和「永恆的真理」，知識的建構只是永遠接近真理的過程中。

## 四、從後實證主義看華人宗教「祭祀圈」理論的挑戰

　　採用卡爾巴柏的思維，就可以把既有的宗教理論當作待檢證的假設，因為沒有一個理論可以放諸四海而皆準，隨著人類社會的變遷，過去宗教學者提出的宗教人類學、宗教社會學、宗教心理學的各項理論，都有必要在現代社會的宗教活動中再次的檢驗。從檢驗過去理論的各項「個案」，來確證或否證過去理論合適與否。當找到否定過去理論的「異例」，就可以對過去理論做局部的修正。如果用湯瑪斯孔恩的典範概念來看，宗教學者累積諸多的「異例」，就可以形成「新典範」，而可對「舊典範」進行挑戰，此時就形成了典範競爭，當「新典範」完全取代「舊典範」時，出現了「典範位移」（paradigm shift）現象，此時新的知識取代了舊有的知識建構，出現了「典範革命」。

　　無論是卡爾巴柏或是湯瑪斯孔恩，都被視為精緻的實證主義科學哲學家，也是屬於否證論的科學哲學家。當我們的宗教研究採用這類思維時，就可以把既存於華人宗教研究的各項理論拿來當作研究的起始點，尋找當代社會的宗教相類似的現象，將之比對於既有的理論，檢證此個案或諸多個案

對既有理論是否吻合，可以來解釋這些個案，如能解釋所有的個案，代表既有理論的解釋力足夠，尚有知識的價值。如果既有理論無法解釋個案，此時，我們除了反省既有理論的「理論侷限性」，尚得另闢蹊徑，提出合理的理論性解釋。

　　依過去宗教人類學者對漢人宗教組織的研究所建構的「祭祀圈」理論來看，當台灣社會急遽的變遷，由農業社會步入工業社會，再由工業社會步入後工業社會，人口大量集中於都市，過去農業社會的祭祀圈理論是否可以解釋現在後工業社會的宗教現象，實在令人玩味？祭祀圈理論在日據時代被日本學者岡田謙（岡田謙 1960：14-29）提出後，被台灣的宗教人類學者大量引用，認為台灣的宗教活動都是由祭祀圈內的土地上人民共同出錢來處理宗教儀式、慶典、修廟、蓋廟的費用。（許嘉明，1975.2：165-190；林美容，2006）

　　但是，當台灣社會人口快速流動時大量農村人口流入了都市，祭祀圈內地方領袖向居民徵收丁口錢的傳統，只能在農村社會中得到證實。離開農村社會，在都市中的廟宇，幾乎都已經停收丁口錢，祭祀圈的內涵已經變質，傳統「神明會」組織也轉向被廟宇組織所收編。（林燊祿，2011：12-13）因此，觀察台灣宗教組織所從事的各項宗教活動時，我們再也不能用日據時期的祭祀圈理論來看都市廟宇的宗教活動。（張家麟，2013）儘管祭祀圈可能隱約在遶境活動過程中可以顯現，但是祭祀圈內的居民已經不再承擔廟宇的宗教活動費用，反而都是由廟方獨立承擔。用否證思維來看漢人祭祀圈理論，就可以非常清楚的洞悉此理論充滿了理論限度，在急劇的台灣社會變遷過程中，此理論可能存在的解釋力轉趨

薄弱。

# 肆、詮釋主義[4]與華人宗教研究的運用

## 一、詮釋主義與自然科學的關係

　　實證主義與後實證主義等科學哲學的系絡，都屬於自然科學對社會科學衝擊後，所形成的哲學思維。這些思維充滿了自然科學的影子，認為社會科學的研究就是在追求雷同於自然科學的目標。

　　然而詮釋主義與上述兩種思維大不相同，以高達美（Hans-Georg Gadamer,1900-2002）為例，他對自然科學提出強烈的批判，認為自然科學並沒有辦法解決人的生存危機、價值危機與信仰危機，尤其是科學哲學中的實證學派、後實證學派並無法走向真理，相反的它們是人類獲取真理的障礙。唯有發展詮釋學才有辦法讓人類得到「真理」；甚至認為自然科學的真理，是人類的災難。（黃光國，2008：371）

　　從此可得知，詮釋主義對自然科學的思維抱持謹慎的態度，甚至反對自然科學引入到社會科學的研究中。社會科學應該維持人文學的傳統來處理人類所面臨的生存、價值與信

---

4　根據潘德榮對詮釋學的研究，把詮釋學分為前詮釋學、一般詮釋學、體驗詮釋學、此在詮釋學、批判詮釋學、文本詮釋學、一般方法論詮釋學、闡釋有效性詮釋學及解構主義詮釋學等派別。（潘德榮，1999）而在本文的討論以黃光國《社會科學的理路》為基礎，其中有胡塞爾、海德格與高德美三個理論家，而把焦點放在胡塞爾的詮釋學。

仰危機的問題，這些問題是自然科學家無法處理，唯有透過
人文的辯證思維與詮釋，才可釐清問題的嚴重性與本質。

## 二、詮釋主義的方法論

　　在方法論方面，實證主義與後實證主義則希望運用自然
科學的觀察法、實驗法、調查法來收集人文、社會現象，儘
可能將這些現象轉化成為「客觀性」（objectivity）的資料。
儘管在研究者的立場來看，其問題的決定、資料的篩選、方
法的選擇與假設的建構等過程，本質仍屬研究者與科學社群
間的「主觀互證」（inter subjectivity）過程，（Alan C.Isaak，
1991：31-32）不可能全然客觀的表現。畢竟科學活動乃屬少
數菁英對人文、社會現象的抽象解讀。

　　詮釋主義的方法論主張，研究者必須站在「人同此心，
心同此理」的立場，對既有的人文、社會現象提出合理的「詮
釋」（hermeneutics）。（張家麟，2000.06：279-304）

　　詮釋學派又可以分為經典及現象詮釋兩個脈絡。就經典
詮釋來說，其思想發展淵遠流長，東、西方的人文學、神學、
哲學經常採取此立場，採取「以經解經」的方式，理解經典
中的字、辭定義，追溯定義表達現象的本質。至於現象詮釋

則是近代的產物，以胡塞爾、海德格、韋伯、高達美[5]等現象學與詮釋學者為代表，他們提出的詮釋法則與傳統的經典詮釋有出入，他們認為，要瞭悟人文、社會現象並非那麼容易，要用「脈絡」（context）的概念，來觀察人文、社會現象。脈絡賦予了人文、社會現象各項意涵，形同對人文、社會現象，建構了知識的內涵。

　　以傅偉勳的經典詮釋主義來看，他認為從事宗教經典研究時，必須分為幾個層次。首先，理解經典的本意，將經典中的字、辭、句、段落、篇章都須明白其定義。其次，要進一步探索原作者提出此經典意涵的時空背景，從時空背景的脈絡來理解經典的個別或整體定義。第三個層次是將經典提出後，被後世的研究者對本經典提出的各種詮釋，將這些詮釋與原作者經典的意涵相互對話。第四個層次，則要將後世研究者的時空背景納入思考，其時空背景可能對原有經典的詮釋產生影響；因此，必須要把後世研究者時空背景的脈絡當作其詮釋經典的依據。最後，研究者自己要對上述各項詮釋提出比較型的對話。讓研究者的思想對過去經典的原著者、歷代的詮釋者產生精神上與義理上的互動。再提出研究

---

5　高達美採用現象學與辯證法來論述通往真理的途徑。在他看來，詮釋者必須理解讀者與作者的差異、歷史是人類存在的基本事實。歷史成見不可能完全消除，詮釋者也必須擁有理解「物」的結構型概念，用之來觀察形成詮釋者的視域，此視域包括海德格的「前有」、「前見」與「前設」等三個內涵，用此三個內涵來看物，才可能建構出詮釋者的「成見」與物本身的內涵，進而形成真正的理解，達到「視域融合」的境界。（黃光國，2008：371-381）

者自己本身的最後詮釋[6]。

　　另外再以現象詮釋學來看，胡塞爾（Edmund G.A. Husserl，1859-1938）為最具代表性的現象詮釋學者[7]，他主張研究者應該持開放的態度，用自己的經驗來對現象進行瞭悟，而要把現象相關聯的一系列的表象（representations）連結在一起，說出該現象的「特性」（manifestations）。（黃光國，2008：327-334；Edmund G.A. Husserl，1994）

---

[6]　傅偉勳提出中國哲學的詮釋應該思考五個層次，第一層「實謂」：「原思想家實際上說了什麼?」是指借原文校勘、版本考證來確定原作者（即原典本身）實際上說了什麼？第二層「意謂」：「原思想家想要表達什麼?」是透過語意澄清，脈絡考察，傳記研究，邏輯分析等手段來理解原作者的真正意思；第三層「蘊謂」：「原思想家可能要說什麼？」指借助思想史的研究及歷史上存在的其他重要詮釋文本，澄清原典可能蘊含的意思；第四層「當謂」：「原思想家應當說出什麼？」指詮釋者闡發原典文字其後的深層義蘊或根本義理有關；第五層「必謂」：「原思想家現在必須說出什麼？」是指要救活原本的思想或作為突破性的創新，詮釋者必須創造性地表達什麼。在這五個層次的辯證、創造的詮釋過程，將可深入理解經典辭義脈絡與本質。（傅偉勳，1999：10-11）

[7]　除了胡塞爾之外，另外尚有海德格（Martin Heidegger,1889-1976）及高達美（Hans-Georg Gadamer,1900-2002）也被視為詮釋學派的學者。高達美的詮釋學強調「原初性思考」，反對笛卡爾以來的主客二元對立的思維方式。而是主張個人的生活世界只有一小部分當作視域，用此來界定某一社會現象、物的存在，而存中獲得該客體的知識，做出合理的判斷。換言之，詮釋者必須先有「前有」、「前見」、「前設」等三種「先設結構」，前有是指自身的生活世界中的文化、風俗、習慣、生活經驗、知識水準、物質條件與思想等構成，用之來理解現象的存在。前見是指詮釋者在理解社會現象時必須根據某一個設定的立場或觀點，切入「物」來解讀此社會現象。前設是指詮釋者利用一組結構性的概念，來說明「物」，藉此凸顯社會現象的意涵。（陳榮華，1992：34-37；張汝倫，1988：106-107；黃光國，2008：363-364）

　　研究者可以用自己的「視域」來對現象進行瞭悟。第一個視域是把「物」放在空間中觀察，來理解「物」與「空間」的關聯，而可以產生研究者對該物的空間意涵；第二個視域是把物放在時間中觀察，讓我們理解該物與時間之間的連結，而可以瞭悟出對該物的歷史或當代脈絡的意涵；第三個視域是把物放在研究者的知覺網絡當中，從中理解研究者本身內在的意義，加諸在物身上，而給予物的再詮釋。經由這些視域的瞭悟，研究者就可比較周延的理解人文、社會現象所存在於空間、時間的意義，及研究者自身經驗所產生的知覺意識，賦予物的意涵。

## 三、詮釋主義的知識論

　　實證主義認為經由知識的建構，真理的獲得是可預期的；後實證主義則認為知識的建構，只能獲得相對的真理，知識是不斷地接近真理的建構過程。在知識論的本質，這兩個學派都認為知識建構的目標，是提出具有解釋力的「因果關聯」（causal relation）法則，用之論述人類社會中人文與社會行為活動。

　　在知識論的本質來看，詮釋主義並非在追求自然科學所謂的「真理」。沒有「因果關聯」法則的追求，而只有用觀察與定義（definition）兩個方法，對既存的人文、社會現象提出詮釋。這種觀察法與定義法，不可能討論出自然科學家所謂的獨立變項與依賴變項間的關連，而只能用「瞭悟」（verstehen）的思維，深入理解此現象的「意義」、「本質」、

「特質」或「象徵」。

## 四、從詮釋主義看華人宗教「經典詮釋」與「現象詮釋」的發展

　　宗教學者運用詮釋主義的科學哲學在華人宗教研究時，也可以分為經典詮釋與現象詮釋兩個脈絡說明。由於華人宗教本身涵蓋儒、釋、道三教，在經典部分固然包含三教的經典，但是學界很少對之加以詮釋。相反地，華人宗教從陶宏景《真誥》後，飛鸞造經的現象相當普遍。它不像華人本土的佛、道兩教的經典詮釋擁有淵遠流長的歷史，（賴賢宗，2010；蕭登福，2011；蕭進銘，2009；劉國威，2012）只有少數學者對鸞書（善書）進行詮釋。

　　其中，學者對鸞書（善書）進行詮釋，長期關注中國明清兩代的善書，從善書的內容加以分析詮釋華人的宗教思想、宗教傳承、功過格、修行者與教化觀。（遊子安，2012）另外，一貫道學者長期關注一貫道的鸞書，對鸞書中的神祕經驗、道德律作出詮釋（林榮澤，2008；林榮澤，2008.6：68-110；林榮澤，2007.06：31-98；林榮澤，2008.12；1-35林榮澤，2007.06；鍾雲鶯，2013.5：35-78）也有對民間宗教中的寶卷進行經典或說唱本的詮釋。（于君方，1994：333-351；李世瑜，2007；李正中，2012）至於台灣地區華人宗教從清季到日據、國府時代各鸞堂出版的鸞書，被博揚出版社綜整成兩大輯共計 77 冊，它們只是「粗資料」的編輯，至今尚少研究。（王見川、李世偉，2009；2010）

　　台灣學界對本地區華人宗教研究收集 1963 年－1999 年間約 30 篇期刊論文，編成《50 年來台灣宗教研究期刊資料彙編-民間信仰》一書。（林美容，2003）在此書收集的論文大部分屬於台灣民間信仰的「現象詮釋」，研究主題包含民間信仰定義、神譜學、祖先崇拜、歲時節慶、冥婚、巫術與宗教組織等面項議題。由於主編者具宗教人類學的背景，因此篩選的文章大部分屬於宗教現象的詮釋。

　　在這篇彙編文集中，作者運用自己的經驗與價值體系，分析台灣地區的土地神、天公、媽祖、保生大帝、王爺、三山國王等神譜。在宗教祭儀方面，詮釋了社祭、轎、進香、婚喪禮儀、冥婚等民間宗教儀式。在宗教與區域間的關聯方面，詮釋了台灣地區地域組織媽祖信仰、彰化媽祖信仰圈、白沙屯媽祖進香組織與祭典組織等議題。在寺廟考察分析方面，對土地廟、媽祖廟、三山國王廟、新竹地區各寺廟與王爺廟及官祀廟宇進行詮釋。由於受限於篩選的文章篇數，因此這段華人民間宗教研究論文只是台灣地區華人宗教研究的一小部分。如果以媽祖信仰的研究內容來看，就包括了媽祖的事蹟傳說、經典、祭典、進香、祭祀活動與組織、媽祖廟間的爭戰、媽祖信仰與政治、媽祖信仰傳播及媽祖信仰者的心理價值體系、集體意識等，至少涵蓋上百篇的論文。（張珣，1995.12：89-126）

　　事實上，詮釋主義的研究思維是當代及未來華人宗教研究者經常採取的路徑。在經典詮釋方面，華人宗教學者應該對廟宇經常使用的經典如《列聖寶經》、《天上聖母經》、《瑤池金母收圓普度真經》、《大道真經》進行詮釋。此外，在現

象詮釋方面，詮釋者也應該對經典與儀式、經典與誦經團、佛教梵唄對華人宗教儀式的經典選擇等議題投入關心。不只如此，研究者必須尋找合理的概念群，進入華人宗教現象的時空脈絡中，理解並解讀華人宗教現象。桑高仁（Steven Sangren）在媽祖研究的發展上就提出建議，認為未來的媽祖研究應該有四個議題可以深入討論，如信別與媽祖信仰的關係、朝聖、信仰者的文化認同、全球化等議題。（桑高仁，2003：3）像這四個議題，媽祖研究者同樣的可以運用宗教詮釋學的概念，讓媽祖信仰現象回到「物自身」，研究者採取開放的態度，用自己的經驗來觀察此宗教現象，並把它放在時空的網絡中，進行「脈絡式」的解讀。形同研究者本身的知覺系統，讓它與宗教現象對話。進一步瞭悟此宗教現象—物自身，讓宗教現象的內在意涵經由研究者的瞭悟，得以全面開展，得到合理的詮釋。

# 伍、批判主義與華人宗教研究的反省

## 一、批判主義與自然科學的關係

　　批判主義的科學哲學對自然科學的態度提出「批判」的立場，尤其是對巴柏的後實證主義，提出深切的反省，認為後實證主義的科學哲學把自然科學奉為圭臬，忽略了人文及社會行為的特質。

　　哈伯瑪斯（Jurgen Habermas,1929- ）為此學派的主要論述者，他認為後實證主義沒有區分自然科學與人文科學的差

異，用自然科學的方法來處理人文科學的問題會產生研究的偏誤。因為自然科學處理的是處理自然界的「經驗事實」問題，而人文科學涉略的卻是人及社會的「價值判斷」問題。兩者不分，會顯現出後實證主義的獨斷性。其次，後實證主義的決定論具有「工具理性」的價值，它們認為其建構的理論具有宰制與支配的功能。如此一來，形同將「理性」等同於「工具理性」，此時的工具理性已經變成意識型態。第三，人及社會的現象，是由一群人或團體構成的「事實」，它是具有「主體」性，而非「客體」。當後實證主義在探索這些具主體性的人及社會行為時，忽略了這群人及社會「主觀性」的事實，其本質完全異於自然科學家探索自然界的「客觀性」事實。

　　由上面的論述可以得知，批判主義學派對後實證主義採取自然科學的方法來建構人及社會現象理論的作為，不以為然。哈伯瑪斯認為人文學科的立場應該區分人及社會的行為與自然行為，本質上具有重大差異。自然科學研究物的現象，不像人文學科研究人的現象，物的現象沒有主體性，只有客觀性；而人的現象卻具有主體性。因此，批判學派對自然科學抱持的謹慎的距離與態度，認為實在不宜將之推崇成為至高無上的上帝。（黃光國，2008：400-401）

## 二、批判主義的方法論

　　哈伯瑪斯深受康德（Immanuel Kant,1724-1804）的理性主義、黑格爾（Georg Wilhelm Friedrich Hegel，1770-1831）

的辯證法、馬克思（Karl Heinrich Marx，1818-1883）的實踐理論所影響。他認為對自然界、歷史、人及社會現象的討論可以從「認知旨趣」來論述。人類存在於地球、宇宙間，為了生存可以分為三種認知旨趣。

首先為「技術旨趣」（technical interest），希望從自然界的現象中，人類從事工具性勞動可以正確預測與控制自然界的定律，此結果就形成了具「經驗分析」的學科的自然科學（empirical-analytical science）。第二類的「實踐旨趣」（practical interest），是只人類彼此間的溝通行動，關注於他人的動機與意象，致力追求相互溝通的工具及其背後共同文化傳統，結果可以形成以瞭悟作為認知對象的「歷史詮釋」的學科（historical-hermeneutic science）。第三類的旨趣為「解放旨趣」（emancipatory interest），由於人類從事勞動使用語言衍生出權力與意識型態，構成了人類社會的文化生活。在權力與意識型態的支配下，人類出現了宰制與支配的現象，使人類的溝通出現系統性的扭曲。因此，解放旨趣的目的就是在於對人類的支配活動提出批判，甚至於企圖解除這種宰制與支配，而形成批判學科（critical science）。（黃光國，2008：409-411）

除了對人類處於大自然的人文及社會現象，所建構三個旨趣的學科分類外，哈伯瑪斯的批判主義當然屬於第三類的批判學科。他為了使他的批判理論具說服力，他並不反對「經驗分析性」與「歷史詮釋性」的知識。他認為這兩類知識是批判學科建構的基礎，他只是反對「唯科學主義」的心態，從事人為與社會科學的研究應該不能忘記人為關懷的議題。

　　他採用狄爾泰（Wilhelm Dilthey ,1833 - 1911）的「歷史理性法」與「移情法」（empathy）。就歷史的理性來看，研究者應該不斷的認識自己及自己所創造歷史與社會的能力，才可能將過去、現在、未來產生連結，跨越時空，作出對歷史合理的理解與解釋。至於移情法是指，研究者應當設身處地的理解被研究對象，此為移情作用。當研究者進入被研究對象的生命世界，才可能把握被研究對象，進而獲得相對客觀、正確的理解與知識。

　　哈伯瑪斯也接受高達美的詮釋方法，認為詮釋者應當理解社會與歷史的關係，不可能獨立於所處的社會，對某一個主題進行詮釋。要認清當代是歷史傳統的延續，不可能與傳統割裂，因此詮釋研究是一種歷史性的理解過程，而且詮釋者是在與被研究對象進行對話的過程，產生互為主題關係。在此過程中，詮釋者必須對被研究對象提出問題，而由他（被研究對象）作出解答。在互相對話過程中，詮釋者與被詮釋者都置身於歷史洪流中，詮釋者受此洪流影響形成的歷史視域，不斷開展。由於詮釋者與被詮釋者是在對話中進行，所以詮釋者的理解本質上脫離不了語言及語言展現出來的意義。從這個角度來看，詮釋者既應當理解詮釋的歷史性與語言性，所展現出來的意義結構。

　　哈伯瑪斯在接受狄爾泰、高達美的方法之外，也有異於他們兩的方法論，他認為人文社會學者是社會歷史的產物，傳統是在理性批判過程中形成，然而傳統也可能出現系統性的「扭曲溝通」。因此，批判主義學者認知到傳統或權威對人類理性的可能壓抑，就必須對之反省與批判，去除傳統與權

威所造成的宰制與扭曲溝通的現象，促進並參與歷史的進化。（黃光國，412-414）

　　從哈伯瑪斯的方法論來看，可以分為兩個層次，第一個層次是將人類知識發展分為經驗分析科學、歷史詮釋科學及批判科學，第二個層次他接受人文學者對自然科學的批判立場，也接受詮釋學者對研究者進行詮釋時應有的基本立場。

　　對自然科學而言，批判學派反對將自然科學的方法引入人文及社會研究，但是批判學者對傳統不合理的宰制進行批判時，不排除借用自然科學與詮釋學。因為批判還是要有自然現象的客觀理解當基礎，也應該對被研究者採取移情的心理，設身處地進入其情境，甚至在與其對話過程中，理解處於歷史洪流中的情境影響。換言之，批判主義學派並非為了批判而批判；而是有自然科學的研究成果當作客觀的基礎材料，及進入人類歷史情境，理解合理的理性與不合理的宰制現象。在這兩個前提下，才能對歷史所造成的「扭曲溝通現象」進行反省與批判。

## 三、批判主義的知識論

　　批判主義不同於實證與後實證學派的知識論，實證主義認為知識透過實驗或觀察可以建構，知識反映了真理，真理是自然科學家與社會科學家在自然或人文、社會現象中抽離出來的「法則」。此法則可以解釋並預測自然與人文、社會現象。後實證主義雖然對真理抱持謹慎的態度，認為社會科學家所建構的知識只是逐漸接近真理中。然而批判主義學派反

對自然科學家的「法則」，認為自然現象的因果律比較具有永恆不變的特質，稱為「自然的因果律」（causality of nature）。而人文與社會現象的因果律則經常出現變化，而此變化稱為「命運的因果律」（causality of fate）。（黃光國，2008：415）

由此可以得知，批判學的真理迴然不同於實證或後實證學派的真理。後實證學派雖然對真理抱持變動的態度，有點類似批判學派的「命運的因果律」。但是批判學派卻對後實證學派所建構的因果關係法則持審慎保留，他們認為人文與社會現象的本質與物現象的本質不同，因此不能用自然科學的方法來理解此本質。在此概念下，批判學派走上了人文色彩濃厚的詮釋與批判路徑。

僅管他們接受自然科學的經驗理論，但是他們更希望運用詮釋路徑來理解人文與社會現象對之作出「價值判斷」，提出不合理的歷史權威的宰制現象。並且運用批判路徑，喚醒社會大眾共同改變社會現象，建構合理的社會秩序。在此立場上，已經可以看出批判學派具有豐沛的人文反思色彩，而非自然科學家的價值中立主張。

## 四、從批判主義反觀華人宗教「信仰的特徵」研究

由於批判主義是對實證學派與後實證學派的「批判」，他認為實證與後實證學派化約了人文與社會複雜的現象。在他們看來，人與社會的現象本質與自然界物的本質大不相同。因此，研究人文與社會現象所建構的知識還是得回到人文與社會的本質或複雜的脈絡來理解。尤其實證與後實證忽略了

傳統歷史與當代社會的宰制現象，這種宰制造成人對人的剝削與壓迫；批判學派認為人文與社會科學家不能對此人類困境視而不見。

　　如果用這個觀點來看，當代台灣地區華人宗教研究，鮮少作品可以稱之為批判學派下的產物，頂多部分的學者從自己的信仰、學術見解對華人宗教的現象提出反省。例如基督教學者對華人宗教的祖先崇拜提出商榷，認為基督教不認同於華人民間信仰的祖先崇拜，批判其民間祭祖是極限於家庭主義的孝行，而得靠耶穌基督才有辦法成全中國道統上的祭祖與孝行；基督教也可學習天主教容許信基督者可以做祭祖、敬天的活動。（董芳苑，1979.3：66-67）在另外一篇〈就台灣民間信仰之認識論基督教宣教的場合化〉文章中，也站在基督教宣教的立場，處理台灣地區民間信仰的文化議題。認為宣教師必須先理解民間信仰，也站在基督教為先進宗教的角度，對民間信仰儒、釋、道三教與巫術連結的「混合」現象，提出批判，認為這只是「摩登原始人宗教心理」，無法現代社會潮流結合。（董芳苑，1980.3：31-47）

　　另外一位宗教社會學者從社會學的角度分析華人民間信仰的特徵，認為具有凝聚地方社會的力量、強調靈驗性、具有功利性的本質、祈求神助，但也強調人本身的努力等特徵。（瞿海源，2006：63-68）另外一位宗教人類學則對華人民間信仰的特徵歸納為道德性格與功利性格兩類。（李亦園，1992）兩相比較，似乎後者的論述比較符合華人宗教信仰群眾的心理。以慈濟功德會在台灣及全球的組織來看，它可以發揮這麼龐大的組織功能，除了證嚴法師的宗教領袖魅力、組織在

地性外，另外一個重要的因素是台灣地區華人的宗教心理。此宗教心理包含因果觀、行善積德觀、陰騭觀、六道輪迴觀等。這些錯綜複雜的宗教情感，既包含華人的功利性格，也包含了道德性格。如果只看華人的功利性，否定了道德性，事實上隱含對華人民間信仰的「批判」。

　　此外，在中研院社會變遷資料庫中，被宗教社會學者把華人的部分宗教活動算命、抽籤、看風水、找乩童醫病、收驚、安胎神、牽亡、安太歲、刈香或進香、改運當成「巫術」。（瞿海源，2006：230）事實上，這種論述窄化並扭曲華人的宗教活動。因為華人民間宗教活動尚有共同讀經、修行、行善、擔任宗教志工等活動，在上述的研究中，把這種庶民化的活動視而不見。此外，華人民間信仰的抽籤、安太歲、安胎神、刈香或進香等活動，並沒有任何巫者為信眾服務，很難將之歸類為「巫」。像抽籤是屬於人在無助時，對神求助；安胎神、安太歲則是屬於信徒對神的請求，度過危機或帶來平安。而參與神明遶境刈香或進香活動，大多數為信徒還願、祈福、追求宗教心靈平靜、看熱鬧、參加嘉年華會等複雜的因素。（張家麟，2012.2）

　　從上面的討論來看，嚴格來說，華人宗教研究並未出現科學哲學中的批判主義思維下建構的研究。因為批判主義是對實證主義與後實證主義太過於強調科學性質而做出批判，因此，批判主義是反對純粹的科學量化型的研究，並不是站在自己主觀的觀點對宗教現象提出「批判」。而上述學者對華人宗教「批判」，似乎未能滿足批判學派的要求。

# 陸、建構實在論與華人宗教研究的省思

## 一、建構實在論與自然科學的關係

建構實在論（constructive realism）是近年來興起的科學哲學的學派，它是在維也納學派（Vienna Circle）沒落後，由最近幾年以維也納大學的科學哲學家華爾納（Fritz Wallner）組成的新維也納學派所推動。企圖以建構實在論為核心，推動新的知識運動。從自然科學和人文科學兩門學科分歧的發展，走出第三條路徑。既不屬於自然科學的思維，也不完全認同人文科學的路徑；而是尊重這兩個學科的發展，再從事科際整合的建構。（黃光國，2003：421-422）

建構實在論回顧整個科學哲學發展史，看出以自然科學為主軸的實證論和否證論的瓶頸，也理解以人文、社會現象為核心的詮釋論、批判論的限度；也得知這些學派各有其立論的優勢。因此，提出只要經過社會科學、人文學訓練的不同學科學者，他們在不同領域使用不同語言針對相同的被研究現象，卻建構出不同的理論。這些理論各有其限度和存在價值，應該值得加以整合。

在上述立場，可以得知建構實在論的哲學思維是尊重自然科學對社會科學的影響，也抱持人文學派對人及社會複雜行為本質的認同及理想價值判斷的堅持。他希望在多元學科所建構的多元知識中，尋求共同合作的可能模式，為人類困境尋求解決之方。因此，建構實在論並非單一的科學哲學理論，它尊重實證、後實證主義的科學觀，也同意詮釋、批判

主義的人文色彩。甚至，希望從事學科整合，讓不同學派的不同學科，共同關注當前或未來人類面臨的困境。在問題解決的立場來看，建構實在論存在人文學者的價值判斷主張。

## 二、建構實在論的方法論

建構實在論的方法論以科際整合為中心，包含科際合作（interdisciplinary cooperation）、科際協同（interdisciplinary coordination）與哲學整合（philosophy integration）三個思維。

科際合作是指人文、社會科學及自然科學，作跨學科的整合工作，將某一特定問題切割為幾個子問題，每個問題由不同學科學者各自解決。以環境汙染問題為例，將它分為水汙染、空氣汙染、土壤汙染等問題，各學科學者挑一問題，各自運作，提出問題解決的方法。

科際協同是指各學科的學者共同針對同一被研究對象，運用不同的學門專業角度來研究此問題。例如，研究某一地區的社會變遷，可以邀請政治、經濟、文化、歷史、人文自然科學等學門的專家學者，用其角度探索社會變遷的問題。希望從各學科對社會變遷的解是尋求知識整合。

最後為哲學的整合，希望各學科能夠建立一套統一的語言將不同學科整合在一起。例如採用卡納普的形式邏輯再主張物理主義，再用胡塞爾現象學方法論返回事物本身。這種結果就會形成了一套新語言，所有科學家學得此套語言，就可以跨越學科的範疇彼此溝通。（黃光國，2003：422-424）

從上述三個思維來看，科際合作是最低層次的整合，其

次為科際協同，它是中程度的整合，哲學的整合是難度最高的整合。科際合作只是各學科共同合作處理某一個大問題中的各項子問題，學科間並未彼此交流。科際協同是跨學科針對同一問題尋找合理的解釋，它有達到知識整合的效果，但無法對知識提升。真正可以提升知識的應該是哲學的整合，人文與社會科學家使用同一套的語言，超越自己學科的門檻進入其他學科與之對話。

然而，建構實在論的「科際整合」理想實踐難度升高，頂多可以在科際合作與科際協同兩個層次達到跨學科的整合。至於哲學整合困難重重，因為要讓各學科放棄自己的學派門戶之見，與其他學科共同建構統一語言，形同學派「自宮」。在現今多元學派所發展出來的多元理論、典範，已經成為人文、社會與自然科學學術界的特色，頂多讓這三個類別領域的學者，齊聚一堂共同針對同一主題進行跨學科間的對話，尋求學科間對此主題討論的異同論述，累積此種跨學科的論述，或許可已逐漸打破學科門戶之見，從中可能碰撞出不同學科知識論點對自己學科的刺激與啟發。

## 三、建構實在論的知識論

建構實在論的知識論主張，深受康德的影響，認為真實世界的現象為「實在本身」，研究者的抽象世界為「物自身」，也就是「建構之實在」。現像是一般人可感官到的知覺行為或活動物自身則是研究者的心智活動所建構起來的知識。當我們從事研究工作時，就得憑感官到的現象，將之抽象化變成

建構實在。兩者分別存在於一般人的「生活世界」（life world）
與研究者的「微世界」（micro world）。（黃光國，2003:424-427）

　　科學研究不是只有對生活世界的描述而是要把他抽離出
來給與系統化的建構。科學家使用的語言和一般人的語言不
同，但是科學家所抽離出來的生活世界現象，則是一般人所
處的情境。對科學家而言，生活世界的素材就是研究現象，
科學家將之轉為研究問題，並在此生活世界中尋求問題的詮
釋和解答。

　　儘管建構實在論者深知知識的建構必須植基於生活世
界，讓建構「理論世界」來反應與解釋生活世界。然而，它
上有更高的知識論內涵，它希望可以將各學科的研究成果，
翻譯成其他學科所能理解的語言，形成「語言性的外推」
（linguistic strangification）。如果可以翻譯表示該命題的內容
和方法，去普遍化性質，足以和其他的學科共用其成果。

　　建構實在論的另外一項知識論見解是期待建構放諸四海
而皆準的普世理論，由於人文、社會科學的研究經常是在人
類某一社會情境中抽離出來而建構理論，經常具有該社會的
限制性，其理論也只能解釋該社會，而無法普遍解釋全球各
個社會。如果某一社會所建構的理論可以外推到其餘的社會
的解釋，就建構了「實踐性的外推」（pragmatic
strangification）。反之，該理論無法「實踐性的外推」，只是
個「特殊性理論」，我們就有必要發展出本土社會科學的理
論。

　　最後，建構實在論的的知識論立場是「本體論的外推」
（ontological strangification）。此概念是指人文、社會與自然

科學家所建構的理論，必須和真實的生活世界連結。當我們研究者建構了兩個微世界理論，要從第一個跨入到第二個有其難度，如果拐個彎，從第一個微世界理論進入到生活世界當中，再從生活世界回到第二個微世界理論中，就容易理解了第二個微世界理論，這些轉折過程稱為本體論的外推。

　　由上論述可以得知建構實在論的知識論本質與企圖。建構實在論學派的學者所建構的理論來自於人、社會現象的生活世界。他從中抽離出來，對真實世界的再建構，建立了自己的微世界。它又希望微世界的語言可以成為學科間的共同語言，擴張學科的影響力。另外，它也理解人文與社會科學的理論建構具有普世性和特殊性兩個層次，當某一社會的理論可以放到其他社會而得到同樣具有解釋力時，就建構了普世理論；相反的，某一社會的理論只能解釋該社會，而無法推論其他社會現象，此理論的本土性格甚濃。為了使不同學科的微世界理論可以對話，建構實在論者期待可以在微世界理論中回到生活世界得到印證，再從生活世界回到另外一個微世界理論，如此兩個學科的微世界理論就可能可以交融。

　　建構實在論者希望從經驗主義出發認同知識的建構不能脫離經驗事實，此經驗事實就是生活世界。這項論點和實證主義、後實證主義相似，認為人文與社會科學的知識是以生活世界中的現象為研究問題，再從生活世界中的其他現象來解答這些問題，進而建構人文與社會科學的理論。就理論的解釋力而言，建構實在論理解人文及社會科學的特殊性，它固然期待建構放諸四海而皆準普世理論，但是它也認清楚特殊社會本質的特殊理論的重要性，讓這兩類的理論同時並存

於人文、社會科學中有利於人類的知識積累，這項精神具有濃厚的人文色彩，比較接近人文學科的詮釋學派。

不過它也跳出過去科學哲學的各個學派，希望不同學門的知識相互交流而創造出知識的影響力，所以提出了學科語言應該可以翻譯成為其他學科所理解的語言；或是學科的微世界理論透過真實世界的來回穿梭，檢證其他學科的另一微世界理論，而讓兩個不同學科的微世界理論可以彼此理解與共用知識的創造。因此，建構實在論的知識論，具有統籌與整合社會科學理論的企圖，但也尊重的社會科學理論特殊性與普世性的意涵。

## 四、從建構實在論看華人宗教研究的「未來性」

建構實在論是正在發展中的科學哲學，它希望用科際整合的方式，將量化、質化並存，實證、後實證、詮釋、批判學派對話，人文、社會與自然學科交融，這種企圖心是過去科學哲學家所未見。

也由於它這種整合的企圖，導致建構實在論的實踐難度甚高。因為要把不同方法領域、科學哲學領域與學科領域的教授齊聚一堂，就是一項高難度的工作。進一步要爭取到研究經費來對宗教議題做整合型的研究，又會增加此項工作的難度。以台灣的華人宗教研究來看，除非是國家級的研究計

畫，或許可以推動此科際整合的研究方式[8]；不然一般市民社會團體提供的有限經費，就無法推動此類型的研究。

## 柒、比較與結論

　　在本文開始問題提問中，欲分析科學哲學與華人宗教研究的關係。首先，從科學哲學不同學派對自然科學的關係、方法論、知識論三個層次來理解學派間的研究思維與知識建構的差異；再來反省身為華人宗教學者，如何看待既有華人宗教研究的內涵與科學各學派間的關係；甚至估計是否可能做出本土華人宗教學的典範。

　　由上面的討論可以得知，實證主義、後實證主義、詮釋主義、批判主義與建構實在論等五個學派，與自然科學的關係表現不一。實證與後實證傾向接受自然科學的思維，主張價值中立與實然研究。詮釋主義與批判主義則具有人文色彩，與自然科學保持一定的距離。前者同意價值中立，後者則同意價值判斷與應然研究。至於建構實在論則企圖接受自然科學以人文學、社會科學三個領域的價值體系。

　　在方法論的層次上，實證與後實證主義接受自然科學的觀察法、實驗法，也自行發展出適合人的社會調查法、田野調查法，而詮釋主義、批判主義則同意詮釋法，批判主義在

---

8　台灣是由國科會提供不同學科的學者進行宗教整合型的研究計畫，然而此類的研究計畫數量有限，以 2011 年為例，由不同宗教研究及學科領域的教授，共同組成科際整合團隊，對「台灣宗教發展的典範與挑戰」主題，作為期 2 年的研究。

引用人文學的文明、進步法則，同意批判法。在客觀性與主觀性的論述中，實證主義、後實證主義、詮釋主義都同意人與社會現象的客觀性。批判主義則對此客觀性持保留，因為人本身具有生長環境所孕育的價值體系，無法完全客觀，看待人及社會現象。在「主觀互證」（inter subjectivity）上，實證主義與後實證主義都同意科學社群間的研究法則。在質化、量化的選擇上，實證與後實證主義傾向量化研究，詮釋主義與批判主義傾向質化研究。其中後實證主義也能接納質化研究，至於建構實在論則將量化、質化納入其方法論中。在學科間的整合來看，建構實在論大力主張此價值觀，是其他學派所未有的現象。

　　在知識論的主張上，實證主義認為理論的證實，就是真理的獲得，科學研究就是在作因果關聯的理論建構，而所建構的理論大部分屬於特殊理論。後實證學派則認為真理只能接近中，理論的否證是不斷接近真理的過程，研究的目的也在因果關聯的特殊理論建構。至於詮釋與批判主義則追求人文真理，避談自然科學的因果關聯理論，著重在人與社會現象的情境結構中的瞭悟。而建構實在論世綜整上述各學派的知識論，認為真理的獲得需要經由科際整合而得。無論是實證、後實證的理論建構，或是詮釋批判主義的人文真理的追求與瞭悟，它都希望納入學派的跨學科對話價值體系中。至於理論可分為「普世理論」與「特殊理論」兩類，普世理論是指放之四海而皆準的理論，具有普遍性質的解釋力，非常值得追求；但在宗教研究顯然不可多得。而「特殊理論」則具特殊的意涵的的解釋力，在不同空間與時間脈絡下的宗教

活動，經常可作出特殊理論。因此，具本土華人宗教特殊性格的本土理論，頗值得開展。

　　理解上述在三個層次對五個學派的比較後，再進一步回顧台灣地區華人宗教研究的科學哲學思維，可以發現詮釋主義學派大行其道，最主要的原因在宗教人類學者與宗教經典學者運用詮釋學的方法論與知識論來定義華人宗教的內涵與特質，對宗教經典再詮釋，也對華人宗教的組織、神譜、儀式提出諸多的分析與討論。至於實證與後實證主義對華人宗教的量化研究，只有在少數宗教社會學者的作品中出現。主要研究放在宗教態度、宗教行為、宗教信仰類型的調查，至於根據批判主義與建構實證論所做出的華人宗教研究，目前仍待發展中。

　　簡言之，華人宗教研究是否具有建構實在論所指涉的「特殊理論」意涵，照目前的理論堆疊來看，神譜學的「道封」、「皇封」的「神明標準化理論」，（Watson James, 1985.：293-324）及村落或跨地區為單位的「祭祀圈理論」，都具有華人民間宗教的特殊意涵，是值得進一步探究其理論的解釋能力。然而在宗教變遷與社會變遷的結構中，這兩個理論也都面臨嚴峻的挑戰，是否會陷入典範位移，或形成多元典範的競爭，值得關注。以筆者的直覺來看，多元典範的可能性甚高。

表 1 科學哲學學派、主張與華人宗教研究的關係

| 主張 ＼ 學派 | 實證主義 | 後實證主義 | 詮釋主義 | 批判主義 | 建構實在論 |
|---|---|---|---|---|---|
| 與自然科學的關係 — 接受自然科學思維 | ○ | ○ | × | × | ○ |
| 與自然科學的關係 — 價值中立 | ○ | ○ | ○ | × | ○ |
| 與自然科學的關係 — 價值判斷 | × | × | ○ | ○ | ○ |
| 與自然科學的關係 — 實然研究 | ○ | ○ | ○ | × | ○ |
| 與自然科學的關係 — 應然研究 | × | × | × | ○ | ○ |
| 方法論 — 觀察法 | ○ | ○ | ○ | ○ | ○ |
| 方法論 — 實驗法 | ○ | ○ | × | × | ○ |
| 方法論 — 調查法 | ○ | ○ | × | × | ○ |
| 方法論 — 詮釋法 | × | × | ○ | ○ | ○ |

| | | | | | | |
|---|---|---|---|---|---|---|
| | 批判法 | × | × | × | ○ | ○ |
| | 客觀 | ○ | ○ | ○ | × | ○ |
| | 主觀互證 | ○ | ○ | × | × | ○ |
| | 量化 | ○ | ○ | × | × | ○ |
| | 質化 | × | ○ | ○ | ○ | ○ |
| | 科際整合 | × | × | × | × | ○ |
| 知識論 | 真理獲得 | ○ | × | × | × | × |
| | 真理接近 | × | ○ | × | × | × |
| | 人文真理 | × | × | ○ | ○ | ○ |
| | 理論 | ○ | ○ | × | × | ○ |
| | 因果關聯 | ○ | ○ | × | × | ○ |
| | 瞭悟 | × | × | ○ | ○ | ○ |
| | 普世理論 | × | × | × | × | ○ |
| | 特殊理論 | ○ | ○ | × | × | ○ |
| 與 | 宗教 | ○ | × | × | × | × |

| 華人宗教研究的關係 | 態度 | | | | | |
|---|---|---|---|---|---|---|
| | 宗教行為 | ○ | × | × | × | × |
| | 宗教信仰類型 | ○ | × | × | × | × |
| | 祭祀圈 | ○ | × | × | × | × |
| | 宗教組織 | ○ | ○ | × | × | × |
| | 宗教經典 | × | × | ○ | × | × |
| | 宗教神譜 | × | × | ○ | × | × |
| | 宗教儀式 | × | × | ○ | × | × |
| | 華人宗教定義 | × | × | ○ | × | × |
| | 華人宗教批判 | × | × | × | ○ | × |

# 參考書目

Alan C.Isaak 著，朱堅章主譯，1991，《政治學的範圍與方法》，台北：幼獅出版社。

Karl R. Popper , 1979 ,"Objective Knowledge: An Evolutionary Approach",Oxford University Press .

Thomas S. Kuhn, 1996,"The Structure of Scientific Revolutions ",Chicago, IL : University of Chicago Press.

Watson James, 1985. 'Standardizing the Gods：The Promotion of Tien Hou along the South China Coast,960-1960' . In D. Johnson, A. Nathan and E. Rawski eds., "Popular Culture in Late Imperial China". Berkeley: University of California Press, pp.293-324.

于君方，1994，〈寶卷文學中的觀音與民間信仰〉，《民間信仰與中國文化國際研討會論文集》，頁 333-351。

王見川、李世偉等主編，2009《台灣宗教資料彙編‧民間信仰‧民間文化》第一輯，博揚文化事業有限公司。

王見川、李世偉等編，2010，《台灣宗教資料彙編‧民間信仰‧民間文化》第二輯，博揚文化事業有限公司。

李世瑜，2007，《寶卷論集》，台北：蘭台。

李正中，2012，《中國寶卷精粹》，台北：博客思。

李亦園，1982，〈台灣民間信仰發展的趨勢〉，《東海大學民間信仰研討會論文》，台中：東海大學。

李亦園，1985，〈民間宗教儀式的檢討-討論的架構與重點〉，《民間宗教儀式之檢討研討會論文集》，台北：中國民

族學會。

李亦園，1992，《文化的圖像（下冊）──宗教與族群的文化
　　觀察》。台北：允晨文化出版公司。

李亦園，1992，《文化的圖像（上冊）──文化發展的人類學
　　探討》。台北：允晨文化出版公司。

阮昌銳，1985，〈如何端正民間宗教信仰〉，《民間宗教儀式之
　　檢討研討會論文集》，台北：中國民族學會。

岡田謙，陳乃蘗譯，1960，〈台灣北部村落之祭祀範圍〉，《台
　　灣風物》第九卷第四期，頁 14-29。

拉卡托斯（Imre Lakatos）原著，于秀英譯，1990，《科學研
　　究綱領方法論》，台北：結構群。

林美容，1991，《台灣民間信仰研究書目》，台北：中研院民
　　族學研究所。

林美容，1999，〈台灣區域性的祭典組織的社會空間與文化意
　　涵〉，《人類學在台灣的發展：經驗研究篇》，69-88。

林美容，2003，《50 年來台灣宗教研究期刊資料彙編-民間信
　　仰》，教育部顧問室。

林美容，2006，〈台灣地區性祭祀組織的社會空間與文化意
　　涵〉，《媽祖信仰與台灣社會》，台北：博楊文化。

林榮澤，2007.06，〈民間宗教天書訓文初探〉，《新世紀宗教
　　研究》第 5 卷 4 期，頁 31-98。

林榮澤，2008，〈台灣民間宗教之「飛鸞解經」-以《百孝經
　　聖訓》為例〉，《2008『宗教經典詮釋方法與應用』學
　　術研討會論文集》，台北：真理大學

林榮澤，2008.12，〈一貫道「飛鸞釋經」模式之探討：以《百

　　　孝經聖訓》為例〉，《台灣宗教研究》第 7 卷 2 期，頁
　　　1-35。

林榮澤，2008.6，〈「玄關一竅」：道教生命仙學向民間宗教的
　　　轉化〉，《新世紀宗教研究》第 6 卷 4 期，頁 68-110。

林燊祿、阮國峰，2011，〈新港奉天宮的組織與組織章程〉，《第
　　　七屆嘉義研究學術研討會會議論文》，嘉義：新港奉天
　　　宮。

法伊爾阿本德，1990，《自由社會中的科學》，台北：結構群
　　　文化事業公司。

保羅‧法伊爾阿本德，周昌忠譯，2007，《反對方法：無政府
　　　主義知識論綱要》，上海譯文出版社。

胡塞爾（Edmund Husserl）著；舒曼（Karl Schumann）編；
　　　李幼蒸譯，1994，《純粹現象學通論》，台北：桂冠。

桑高仁，2003，American Anthropology and the Study of Mazu
　　　Worship，《媽祖信仰的發展與變遷》，台灣宗教學會。

張汝倫，1988，《意義的探索》，台北：古風出版社。

張志剛，2003，《宗教學是什麼》，台北：楊智出版社。

張家麟，2000.06，〈論科學哲學中的「求知方法」〉，《中山人
　　　文社會科學期刊》第 8 卷第 1 期，頁 279-304。

張家麟，2013，〈自主與發展-論旱溪媽祖廟的組織建構與變
　　　遷〉，《兩岸媽祖研討會論文集》，台中：大甲鎮瀾宮。

張家麟、曲兆祥，2012.2，〈論台灣媽祖信仰的「擴張性」-2009
　　　年大甲媽祖遶境進香實證分析〉，《數據分析》第 7 卷
　　　1 期。

張　珣，1995.12，〈台灣的媽祖信仰-研究回顧〉，《新史學》

第 6 卷 4 期，頁 89-126。

許嘉明，1975.2，〈彰化平原福佬客的地域組織〉，《中央研究院民族學研究所期刊》第 36 期，頁 165-190。

陳榮華，1992，《海德格哲學：思考與存有》，台北：輔仁大學出版社。

傅偉勳，1999，《從創造的詮釋學到大乘佛學》，台北：東大圖書。

勞登著，陳衛平譯，1992，《科學的進步與問題》，台北：桂冠。

遊子安，2012，《善書與中國宗教》，台北：博揚文化事業有限公司。

黃光國，2008，《社會科學的理路》，台北：心理出版社。

董芳苑，1979.3，〈「祖先崇拜問題」商榷〉，《台灣神學論刊》第 1 期，頁 88-108。

董芳苑，1980.3，〈就台灣民間信仰之認識論基督教宣教的場合化〉，《台灣神學論刊》第 3 期，頁 31-66。

劉枝萬，1983，《台灣民間信仰論集》，台北：聯經出版社。

劉國威，2012，劉國威教師升等送審論文集，自刊。

潘德榮，1999，《詮釋學導論》，台北：五南圖書有限公司。

蕭登福，2011，《太歲元辰與南北斗星神信仰》，香港：嗇色園出版社。

蕭進銘，2009，《反身體道：內丹密契主義研究》，台北：新文豐。

賴賢宗，2010，《道家詮釋學》，北京：北京大學出版社。

繆　勒，1989，《宗教學導論》，上海：上海人民出版社。

鍾雲鶯，2013.5，〈禮儀與實踐：一貫道表願文所呈現天人之約的意義〉，《華人宗教研究》創刊號，頁 35-78。

瞿海源，1999.10，〈術數流行與社會變遷〉，《台灣社會學刊》第 22 期，頁 1-45。

瞿海源，2002，《宗教與社會》，台北：台灣大學。

瞿海源，2006，《宗教、術數與社會變遷（一）》，台北：桂冠出版社。

# 科學哲學視野：反思台灣民間宗教研究

在《多元、詮釋與解釋：多采多姿的台灣民間宗教》這本集子，收錄我這兩年投入台灣民間宗教研究的丁點成果與心得。

## 「常例」或「異例」

主題環繞在台灣民間宗教的神明、儀式、組織與思想間的「多元關係」，嘗試運用「詮釋主義」（hermenuetics）「實證主義」（positivism）與「否證主義」（falsificationism）的方法思維，重新審視宗教社會學關注的人群對神或神聖物集體膜拜宗教儀式的「核心」活動。挑選當前臺灣民間宗教信仰的神明、儀式、組織幾個具體「研究個案」（cases study）主題，作為「積累」或「挑戰」既有知識的「常例」（normal cases）或「異例」（anomalies）。

　　全書分為神明、儀式、組織及方法四個面向。神明屬神譜學探索的範疇，以當代台灣的「灶神」及「張巡（尪公）信仰」兩個個案。在儀式學的討論，有大甲媽祖遶境進香儀式、臺北大龍峒保安宮牽狀（車藏）儀式、淡水清水祖師遶境儀式（含暗訪）及臺北小坪頂集應廟尪公豬公祭典等四個個案。組織及方法則各有一篇論文，分別為討論台中樂成宮（旱溪媽祖）的組織建構與變遷及從科學哲學論華人宗教研究。

　　在前七篇論文，都在陳述神譜、儀式與組織的「現象」，並將之歸結成「類型」，再深入的討論。而討論的重點放在其與「華人宗教思想」、「社會結構」等層次的關連。最後一篇，是對台灣地區華人民間宗教研究的「科學哲學」反思。

# 宗教社會學的視野

　　筆者相當認同涂爾幹（Emile Durkheim, 1858-1917）把宗教儀式與宗教思想當作宗教研究的主軸。在社會學的視野下，「群體」對宗教神明或神聖物的膜拜，及因此膜拜引發的各種集體儀式活動，皆有其「內在的」動能與變因。

　　但是，筆者也對其忽略「外在的」社會結構因素與宗教活動的連動關係，些微不滿。因為，「外在的」社會結構因素，往往會侷限、影響宗教活動的內容；或者宗教活動的主體性，有的會衝擊社會結構，甚至改變社會結構。此「社會-宗教」或「宗教-社會」的連動關係，宗教研究社群（scientific community）理應關注。

　　因此，筆者在本集子中，希望更進一步探究此表象的「內在思想」，與「外在社會結構」因素，深入剖析民間宗教信眾對神明膜

拜、共同祭神儀式及辦理宗教活動的組織等宗教「核心」現象，對其作鉅視的「綜整」（synthesis）歸類，與微視的「分析」（analysis）切片研究。

在此思維下，筆者乃試圖將當代台灣百姓「熱烈」投入的民間宗教活動，用社會調查所得資料，比對既有研究與史料，藉此得知當代信仰變遷「動態」（dynamic）的現象。以「個案研究」的方式，逐一探索，按步就班，希望逐漸累積本地主流宗教的研究能量。

# 「表象」、「本質」與「因果關連」

長久以來，民間宗教的研究社群，努力從事對台灣地區民間宗教的基礎工作，以描述「事實」為核心，鉅細靡遺說明本地的神明、儀式或組織等「表象」。這固然是非常重要的基本功，然而，如果研究至此嘎然而止，形同只作了一半，殊屬可惜。

就知識的積累與突破而言，筆者更認同應深入探索此表像的「本質」（essence）、「脈絡」（context），及其形成的「前因」，與其可能產生的「後果」（causal relation），藉此尋找宗教現象中的「通則」（law）與「例外」（exception）。

# 堅守本土理論建構與全球宗教研究對話

這本小書只是筆者嘗試以「詮釋」與「解釋」兩個方法學概念，論述宗教的紀念性作品，期待宗教學界方家不吝指正。

更希望年輕學子以此為方，共同探索神秘、神聖或世俗的宗教與社會活動，為華人宗教研究的「理論建構」與「詮釋」，奉獻心

智。

　　來日既可與歐、美、日的宗教學者對話，也可為自己成長環境中熟悉的宗教，作出以具有華人「主體性」宗教研究的合理論述。


　　　　　　　　　　　真理大學宗教文化與組織管理學系　教授

　　　　　　　　　　　　　　張家麟　寫於臺北

　　　　　　　　　　　　　　2014/7/27

**國家圖書館出版品預行編目資料**

多元‧詮釋與解釋：多采多姿的台灣民間宗教/張家麟著. --初版 -
臺北市：蘭臺, 2016.1
面 ； 公分
ISBN 978-986-5633-14-1(平裝)
1.民間信仰 2.宗教文化 3.臺灣
271.9 104017678

台灣宗教研究叢刊 10

# 多元‧詮釋與解釋：多采多姿的台灣民間宗教

作 者：張家麟
編 輯：高雅婷
美 編：高雅婷
封面設計：諶家玲
出 版 者：蘭臺出版社
發 行：蘭臺出版社
地 址：台北市中正區重慶南路 1 段 121 號 8 樓之 14
電 話：(02)2331-1675 或(02)2331-1691
傳 真：(02)2382-6225
E—MAIL：books5w@gmail.com 或 books5w@gmail.com
網路書店：http://bookstv.com.tw/、華文網路書店、三民書局
　　　　　http://store.pchome.com.tw/yesbooks/
　　　　　博客來網路書店 http://www.books.com.tw
總 經 銷：成信文化事業股份有限公司
劃撥戶名：蘭臺出版社　帳號：18995335
網路書店：博客來網路書店 http://www.books.com.tw
香港代理：香港聯合零售有限公司
地 址：香港新界大蒲汀麗路 36 號中華商務印刷大樓
　　　　　C&C Building, 36,Ting, Lai, Road, Tai,Po, New,Territories
電 話：(852)2150-2100　　傳真：(852)2356-0735
總 經 銷：廈門外圖集團有限公司
地 址：廈門市湖裡區悅華路 8 號 4 樓
電 話：86-592-2230177
傳 真：86-592-5365089
出版日期：2016 年 1 月 初版
定 價：新臺幣 680 元整
ISBN：978-986-5633-14-1

版權所有‧翻印必究